BILDUNG

Ernährung und Haushalt

ASTRID HAIDINGER

2/3
HS

 Wir weisen darauf hin, dass das Kopieren zum Schulgebrauch aus diesem Buch verboten ist – § 42 Absatz (3) der Urheberrechtsgesetznovelle 1996: „Die Befugnis zur Vervielfältigung zum eigenen Schulgebrauch gilt nicht für Werke, die ihrer Beschaffenheit und Bezeichnung nach zum Schul- oder Unterrichtsgebrauch bestimmt sind."

Dieses Buch wurde auf umweltfreundlichem Papier gedruckt: 100 % chlorfrei gebleicht

Mit PEFC wird garantiert, dass die eingesetzten Rohstoffe für die Papierproduktion aus nachweislich nachhaltiger Waldwirtschaft stammen.
www.pefc.at

© 2010
TRAUNER Verlag + Buchservice GmbH,
Köglstraße 14, 4020 Linz
Österreich/Austria
Alle Rechte vorbehalten.
Layout und Piktogramme wurden vom Patentamt musterschützt:
© Österreich 2010

Nachdruck und sonstige Vervielfältigung, auch auszugsweise, nur mit ausdrücklicher Genehmigung des Verlages.

Lektorat: Claudia Höglinger
Titelgestaltung: Bettina Victor
Layout und Grafik: Michael Wenigwieser
Cover- und Layoutentwurf:
Kiska GmbH, 5081 Anif-Salzburg,
www.kiska.com
Piktogramme: Dr. Alfons Stadlbauer,
4020 Linz, www.alfons-stadlbauer.at
Schulbuchvergütung/Bildrechte:
© VBK/Wien
Gesamtherstellung:
TRAUNER DRUCK GmbH & Co KG, Linz

ISBN 978-3-85499-689-7
Schulbuch-Nr. 145.012
www.trauner.at

Impressum

Astrid Haidinger, Ernährung und Haushalt
1. Auflage 2010
Schulbuch-Nr. 145.012
TRAUNER Verlag, Linz

Approbiert für den Unterrichtsgebrauch an:
Hauptschulen im Unterrichtsgegenstand „Ernährung und Haushalt"
für die 2. und 3. Klasse, Bundesministerium für Unterricht, Kunst und Kultur,
GZ BMUKK-5.048/0077-V/9/2008, vom 24. August 2009.

Dieses Schulbuch wurde auf der Grundlage eines Rahmenlehrplanes erstellt; die Auswahl und die Gewichtung der Inhalte erfolgen durch die Lehrer und Lehrerinnen.

Liebe Schülerin, lieber Schüler!
Du bekommst dieses Schulbuch von der Republik Österreich für deine Ausbildung.
Bücher helfen nicht nur beim Lernen, sondern sind auch Freunde fürs Leben.

Für Lehr- und Lernerfolg

Liebe Lehrerinnen und Lehrer!

Beim vorliegenden Buch stehen eine fundierte didaktisch-methodische Aufbereitung sowie eine klare und präzise Gestaltung im Mittelpunkt.

Spielerisches Lernen

Die Inhalte sind textlich und grafisch so aufbereitet, dass ein erfolgreiches Lehren und Lernen erleichtert wird. Die Themen werden abwechslungsreich und zum Teil spielerisch erarbeitet.

Berücksichtigung der Lerntypen

Der Lernstoff und die Arbeitsaufgaben sind so konzipiert, dass die unterschiedlichen Lerntypen angesprochen werden.

Lehreinheiten

Die Themen sind als Lehreinheit aufbereitet. Am Schluss einer jeden Lehreinheit gibt es für die Schülerinnen und Schüler die Möglichkeit, ihr Wissen in Form eines Multiple-Choice-Tests zu überprüfen. Für jede richtige Antwort wird ein Punkt vergeben. Die zu erreichende Punkteanzahl ist auf der jeweiligen Seite vermerkt.

Die Randspalte entlastet die Hauptspalte und beinhaltet Hintergrundinformationen, Worterklärungen und Tipps.

Folgende Piktogramme haben wir zur leichteren Orientierung verwendet:

 Ziele

 Arbeitsaufgaben

 Schreibaufgaben

 Demobeispiele, Tipps und Zusatzinformationen

 Diskussion

 besonders wichtige Hinweise

 Aufforderung zur Internetrecherche bzw. Hinweis auf interessante Webadressen

Liebe Schülerin! Lieber Schüler!

Dieses Lehrbuch soll dein ganz persönliches Sach- und Arbeitsbuch für den Unterrichtsgegenstand „Ernährung und Haushalt" sein. Anhand dieses Buches lernst du, dich gesund, ausgewogen und abwechslungsreich zu ernähren. Vielleicht weckt es bei dir sogar eine Leidenschaft für die Küche und das Kochen selbst.

Für jede Lehreinheit steht dir eine Seite zur Verfügung, auf der du deine Informationen und Notizen zum jeweiligen Kochtag aufschreiben sollst. Hier hast du auch die Möglichkeit, deine persönlichen Erfahrungen zum Lernthema und zu den Rezepten festzuhalten.

Ich freue mich, dich in diesem für dich neuen Unterrichtsgegenstand „Ernährung und Haushalt" begleiten zu dürfen – vielleicht sind dir manche Inhalte auch in anderen Fächern hilfreich – und wünsche dir viel Spaß und Erfolg beim Kochen!

Astrid Haidinger

Inhaltsverzeichnis

Ernährung und Gesundheit

1	**Unsere Ernährung**	32
1.1	Der Ernährungskreis	32
1.2	Die tägliche Nahrungszufuhr	33
1.3	Die Aufgaben der Nahrung	33
1.4	Der Energiebedarf: Grund- und Leistungsumsatz	34
1.5	Die Mahlzeiten des Tages	36
2	**Die Kohlenhydrate**	40
2.1	Die Bedeutung der Kohlenhydrate	40
2.2	Der Bedarf an Kohlenhydraten	42
2.3	Die Kartoffel (der Erdapfel)	42
2.4	Getreide und Getreideprodukte	43
3	**Eiweiß – der Zellbaustoff**	49
3.1	Die Bedeutung von Eiweiß	49
3.2	Der Bedarf an Eiweiß	49
3.3	Milch und Milchprodukte	51
3.4	Fleisch und Wurstwaren	54
3.5	Fische	56
3.6	Eier	57
4	**Fette**	61
4.1	Die Bedeutung der Fette	61
4.2	Der Bedarf an Fetten	62
4.3	Die Butter	63
5	**Vitamine**	65
5.1	Vitamine im Überblick	65
5.2	Obst	66
6	**Mineralstoffe**	70
6.1	Mengenelemente	70
6.2	Spurenelemente	71
6.3	Gemüse	71
7	**Wasser**	75
7.1	Wasserbedarf und Wasserausscheidung	75
7.2	Wasserverbrauch	75
7.3	Getränke	77
8	**Kräuter und Gewürze**	80
9	**Verschiedene Ernährungsformen**	83
9.1	Essstörungen und ernährungsabhängige Krankheiten	85
9.2	Essgewohnheiten der modernen Welt	88

Haushalt und Gesellschaft

1	**Haushalt und Gesellschaft**	91
1.1	Verschiedene Haushaltstypen	91
1.2	Aufgaben und Leistungen privater Haushalte	91
1.3	Private Haushalte im Wandel	93
1.4	Haushalt und Berufstätigkeit	93
2	**Individuelle und gemeinsame Lebensgestaltung**	97
2.1	Menschliche Bedürfnisse, Werte und Normen	97
2.2	Soziale Integration	98
2.3	Andere Länder, Verhaltensweisen und Gerichte	99

Verbraucherbildung

1	**Haushaltseinkommen und Haushaltsausgaben**	102
2	**Kennzeichnung von Qualitätsprodukten und Lebensmitteln**	104
2.1	Bekannte Gütesiegel	104
2.2	Woran erkennt man Biolebensmittel?	104
2.3	Fairtrade-Produkte	106
2.4	Der EAN-Code	106
2.5	Was uns die Verpackung verrät	107
3	**Einkauf richtig gemacht**	110
3.1	Was beeinflusst mich bei meiner Kaufentscheidung?	110
3.2	Was brauche ich wirklich und was glaube ich zu brauchen?	111
3.3	Hilfe, unser Geschirrspüler ist kaputt!	111
3.4	Verschiedene Einkaufsquellen	112
4	**Nachhaltige Lebensstile**	114
4.1	Energiesparmaßnahmen und Ökotipps für den Haushalt	115
4.2	Richtig Müll trennen	116
4.3	Entsorgung von Haushaltschemikalien	117

Küchenpraxis

1	**Hygienevorschriften in der Schulküche**	121
1.1	Persönliche Hygiene	121
1.2	Hygiene in der Küche	122
2	**Maßnahmen zur Unfallvorsorge**	123

2.1	Weitere wichtige Maßnahmen zur Unfallverhütung im Wohn-, Arbeits- und Freizeitbereich	124
2.2	Notrufnummern	124
3	**Richtiges Abwaschen**	125
4	**Einkaufsliste für den „Keksetag"**	126
5	**Richtige Lagerung und Haltbarmachung**	127
5.1	Der Kühlschrank	127
5.2	Methoden der Haltbarmachung	128
6	**Arbeitsabläufe richtig planen und ausführen**	129
7	**Gängige Arbeitsgeräte in der Schulküche**	131
7.1	Küchengeschirr	131
7.2	Messer und andere Werkzeuge	132
8	**Vorbereitung von Obst und Gemüse**	134
8.1	Schneidetechniken	135
8.2	Weitere Vorbereitungstechniken	136
9	**Die verschiedenen Garverfahren**	137
10	**Küchenfachausdrücke**	138
11	**Zu Tisch**	139
11.1	Der gedeckte Tisch	139
11.2	Kleine Servierkunde	140
11.3	Benehmen bei Tisch	141
12	**Das Buffet**	142

Rezepte

1	**Grundrezepte**	145
2	**Aufstriche und Vorspeisen**	147
3	**Suppen**	152
4	**Salate, Beilagen, Gebäck und Saucen**	160
4.1	Salate	160
4.2	Beilagen	163
4.3	Gebäck	166
4.4	Saucen	168
5	**Hauptspeisen**	169
6	**Desserts und Mehlspeisen**	185

Platz für Notizen	203
Rezeptverzeichnis	212
Rezepte nach Speisengruppen	213
Stichwortverzeichnis	214
Bildnachweis	216

Zusatzaufgaben

Unsere Ernährung

Zusatzaufgabe: PAL-Faktoren	34

Eiweiß – der Zellbaustoff

Zusatzaufgabe: Eiweißstoffe sind lebenswichtig	50
Zusatzaufgabe: Köpfchen gefragt	51

Wasser

Zusatzaufgabe: Bedeutung des Wassers	77

Haushalt und Gesellschaft

Zusatzaufgabe: Mögliche Projekte	95

Individuelle und gemeinsame Lebensgestaltung

Zusatzaufgabe: Nationalrezepte	100

Haushaltseinkommen und Haushaltsausgaben

Zusatzaufgabe: Monatliches Haushaltsbuch	103

Einkauf richtig gemacht

Zusatzaufgabe: Selbst gemacht oder Fertigprodukt?	113

Nachhaltige Lebensstile

Zusatzaufgabe: Maßnahmen des Zivilschutzes	118

1. Lehreinheit

Lernanlass/Tag: _____

Folgende Themen werden heute besprochen:	
D...	Seite 24
	Seite 66
Ka...	Seite 131
	Seite
	Seite

Folgende Speisen bereiten wir heute zu:	
Spaghetti ...	Seite 179
Süßspeise	Seite 180
	Seite
	Seite
	Seite

Bevor der Unterricht zu Ende ist, mache ich mir noch kurz Gedanken über:

Gericht	Schmeckt spitze	Schmeckt sehr gut	Schmeckt gut	Schmeckt mittelmäßig	Schmeckt gar nicht
Spaghetti	☺				
Süßspeise	☺				

Mein Unterrichtsverhalten

☺ ☹ 😐	Meine Bewertung	Lehrerbewertung
Ordnung		
Mitarbeit		
Arbeitsplatz		
Selbstständigkeit		

Zusätzliches

2. Lehreinheit

Lernanlass/Tag: _____

Folgende Themen werden heute besprochen:	
	Seite
	Seite
	Seite
	Seite
	Seite

Folgende Speisen bereiten wir heute zu:	
	Seite
	Seite
	Seite
	Seite
	Seite

Bevor der Unterricht zu Ende ist, mache ich mir noch kurz Gedanken über:

Gericht	Schmeckt spitze	Schmeckt sehr gut	Schmeckt gut	Schmeckt mittelmäßig	Schmeckt gar nicht

Mein Unterrichtsverhalten

☺ ☹ 😐	Meine Bewertung	Lehrerbewertung
Ordnung		
Mitarbeit		
Arbeitsplatz		
Selbstständigkeit		

Zusätzliches

3. Lehreinheit

Lernanlass/Tag: ─────────────

Folgende Themen werden heute besprochen:	
	Seite
	Seite
	Seite
	Seite
	Seite

Folgende Speisen bereiten wir heute zu:	
	Seite
	Seite
	Seite
	Seite
	Seite

Bevor der Unterricht zu Ende ist, mache ich mir noch kurz Gedanken über:

Gericht	Schmeckt spitze	Schmeckt sehr gut	Schmeckt gut	Schmeckt mittelmäßig	Schmeckt gar nicht

Mein Unterrichtsverhalten

☺ ☹ 😐	Meine Bewertung	Lehrerbewertung
Ordnung		
Mitarbeit		
Arbeitsplatz		
Selbstständigkeit		

Zusätzliches

4. Lehreinheit

Lernanlass/Tag: _____

Folgende Themen werden heute besprochen:	
Die Kohlenhydrate	Seite 40
Die Kartoffel	Seite 42
Maßnahmen zur Unfallvorsorge	Seite 132
	Seite

Folgende Speisen bereiten wir heute zu:	
Knoblauchcremesuppe	Seite 158
Apfelstrudel	Seite 200
	Seite
	Seite
	Seite

Bevor der Unterricht zu Ende ist, mache ich mir noch kurz Gedanken über:

Gericht	Schmeckt spitze	Schmeckt sehr gut	Schmeckt gut	Schmeckt mittelmäßig	Schmeckt gar nicht

Mein Unterrichtsverhalten

☺ ☹ 😐	Meine Bewertung	Lehrerbewertung
Ordnung		
Mitarbeit		
Arbeitsplatz		
Selbstständigkeit		

Zusätzliches

5. Lehreinheit

Lernanlass/Tag: _____

Folgende Themen werden heute besprochen:	
	Seite
	Seite
	Seite
	Seite
	Seite

Folgende Speisen bereiten wir heute zu:	
	Seite
	Seite
	Seite
	Seite
	Seite

Bevor der Unterricht zu Ende ist, mache ich mir noch kurz Gedanken über:

Gericht	Schmeckt spitze	Schmeckt sehr gut	Schmeckt gut	Schmeckt mittelmäßig	Schmeckt gar nicht

Mein Unterrichtsverhalten

☺ ☹ 😐	Meine Bewertung	Lehrerbewertung
Ordnung		
Mitarbeit		
Arbeitsplatz		
Selbstständigkeit		

Zusätzliches

6. Lehreinheit

Lernanlass/Tag: _____

Folgende Themen werden heute besprochen:	
	Seite
	Seite
	Seite
	Seite
	Seite

Folgende Speisen bereiten wir heute zu:	
	Seite
	Seite
	Seite
	Seite
	Seite

Bevor der Unterricht zu Ende ist, mache ich mir noch kurz Gedanken über:

Gericht	Schmeckt spitze	Schmeckt sehr gut	Schmeckt gut	Schmeckt mittelmäßig	Schmeckt gar nicht

Mein Unterrichtsverhalten

☺ ☹ 😐	Meine Bewertung	Lehrerbewertung
Ordnung		
Mitarbeit		
Arbeitsplatz		
Selbstständigkeit		

Zusätzliches

7. Lehreinheit

Lernanlass/Tag: _____

Folgende Themen werden heute besprochen:	
	Seite
	Seite
	Seite
	Seite
	Seite

Folgende Speisen bereiten wir heute zu:	
	Seite
	Seite
	Seite
	Seite
	Seite

Bevor der Unterricht zu Ende ist, mache ich mir noch kurz Gedanken über:

Gericht	Schmeckt spitze	Schmeckt sehr gut	Schmeckt gut	Schmeckt mittelmäßig	Schmeckt gar nicht

Mein Unterrichtsverhalten

☺ ☹ 😐	Meine Bewertung	Lehrerbewertung
Ordnung		
Mitarbeit		
Arbeitsplatz		
Selbstständigkeit		

Zusätzliches

8. Lehreinheit

Lernanlass/Tag: _____

Folgende Themen werden heute besprochen:	
	Seite
	Seite
	Seite
	Seite
	Seite

Folgende Speisen bereiten wir heute zu:	
	Seite
	Seite
	Seite
	Seite
	Seite

Bevor der Unterricht zu Ende ist, mache ich mir noch kurz Gedanken über:

Gericht	Schmeckt spitze	Schmeckt sehr gut	Schmeckt gut	Schmeckt mittelmäßig	Schmeckt gar nicht

Mein Unterrichtsverhalten

☺ ☹ 😐	Meine Bewertung	Lehrerbewertung
Ordnung		
Mitarbeit		
Arbeitsplatz		
Selbstständigkeit		

Zusätzliches

9. Lehreinheit

Lernanlass/Tag: _____

Folgende Themen werden heute besprochen:	
	Seite
	Seite
	Seite
	Seite
	Seite

Folgende Speisen bereiten wir heute zu:	
	Seite
	Seite
	Seite
	Seite
	Seite

Bevor der Unterricht zu Ende ist, mache ich mir noch kurz Gedanken über:

Gericht	Schmeckt spitze	Schmeckt sehr gut	Schmeckt gut	Schmeckt mittelmäßig	Schmeckt gar nicht

Mein Unterrichtsverhalten

☺ ☹ 😐	Meine Bewertung	Lehrerbewertung
Ordnung		
Mitarbeit		
Arbeitsplatz		
Selbstständigkeit		

Zusätzliches

10. Lehreinheit

Lernanlass/Tag: _____

Folgende Themen werden heute besprochen:	
	Seite
	Seite
	Seite
	Seite
	Seite

Folgende Speisen bereiten wir heute zu:	
	Seite
	Seite
	Seite
	Seite
	Seite

Bevor der Unterricht zu Ende ist, mache ich mir noch kurz Gedanken über:

Gericht	Schmeckt spitze	Schmeckt sehr gut	Schmeckt gut	Schmeckt mittelmäßig	Schmeckt gar nicht

Mein Unterrichtsverhalten

☺ ☹ 😐	Meine Bewertung	Lehrerbewertung
Ordnung		
Mitarbeit		
Arbeitsplatz		
Selbstständigkeit		

Zusätzliches

11. Lehreinheit

Lernanlass/Tag: _____

Folgende Themen werden heute besprochen:	
Mineralstoffe	Seite 70
Haushaltstypen	Seite 91
	Seite
	Seite
	Seite

Folgende Speisen bereiten wir heute zu:	
Geb. Fische	Seite
Ged. Gemüse	Seite
Kartoffeln	Seite
Kräutersauce	Seite 163
	Seite

Bevor der Unterricht zu Ende ist, mache ich mir noch kurz Gedanken über:

Gericht	Schmeckt spitze	Schmeckt sehr gut	Schmeckt gut	Schmeckt mittelmäßig	Schmeckt gar nicht

Mein Unterrichtsverhalten

☺ ☹ 😐	Meine Bewertung	Lehrerbewertung
Ordnung		
Mitarbeit		
Arbeitsplatz		
Selbstständigkeit		

Zusätzliches

12. Lehreinheit

Lernanlass/Tag: _____

Folgende Themen werden heute besprochen:	
	Seite
	Seite
	Seite
	Seite
	Seite

Folgende Speisen bereiten wir heute zu:	
	Seite
	Seite
	Seite
	Seite
	Seite

Bevor der Unterricht zu Ende ist, mache ich mir noch kurz Gedanken über:

Gericht	Schmeckt spitze	Schmeckt sehr gut	Schmeckt gut	Schmeckt mittelmäßig	Schmeckt gar nicht

Mein Unterrichtsverhalten

☺ ☹ 😐	Meine Bewertung	Lehrerbewertung
Ordnung		
Mitarbeit		
Arbeitsplatz		
Selbstständigkeit		

Zusätzliches

13. Lehreinheit

Lernanlass/Tag: _____

Folgende Themen werden heute besprochen:	
Kräuter und Gewürze	Seite 80
Einkauf richtig gemacht	Seite 110
	Seite
	Seite
	Seite

Folgende Speisen bereiten wir heute zu:	
Spargelsuppe	Seite (Rezept)
Pizza	Seite 182
	Seite
	Seite
	Seite

Bevor der Unterricht zu Ende ist, mache ich mir noch kurz Gedanken über:

Gericht	Schmeckt spitze	Schmeckt sehr gut	Schmeckt gut	Schmeckt mittelmäßig	Schmeckt gar nicht

Mein Unterrichtsverhalten

☺ ☹ 😐	Meine Bewertung	Lehrerbewertung
Ordnung		
Mitarbeit		
Arbeitsplatz		
Selbstständigkeit		

Zusätzliches

14. Lehreinheit

Lernanlass/Tag: _____

Folgende Themen werden heute besprochen:	
	Seite
	Seite
	Seite
	Seite
	Seite

Folgende Speisen bereiten wir heute zu:	
	Seite
	Seite
	Seite
	Seite
	Seite

Bevor der Unterricht zu Ende ist, mache ich mir noch kurz Gedanken über:

Gericht	Schmeckt spitze	Schmeckt sehr gut	Schmeckt gut	Schmeckt mittelmäßig	Schmeckt gar nicht

Mein Unterrichtsverhalten

☺ ☹ 😐	Meine Bewertung	Lehrerbewertung
Ordnung		
Mitarbeit		
Arbeitsplatz		
Selbstständigkeit		

Zusätzliches

15. Lehreinheit

Lernanlass/Tag: _____

Folgende Themen werden heute besprochen:	
Müll trennen	Seite 116
Richtige Lagerung –	Seite 127
Haltbarkeit	Seite 127
	Seite
	Seite

Folgende Speisen bereiten wir heute zu:	
Griechischer Salat	Seite
Wurstsalat	Seite
Erdbeeren	Seite
	Seite
	Seite

Bevor der Unterricht zu Ende ist, mache ich mir noch kurz Gedanken über:

Gericht	Schmeckt spitze	Schmeckt sehr gut	Schmeckt gut	Schmeckt mittelmäßig	Schmeckt gar nicht

Mein Unterrichtsverhalten

☺ ☹ 😐	Meine Bewertung	Lehrerbewertung
Ordnung		
Mitarbeit		
Arbeitsplatz		
Selbstständigkeit		

Zusätzliches

16. Lehreinheit

Lernanlass/Tag: _____

Folgende Themen werden heute besprochen:	
	Seite
	Seite
	Seite
	Seite
	Seite

Folgende Speisen bereiten wir heute zu:	
	Seite
	Seite
	Seite
	Seite
	Seite

Bevor der Unterricht zu Ende ist, mache ich mir noch kurz Gedanken über:

Gericht	Schmeckt spitze	Schmeckt sehr gut	Schmeckt gut	Schmeckt mittelmäßig	Schmeckt gar nicht

Mein Unterrichtsverhalten

☺ ☹ 😐	Meine Bewertung	Lehrerbewertung
Ordnung		
Mitarbeit		
Arbeitsplatz		
Selbstständigkeit		

Zusätzliches

17. Lehreinheit

Lernanlass/Tag: _____

Folgende Themen werden heute besprochen:	
	Seite
	Seite
	Seite
	Seite
	Seite

Folgende Speisen bereiten wir heute zu:	
	Seite
	Seite
	Seite
	Seite
	Seite

Bevor der Unterricht zu Ende ist, mache ich mir noch kurz Gedanken über:

Gericht	Schmeckt spitze	Schmeckt sehr gut	Schmeckt gut	Schmeckt mittelmäßig	Schmeckt gar nicht

Mein Unterrichtsverhalten

☺ ☹ 😐	Meine Bewertung	Lehrerbewertung
Ordnung		
Mitarbeit		
Arbeitsplatz		
Selbstständigkeit		

Zusätzliches

18. Lehreinheit

Lernanlass/Tag: _____

Folgende Themen werden heute besprochen:	
	Seite
	Seite
	Seite
	Seite
	Seite

Folgende Speisen bereiten wir heute zu:	
	Seite
	Seite
	Seite
	Seite
	Seite

Bevor der Unterricht zu Ende ist, mache ich mir noch kurz Gedanken über:

Gericht	Schmeckt spitze	Schmeckt sehr gut	Schmeckt gut	Schmeckt mittelmäßig	Schmeckt gar nicht

Mein Unterrichtsverhalten

☺ ☹ 😐	Meine Bewertung	Lehrerbewertung
Ordnung		
Mitarbeit		
Arbeitsplatz		
Selbstständigkeit		

Zusätzliches

19. Lehreinheit

Lernanlass/Tag: _____

Folgende Themen werden heute besprochen:	
	Seite
	Seite
	Seite
	Seite
	Seite

Folgende Speisen bereiten wir heute zu:	
	Seite
	Seite
	Seite
	Seite
	Seite

Bevor der Unterricht zu Ende ist, mache ich mir noch kurz Gedanken über:

Gericht	Schmeckt spitze	Schmeckt sehr gut	Schmeckt gut	Schmeckt mittelmäßig	Schmeckt gar nicht

Mein Unterrichtsverhalten

☺ ☹ 😐	Meine Bewertung	Lehrerbewertung
Ordnung		
Mitarbeit		
Arbeitsplatz		
Selbstständigkeit		

Zusätzliches

20. Lehreinheit

Lernanlass/Tag: _____

Folgende Themen werden heute besprochen:	
	Seite
	Seite
	Seite
	Seite
	Seite

Folgende Speisen bereiten wir heute zu:	
	Seite
	Seite
	Seite
	Seite
	Seite

Bevor der Unterricht zu Ende ist, mache ich mir noch kurz Gedanken über:

Gericht	Schmeckt spitze	Schmeckt sehr gut	Schmeckt gut	Schmeckt mittelmäßig	Schmeckt gar nicht

Mein Unterrichtsverhalten

☺ ☹ 😐	Meine Bewertung	Lehrerbewertung
Ordnung		
Mitarbeit		
Arbeitsplatz		
Selbstständigkeit		

Zusätzliches

21. Lehreinheit

Lernanlass/Tag: _____

Folgende Themen werden heute besprochen:	
	Seite
	Seite
	Seite
	Seite
	Seite

Folgende Speisen bereiten wir heute zu:	
	Seite
	Seite
	Seite
	Seite
	Seite

Bevor der Unterricht zu Ende ist, mache ich mir noch kurz Gedanken über:

Gericht	Schmeckt spitze	Schmeckt sehr gut	Schmeckt gut	Schmeckt mittelmäßig	Schmeckt gar nicht

Mein Unterrichtsverhalten

☺ ☹ 😐	Meine Bewertung	Lehrerbewertung
Ordnung		
Mitarbeit		
Arbeitsplatz		
Selbstständigkeit		

Zusätzliches

22. Lehreinheit

Lernanlass/Tag: _____

Folgende Themen werden heute besprochen:	
	Seite
	Seite
	Seite
	Seite
	Seite

Folgende Speisen bereiten wir heute zu:	
	Seite
	Seite
	Seite
	Seite
	Seite

Bevor der Unterricht zu Ende ist, mache ich mir noch kurz Gedanken über:

Gericht	Schmeckt spitze	Schmeckt sehr gut	Schmeckt gut	Schmeckt mittelmäßig	Schmeckt gar nicht

Mein Unterrichtsverhalten

☺ ☹ 😐	Meine Bewertung	Lehrerbewertung
Ordnung		
Mitarbeit		
Arbeitsplatz		
Selbstständigkeit		

Zusätzliches

23. Lehreinheit

Lernanlass/Tag: _____

Folgende Themen werden heute besprochen:	
	Seite
	Seite
	Seite
	Seite
	Seite

Folgende Speisen bereiten wir heute zu:	
	Seite
	Seite
	Seite
	Seite
	Seite

Bevor der Unterricht zu Ende ist, mache ich mir noch kurz Gedanken über:

Gericht	Schmeckt spitze	Schmeckt sehr gut	Schmeckt gut	Schmeckt mittelmäßig	Schmeckt gar nicht

Mein Unterrichtsverhalten

☺ ☹ 😐	Meine Bewertung	Lehrerbewertung
Ordnung		
Mitarbeit		
Arbeitsplatz		
Selbstständigkeit		

Zusätzliches

24. Lehreinheit

Lernanlass/Tag: _____

Folgende Themen werden heute besprochen:	
	Seite
	Seite
	Seite
	Seite
	Seite

Folgende Speisen bereiten wir heute zu:	
	Seite
	Seite
	Seite
	Seite
	Seite

Bevor der Unterricht zu Ende ist, mache ich mir noch kurz Gedanken über:

Gericht	Schmeckt spitze	Schmeckt sehr gut	Schmeckt gut	Schmeckt mittelmäßig	Schmeckt gar nicht

Mein Unterrichtsverhalten

☺ ☹ 😐	Meine Bewertung	Lehrerbewertung
Ordnung		
Mitarbeit		
Arbeitsplatz		
Selbstständigkeit		

Zusätzliches

Ernährung und Gesundheit

Essen soll in erster Linie Genuss sein und dir helfen, dich in deiner Haut wohlzufühlen. Dabei kommt es nicht darauf an, die Kalorienanzahl jeder Mahlzeit zu kennen und alles über Vitamine, Mineral- und Ballaststoffe zu wissen. Gesunde Ernährung soll schließlich nicht zu einer komplizierten Wissenschaft werden!

Es ist eigentlich ganz einfach: weniger Salz, Zucker, Fett und Fleisch, dafür mehr Getreide, frisches Obst und Gemüse sowie zu guter Letzt mehr Wasser als Limonaden.

 Meine Ziele

Nach diesem Kapitel kann ich,
- beurteilen, ob meine tägliche Ernährung tatsächlich gesund ist;
- die Bestandteile einer gesunden Ernährung und ihre Auswirkungen auf meinen Körper beschreiben;
- meinen täglichen Bedarf an Kohlenhydraten, Fetten und Eiweiß berechnen;
- die Wirkung von Vitaminen und Mineralstoffen erklären;
- die Zusammensetzung bzw. Herstellung verschiedener Lebensmittel besser beurteilen;
- meinen täglichen Flüssigkeitsbedarf berechnen und Maßnahmen setzen, um meinen Wasserverbrauch zu reduzieren;
- einige alkoholfreie Getränke und ihre Besonderheiten nennen;
- meine Kenntnisse über Kräuter und Gewürze in der Küche praktisch anwenden;
- mein Wissen über die Inhaltsstoffe von Lebensmitteln beim Einkauf mit einbeziehen;
- unterschiedliche Ernährungsformen bewerten;
- die Ursachen und Auswirkungen verschiedener Essstörungen und ernährungsabhängiger Krankheiten erklären.

Ernährung und Gesundheit

1 Unsere Ernährung

„Iss was G'scheit's!" – Ob als Werbespot, in Zeitschriften oder vonseiten der Eltern – Ernährungstipps kommen von überall her. Klar, dass man da nur schwer den Überblick behält. Doch wie sieht eine gesunde Ernährung eigentlich wirklich aus?

1.1 Der Ernährungskreis

Es gibt kein Lebensmittel, in dem alle für deinen Körper wichtigen Nährstoffe enthalten sind. Je vielfältiger die Mahlzeiten zusammengestellt sind, umso mehr lebensnotwendige Stoffe stehen dir zur Verfügung, um gesund und fit zu bleiben.

Im Ernährungskreis sind die Lebensmittel **sieben unterschiedlichen Lebensmittelgruppen** zugeordnet. Es gibt für die Lebensmittelgruppen sogenannte Verzehrempfehlungen. Am gesündesten ernährst du dich, wenn du deine tägliche Nahrungszufuhr aus allen sieben Lebensmittelgruppen zusammensetzt und dabei auf die empfohlene Menge achtest. Je größer der Bereich im Ernährungskreis dargestellt ist, desto mehr Lebensmittel aus diesem Bereich solltest du täglich essen.

! Nicht viel essen, sondern vielseitig!

Vollkornprodukte sind immer besser! Sie enthalten viele Vitamine und Ballaststoffe. Ballaststoffe haben fast keine Kalorien, sättigen und halten den Darm in Schwung.

	Lebensmittelgruppe	So viel solltest du zu dir nehmen
1	Getreide, Getreideprodukte und Kartoffeln	■ Täglich ungefähr 4–5 Scheiben Brot ■ und entweder 1 Portion Nudeln oder Reis (ungekocht ca. 75–90 g) ■ oder 4–5 mittelgroße Kartoffeln.
2	Gemüse und Hülsenfrüchte	■ Insgesamt ca. 400 g täglich; Gemüse nicht nur gegart, sondern auch roh essen!
3	Obst	■ Mindestens 2–3 Stück pro Tag!
4	Milch und Milchprodukte	■ 1/4 l Milch oder Joghurt täglich und 3 Scheiben Käse. ■ Fettarme Produkte bevorzugen!
5	Fleisch, Fisch, Wurst und Eier	■ Pro Woche nur 2- bis 3-mal Fleisch, 1-mal Fisch und 3 Eier (inklusive der verarbeiteten)! ■ Fettarme Produkte bevorzugen!
6	Fette und Öle	■ Pflanzliche Fette verwenden und höchstens 20 g Butter oder Margarine pro Tag!
7	Getränke	■ Mindestens 1,5 bis 2 l Wasser, Tee oder verdünnte Säfte pro Tag!

1.2 Die tägliche Nahrungszufuhr

Kohlenhydrate, Fette, Eiweiße – alles braucht der Körper. So weit, so gut: Aber wie viel von allem?

Die tägliche Nahrungszufuhr setzt sich – gemessen am Energiegehalt – folgendermaßen zusammen:

55–60 % Kohlenhydrate
30 % Fett
10–15 % Eiweiß

1.3 Die Aufgaben der Nahrung

Pflanzliche und tierische Lebensmittel, die wir essen, werden in unserem Körper im Zuge der Verdauung in **Nährstoffe** (verwertbare Bestandteile) zerlegt. Diese sind entweder Baustoffe, Brennstoffe oder Wirkstoffe (Schutz- und Reglerstoffe).

Baustoffe	Brennstoffe	Wirkstoffe (Schutz- und Reglerstoffe)
■ Eiweiß ■ Fette ■ Mineralstoffe ■ Wasser	■ Kohlenhydrate ■ Fette ■ Eiweiß	■ Mineralstoffe ■ Spurenelemente ■ Vitamine
Diese brauchst du zum Aufbau und zur Erhaltung deines Körpers.	Sie liefern deinem Körper Energie für Bewegung und zur Regulierung deiner Körpertemperatur.	Diese benötigst du für Vorgänge im Körper, wie z. B. den Sauerstofftransport im Blut, die Nerventätigkeit und das Immunsystem (Schutz gegen Krankheiten).

Daneben beinhalten Lebensmittel noch **Ballaststoffe** (sie regen die Verdauung an) sowie **Farb-, Duft- und Geschmacksstoffe** (sie regen den Appetit an).

Ernährung und Gesundheit

1.4 Der Energiebedarf: Grund- und Leistungsumsatz

 *Ein Auto braucht Benzin oder Diesel, um fahren zu können. Der Mensch benötigt ebenso Treibstoff in Form von Essen und Trinken. Aber wie wird die Nahrung eigentlich umgewandelt?*

1 kcal = 4,186 kJ; ist die Energiemenge, um 1 l Wasser von 14,5 °C auf 15,5 °C zu erwärmen.

Um überhaupt leben zu können, musst du ständig Energie in Form von Nahrung zuführen. Diese Nahrung wird im Körper verbrannt und dadurch wird Energie frei. Angegeben wird diese Energie in **Kilojoule (kJ),** früher wurde sie in **Kilokalorien (kcal)** definiert.

Jeder Mensch hat einen individuellen Energiebedarf. Dieser setzt sich aus **Grundumsatz** und **Leistungsumsatz** zusammen.

Der Grundumsatz

Der Grundumsatz ist jene Energiemenge, die dein Körper in 24 Stunden bei völliger Ruhe, einer Temperatur um die 28 °C (du empfindest es weder als warm noch kalt) und 12 Stunden nach der letzten Nahrungsaufnahme (man nennt das nüchtern) zur Erhaltung seiner Funktionen benötigt. Er ist abhängig von Alter, Geschlecht, Gewicht und Körpergröße.

Berechnet wird der Grundumsatz durch die einfache Formel:

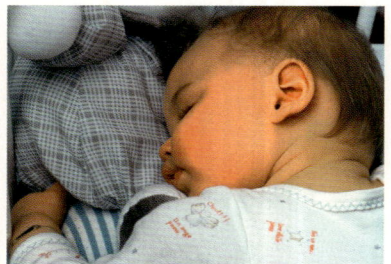

Auch im Schlaf verbraucht unser Körper Energie.

100 x Körpergewicht in kg = kJ

> **Demobeispiel**
>
> Beate wiegt 56 kg. Welchen Grundumsatz hat sie?
> **Lösung:** 100 x 56 = 5 600 kJ

Der Leistungsumsatz

Der Leistungsumsatz ist nun jene Energiemenge, die dein Körper pro Tag für zusätzliche Arbeit, d. h. für jegliche Art von Bewegung, verbraucht.

Eine 75 kg schwere Person verbraucht für nachstehende Tätigkeiten in einer Stunde folgende Kilojoule-Menge:
- Kochen: 787 kJ
- Bügeln, Abwaschen: 724 kJ
- Tanzen: 1 400 kJ
- Radfahren, 15 km/h: 1 892 kJ

 Wusstest du, dass ...
jeweils 25 % vom Grundumsatz von Leber und Gehirn beansprucht werden? Weitere 10 % benötigen deine Nieren, 6 % die Herzmuskulatur und 18 % die Skelettmuskulatur.

> **Zusatzaufgabe**
>
> Aufgrund der unterschiedlichen Muskelarbeit von Menschen teilt man Menschen in der Ernährungswissenschaft nach der Art ihrer Tätigkeit in fünf Gruppen ein (PAL = Physical Activity Level).

1 Unsere Ernährung

PAL-Faktoren bei verschiedenen Tätigkeiten

Faktor	Tätigkeit	Beispiele
1,2	Liegend oder sitzend	Alte oder gebrechliche Menschen
1,4–1,5	Beinahe nur sitzend	Schreibtischarbeiten
1,6–1,7	Zum größten Teil sitzend, ab und zu stehend und gehend	Schüler/-innen, Kassierer/-innen
1,8–1,9	Zum größten Teil stehend und gehend	Kellner/-innen, Hausfrauen und -männer, Verkäufer/-innen
2,0–2,4	Schwer körperliche Aktivitäten	Profisportler/-innen, Bau- und Forstarbeiter/-innen

Wusstest du, dass ... Jugendliche in der Pubertät aufgrund ihres Wachstums einen erhöhten Energiebedarf haben?

Demobeispiel

Wie viel kJ (Kilojoule) verbraucht eine 40-jährige Büroangestellte mit einem Grundumsatz von 6 200 kJ innerhalb von 24 Stunden?

Tätigkeit	PAL-Faktor	
9 Stunden berufliche Tätigkeit	9 x 1,5 =	13,50
7 Stunden Freizeitaktivität	7 x 1,4 =	9,80
1 Stunde Sport	1 x 2,0 =	2,00
7 Stunden Schlaf	7 x 0,95 =	6,65
Summe für 24 Stunden		**31,95**

Durchschnittlicher täglicher PAL-Faktor: 31,95 : 24 = 1,33
Durchschnittlicher Gesamtenergiebedarf: 1,33 x 6 200 kJ (= Grundumsatz)
= 8 246 kJ (= 1 969,9 kcal)

Übungsbeispiel

Wie viel kJ (Kilojoule) verbrauchst du selbst innerhalb von 24 Stunden?

Mein Grundumsatz: _____ kJ

Tätigkeit	PAL-Faktor
Summe für 24 Stunden	

Mein durchschnittlicher täglicher PAL-Faktor: _____ : 24 =
Mein durchschnittlicher Gesamtenergiebedarf: _____ x _____ (= Grundumsatz)
= _____ kJ (= _____ kcal)

1.5 Die Mahlzeiten des Tages

Ein leerer Bauch studiert nicht gern! Was ist mit diesem Satz gemeint?

Übungsbeispiel

Schau dir die unten angeführte Leistungskurve genau an. Was könnte die Wellenlänge und was die gestrichelte Linie bedeuten?

Anschließend erstelle dein persönliches Ernährungsprotokoll, indem du die leere Tabelle darunter ausfüllst.

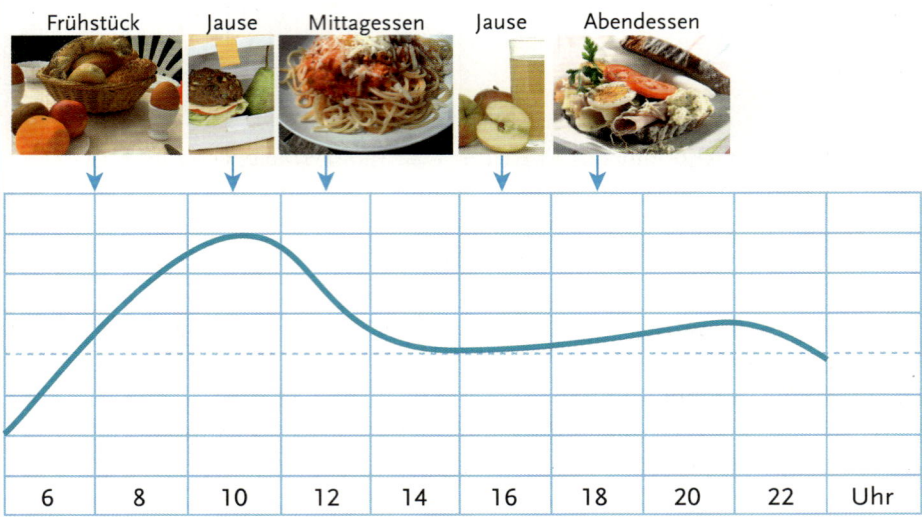

Mahlzeiten	Uhrzeit	Was esse ich?
Frühstück		
Jause		
Mittagessen		
Jause		
Abendessen		

Hoffentlich steht in jedem Kästchen etwas. Vor allem das Frühstück als Start in den Tag ist sehr wichtig! Nun vergleiche deine Angaben mit den Vorschlägen in der nächsten Tabelle auf S. 37.

1 Unsere Ernährung

Mahlzeiten	Uhrzeit	Was ist ideal?
Frühstück	Ca. 6.30 Uhr	Milch, Kakao oder Tee, Müsli oder Marmelade- oder Käsebrot
Jause	In der großen Pause (ca. 10.00 Uhr)	1 Stück Obst und 1 Käse- oder Wurstbrot mit frischem Gemüse Dein Körper braucht auch Flüssigkeit, wie z. B. Wasser, Mineralwasser, stark verdünnte Fruchtsäfte, Früchte- oder Kräutertees.
Mittagessen	Zwischen 12.00 und 13.00 Uhr	Beispiele: ■ Spaghetti mit Fleisch- oder Tomatensauce und Salat ■ Haferflocken-Käse-Laibchen mit Kartoffeln, Sauerrahmsauce und Salat ■ Wiener Schnitzel mit Reis und Gurkensalat ■ Geschnetzeltes mit Nudeln und Tomatensalat Denk ans Trinken!
Jause	Ca. 15.00 Uhr	1 bis 2 Stück Obst mit Joghurt
Abendessen	Ca. 18.00 Uhr	Belegtes Brot mit Gemüse, wie z. B. Paprika, Gurke, Karotte, Tomate Denk ans Trinken!

Cola und andere Limonaden sind zwar sehr beliebt, aber auch sehr zuckerhaltig. Auf Dauer gesehen fördern sie Karies und Übergewicht.

Tipp
Falls die Möglichkeit eines warmen Mittagessens nicht besteht, tauschst du die Gerichte vom Mittagessen einfach mit denen des Abendessens.

Wenn dein Ernährungsprotokoll ungefähr so wie in diesem Beispiel aussieht, dann bist du bestens für deinen Schulalltag gerüstet, bist leistungsfähig und läufst nicht Gefahr, in ein Energieloch zu fallen.

Hier nochmals kurz und bündig, worauf du bei deiner Ernährung achten musst:

Die zehn Regeln der Deutschen Gesellschaft für Ernährung

1. Vielseitig essen.
2. Reichlich Flüssigkeit.
3. Getreideprodukte – mehrmals am Tag – und reichlich Kartoffeln.
4. Gemüse und Obst – nimm fünf am Tag.
5. Täglich Milch und Milchprodukte, einmal in der Woche Fisch; Fleisch, Wurstwaren und Eier in Maßen.
6. Wenig Fett und fettreiche Lebensmittel.
7. Zucker und Salz in Maßen.
8. Schmackhaft und schonend zubereiten.
9. Nimm dir Zeit, genieße dein Essen.
10. Bleib in Bewegung und achte auf dein Wohlfühlgewicht.

Ein Zeichen für ein Energietief ist, dass deine Konzentration nachlässt.

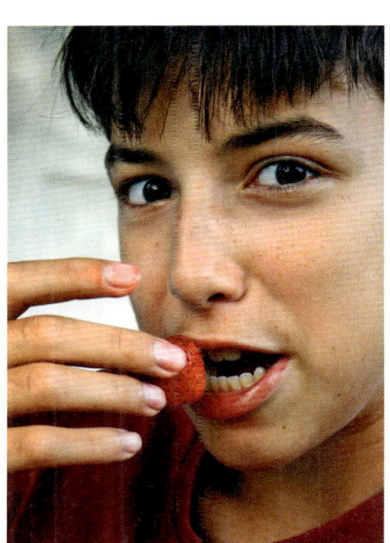

Gemüse und Obst kann man nie genug essen.

Ernährung und Gesundheit

Bring Farbe ins Spiel!

Nachfolgend findest du Merksätze zum Thema „Gesunde und vernünftige Ernährung". Male die Merksätze bunt an und verwende dazu folgende Farben:

Grün für Kohlenhydrate, Obst und Gemüse,
Gelb für Fette,
Rot für Eiweiß,
Blau für Wasser,
Lila für weitere Tipps.

Führe genügend Eiweiß (z. B. Milch und Milchprodukte) zu, damit dein Körper Zellen aufbauen kann. Du bist schließlich im Wachstum!

Sparsam mit Fett! Fett versteckt sich oft in Lebensmitteln, in denen du es gar nicht vermutest, wie z. B. in Wurst, Käse, Schokolade, Chips und vielem mehr.

Iss täglich frisches Obst, Gemüse und Vollkornprodukte!

Süßes mit Genuss, aber maßvoll! Einmal am Tag kannst du ohne schlechtes Gewissen etwas Süßes naschen. Auf die Menge kommt es an!

Iss abends nicht zu spät und nicht zu schwer (z. B. Speck und hart gekochte Eier), sonst schläfst du schlecht!

Nicht zu viel und nicht zu wenig! So hältst du dein Wohlfühlgewicht!

Salz nur sparsam verwenden. Zu viel Salz verursacht Bluthochdruck und in weiterer Folge eine Schädigung der Nieren.

Nimm dir Zeit zum Essen und genieße es!

Die Abwechslung macht's! Der richtige Mix an Lebensmitteln garantiert, dass du mit allen notwendigen Nährstoffen versorgt bist.

Gemüse nur dämpfen und nicht kochen, damit die Vitamine erhalten bleiben!

Trinke mindestens 1½–2 Liter Wasser, Früchte- und Kräutertees oder ungesüßte, verdünnte Säfte.

Viele kleine Mahlzeiten am Tag halten fit!

Achte auf genügend Bewegung! Also Schluss mit „Extreme Couching" und rein in die Turnschuhe!

38

 **Wie konzentriert habe ich gearbeitet?**

Kreuze die richtige Antwort bzw. die richtigen Antworten an!

1. Welcher Bereich ist der größte im Ernährungskreis?

a) Gemüse und Hülsenfrüchte
b) Getreide, Getreideprodukte und Kartoffeln
c) Milch und Milchprodukte
d) Fleisch, Fisch, Wurst und Eier

2. Wie sollte die tägliche Nahrungszufuhr – gemessen am Energiegehalt – zusammengesetzt sein?

a) 60 % Eiweiß, 30 % Kohlenhydrate, 10 % Fett
b) 40 % Kohlenhydrate, 40 % Fett, 20 % Eiweiß
c) 55–60 % Kohlenhydrate, 30 % Fett, 10–15 % Eiweiß
d) 55–60 % Kohlenhydrate, 30 % Eiweiß, 10–15 % Fett

3. Was sind Nährstoffe?

a) Baustoffe, Brennstoffe und Wirkstoffe
b) Farb-, Duft- und Geschmacksstoffe
c) Röststoffe und Farbstoffe
d) Schutzstoffe, Reglerstoffe und Schmierstoffe

4. Die Energie, die unser Körper aus der Nahrung gewinnt, wird in

a) Kilogramm angegeben.
b) Volt angegeben.
c) Kilojoule (kJ) angegeben.
d) Watt angegeben.

5. Woraus setzt sich der spezifische Energiebedarf eines Menschen zusammen?

a) Tagesumsatz und Wochenumsatz
b) Hüftumsatz und Bauchumsatz
c) Grundumsatz und Leistungsumsatz
d) Bodenumsatz und Energieumsatz

6. Wovon ist der Grundumsatz abhängig?

a) Alter, Geschlecht, Gewicht und Körpergröße
b) Alter, Geschlecht und Gewicht
c) Geschlecht, Gewicht und Körpergröße
d) Alter, Gewicht und Körpergröße

7. Wie viele Mahlzeiten solltest du am Tag zu dir nehmen?

a) 3 große
b) 5 kleinere
c) 3 kleine
d) 2 größere und 3 kleinere

8. Was tust du, wenn du keine Möglichkeit zu einem warmen Mittagessen hast?

a) Ich lasse das Mittagessen ausfallen und esse dafür am Abend mehr.
b) Ich kaufe mir eine Wurstsemmel und eine Flasche Eistee – die bringt auch Energie.
c) Ich tausche das Abendessen und das Mittagessen (also Jause zu Mittag, warmes Essen am Abend).
d) Ich esse einfach nichts.

9. Welche Aussage(n) ist/sind richtig?

a) Achte auf genügend Bewegung!
b) Nicht zu viele Kartoffeln, da sie Dickmacher sind.
c) Nimm dir Zeit zum Essen und genieße es!
d) Salz reichlich zuführen, da der Körper es zum Wachstum braucht.

10. Welche Aussage(n) ist/sind richtig?

a) Iss dreimal wöchentlich Obst und Gemüse.
b) Gemüse lange kochen, sonst wird es nicht gar!
c) Abends nicht zu spät und nicht zu schwer essen!
d) Achte auf versteckte Fette, wie z. B. in Wurst und Käse.

Von 12 Punkten _____ Punkte erreicht = _____ %.

2 Die Kohlenhydrate

Warum heißen Kohlenhydrate eigentlich so? Beinhalten sie etwa Kohle? Nicht ganz, wobei auch Kohle zu einem Großteil aus demselben namensgebenden Element besteht – dem Kohlenstoff.

Kohlenhydrate bestehen aus den Elementen Kohlenstoff, Wasserstoff und Sauerstoff. Sie werden in der grünen Pflanze gebildet. Dieser Vorgang nennt sich **Fotosynthese** (diesen Ausdruck hast du sicher schon einmal in Biologie gehört). Dabei werden aus Kohlendioxid aus der Luft und aus Wasser mithilfe von Chlorophyll (Blattgrün) und Sonnenlicht **Einfachzucker** und Sauerstoff gebildet.

Aus Einfachzuckern kann die Pflanze wiederum **Zweifachzucker** und **Mehrfachzucker** bilden und speichern.

In der folgenden Tabelle siehst du, wie Kohlenhydrate eingeteilt werden können:

Honig besteht hauptsächlich aus Frucht- und Traubenzucker sowie Wasser.

Der aus Zuckerrüben hergestellte Kristallzucker ist ein Zweifachzucker.

Zuckerrohr kann bis zu vier Meter hoch wachsen.

Kohlenhydrate	Fremdwort	Arten	Vorkommen
Einfachzucker	Monosaccharide	■ Traubenzucker (Glukose) ■ Fruchtzucker (Fruktose) ■ Schleimzucker (Galaktose)	Obst, Gemüse, Honig
Zweifachzucker	Disaccharide	■ Rüben- und Rohrzucker (Saccharose) ■ Milchzucker (Laktose) ■ Malzzucker (Maltose)	Zuckerrübe, Zuckerrohr Milch Keimende Gerste (wichtig für die Bierherstellung)
Mehrfachzucker	Polysaccharide	■ Pflanzliche Stärke ■ Tierischer und menschlicher Reservestoff (Glykogen) ■ Zellulose und Pektine (Pflanzengerüst)	Getreide, Kartoffeln Leber, Muskeln Pflanzen, Geliermittel

2.1 Die Bedeutung der Kohlenhydrate

Kohlenhydrate dienen vor allem als Energielieferanten sowie Energiespeicher. Sie können bei Bedarf auch vom Körper aus Fetten oder Eiweißen selbst hergestellt werden. Ihre Eigenschaften kommen aber auch in der Küche zum Tragen.

Bring Farbe ins Spiel!

Wenn du meinst, dass es beim Text um die Bedeutung der Kohlenhydrate für den menschlichen Körper geht, so schreibe ein **rotes M** in das weiße Feld. Wenn du glaubst, dass sich der Hinweis auf die Küche bezieht, so schreibe ein **grünes K** hinein.

☐ Ballaststoffe sind unverdauliche, aber die Darmtätigkeit anregende pflanzliche Nahrungsbestandteile. Durch genügend Flüssigkeit quellen sie im Darm auf. Während der Reise durch den Darm nehmen sie Nahrungsreste, die an den Darmwänden haften, mit. Dadurch sorgen sie zusätzlich für eine regelmäßige Stuhlentleerung und schützen dich vor ernährungsabhängigen Krankheiten (siehe S. 85 ff).

☐ Zucker und Honig dienen zum Süßen von Speisen.

☐ Stärke kann Wasser einlagern und ist daher ein wichtiges Bindemittel in der Küche. Sie ist in kaltem Wasser nicht löslich und nicht süß. Beim Binden von Speisen sowie bei der Puddingzubereitung sollte daher Mehl bzw. Puddingpulver mit kalter Flüssigkeit verquirlt und anschließend in die heiße Speise bzw. Milch eingerührt werden. So bilden sich einerseits keine Klumpen, andererseits quillt die Stärke bei Hitze auf und verkleistert bei 67 °C. So wird z. B. eine Sauce dicklicher und der Pudding fest.

☐ Der menschliche Körper besteht zu rund einem Prozent aus Kohlenhydraten.

☐ Zucker ist bei der Konservierung und bei der Marmeladeherstellung wichtig. Er bindet Flüssigkeit so stark, dass zu wenig für die Entwicklung von Mikroorganismen, wie z. B. Schimmelpilzen, übrig bleibt.

☐ Da Ballaststoffe zu den Mehrfachzuckern zählen, dauert ihre Aufspaltung in Zweifachzucker und anschließend in Einfachzucker länger. Somit stellt sich der Hunger nicht so schnell wieder ein.

☐ Durch Ballaststoffe werden die Kohlenhydrate langsamer ins Blut aufgenommen, was für Diabetiker besonders wichtig ist.

☐ Trauben- und Fruchtzucker gehen bei der Verdauung sofort ins Blut über.

☐ Wird Zucker erhitzt, so schmilzt er und wird bräunlich. Diesen Vorgang nennt man Karamellisieren.

☐ Gehirn- und Nervenzellen können nur aus Einfachzuckern Energie gewinnen.

☐ Stärke (Mehrfachzucker, Speicherform von Traubenzucker) ist der wichtigste Energielieferant für den menschlichen Körper.

☐ Ballaststoffe senken den Cholesterinspiegel und sorgen dafür, dass während des Kauens Speichel abgesondert wird, der die Zähne reinigt.

☐ Der wichtige Ballaststoff Zellulose wird durch das Garen der Lebensmittel (z. B. Sellerie, Kohlrabi ...) weich. Der Ballaststoff Pektin (Mehrfachzucker) ist in kaltem Wasser nicht löslich, quillt aber beim Erhitzen stark auf. Diesen Vorgang nennen wir Gelieren (wie z. B. beim Tortengelee).

Stärke ist dafür verantwortlich, dass der Pudding „standfest" wird.

Diabetiker = Sie werden auch als „zuckerkranke" Menschen bezeichnet. Bei dieser Krankheit kommt es zu einer Störung des Kohlenhydratstoffwechsels.

Cholesterinspiegel = Bei einem zu hohen Cholesterinspiegel ist der Fettanteil im Blut zu hoch. Dies kann zu Arterienverkalkung (Arteriosklerose) führen. Dabei verkalken die Gefäßwände, verlieren ihre Elastizität und die Blutgefäße verengen sich zunehmend. Die Folge: Das Blut kann nicht mehr ungehindert fließen.

> Kohlenhydrate sind für die Gärung wichtig. Dabei wird der Zucker mithilfe von Hefepilzen (alkoholische Gärung, Teiglockerung) in Kohlendioxid und Alkohol zerlegt. Der Zucker kann jedoch auch mithilfe von Milchsäurebakterien in Milchsäure umgewandelt werden, wie es z. B. bei der Käsereifung und der Sauerkrautherstellung passiert.

2.2 Der Bedarf an Kohlenhydraten

Ungefähr 55 bis 60 % des täglichen Energiebedarfs sollte ein Mensch in Form von Kohlenhydraten zu sich nehmen. Das sind ca. 6 g pro Kilogramm Körpergewicht.

Zwei Drittel der Kohlenhydrate sollten als Mehrfachzucker aufgenommen werden, der Rest können Einfach- und Zweifachzucker sein.

Mindestens **30 g Ballaststoffe pro Tag** sollten auf deinem Speiseplan stehen. Aber nicht vergessen: Damit die Ballaststoffe quellen können, musst du genügend Flüssigkeit zuführen!

2.3 Die Kartoffel (der Erdapfel)

Die Kartoffel kam im 16. Jahrhundert aus Südamerika nach Europa. Die Knolle, die in der Erde wächst, hat es, auf die Ernährung bezogen, wirklich in sich. Sie enthält hauptsächlich **Wasser und Kohlenhydrate,** aber auch Eiweiß, Vitamine und die Mineralstoffe **Kalzium und Kalium.** Wegen des hohen Vitamin-C-Gehaltes (vor allem in der Schale) wird die Kartoffel auch als „die Zitrone des Nordens" bezeichnet. Kartoffeln sind **leicht verdaulich.**

Kartoffeln zählen zu den Nachtschattengewächsen.

Die Kartoffel ist eines der wichtigsten und preiswertesten Nahrungsmittel. Sie lässt sich gut lagern und ist deshalb für uns als Vitamin- und Mineralstofflieferant vor allem im Winter besonders wichtig.

Es wird zwischen **mehligen bzw. weichkochenden Kartoffeln** (für Kartoffelteig, Kartoffelpüree, Kartoffelknödel) und **speckigen bzw. festkochenden** Kartoffeln (für Salz- und Kräuterkartoffeln, Kartoffelsalat, Bratkartoffeln) unterschieden.

Kartoffeln müssen ungewaschen, trocken, gut durchlüftet, dunkel und kühl, aber frostfrei (sonst schmecken sie süßlich) gelagert werden.

Kartoffeln mit Keimen, die mehr als 5 mm lang sind, können bei empfindlichen Menschen Brennen im Hals, Mattigkeit, Erbrechen und Durchfall auslösen.

Bei der **Zubereitung** sollst du folgende Dinge beachten:
- Kartoffeln waschen, am besten mit der Schale dämpfen (mit wenig Wasser im Dampfdruckkochtopf) und erst dann, falls gewünscht, schälen. So ist der Vitaminverlust geringer. Am günstigsten ist es, die Kartoffeln mit der Schale zu essen, da in dieser der größte Anteil an Vitamin C steckt.
- Kartoffeln nicht auf Vorrat kochen, sondern sofort verzehren und auch nicht lange warm halten, da sonst das Vitamin C fast vollständig zerstört wird.
- Falls grüne Stellen (Kartoffelaugen) oder Keime vorhanden sind, müssen diese unbedingt entfernt werden, da sie das giftige Solanin enthalten.

Alles verstanden? Prüfe dich selbst!

Finde zu den Textteilen die richtige Ergänzung, indem du den Text über die Kartoffeln genau durcharbeitest!

Neben Wasser und Kohlenhydraten enthalten Kartoffeln außerdem	
Die Kartoffel wird auch als „die Zitrone des Nordens" bezeichnet, weil	
	eignen sich für Kartoffelteig, Kartoffelpüree und Kartoffelknödel.
	werden für Salz- und Kräuterkartoffeln, Kartoffelsalat sowie für Bratkartoffeln verwendet.
Gelagert werden Kartoffeln am besten	
	So ist der Vitaminverlust geringer.
	da sie Solanin enthalten.
	da das Vitamin C sonst beinahe vollständig zerstört wird.

Wusstest du, dass ...
jeder Österreicher / jede Österreicherin pro Jahr ca. 54 kg Kartoffeln isst?

2.4 Getreide und Getreideprodukte

Getreide sind Zuchtformen von **Gräsern.** Sie sind zum einen für einen Großteil der Menschheit **Grundnahrungsmittel,** zum anderen dienen sie auch als Viehfutter (vor allem Mais, Gerste, Hafer und Triticale).

Die größten Getreideproduzenten sind China (ca. 430 000 Tonnen jährlich), die USA (ca. 370 000 Tonnen jährlich) und Indien (ca. 240 000 Tonnen jährlich).

Die verschiedenen Getreidearten beinhalten alle rund 70 bis 75 % Kohlenhydrate (vor allem in Form von Stärke und Ballaststoffen), 10 % Eiweiße, 10 bis 12 % Wasser, je 2 % Fette sowie Mineralstoffe und Vitamine.

Die wichtigsten Getreidearten

Weizen

Gerste

Roggen

Ernährung und Gesundheit

Mais

Reis

Dinkel

Hafer

Hirse

Buchweizen

Weizenkörner

Weizen

Der Weizen stellt an Boden, Klima und Wasserversorgung höhere Ansprüche als andere Getreidesorten. Dennoch ist er das am zweithäufigsten angebaute Getreide der Welt und ist auf allen Kontinenten zu finden. Der Weizen benötigt warme und trockene Sommer. Durch die Kreuzung mit Roggen entstand die **Triticale,** welche auch in kühleren Gegenden gut gedeiht.

Weizen ist für viele Menschen ein Grundnahrungsmittel und das wichtigste Brotgetreide (gute Backfähigkeit). Hartweizen ist besonders für die Herstellung von Teigwaren (Nudeln) geeignet.

Gerstenkörner

Gerste

Gerste gedeiht am besten auf tiefgründigen, gut durchfeuchteten Böden. Man unterscheidet zwischen Sommer- und Wintergerste. **Sommergerste** wird häufig zur Malzherstellung für das Bierbrauen genutzt, **Wintergerste** (wird im Herbst gesät) dient hauptsächlich der Tierfütterung.

Roggen

Es gibt Sommer- und Winterroggen, wobei in Mitteleuropa fast ausschließlich Winterroggen angebaut wird, da dieser die Winterfeuchtigkeit nutzen kann und dadurch eine Frühjahrstrockenheit leichter übersteht.

Roggen wird vor allem als Futtergetreide in der Landwirtschaft eingesetzt, aber auch als Brotgetreide und seit Neuestem als nachwachsender Rohstoff zur Energiegewinnung (z. B. in Biogasanlagen). Der Anteil von Roggen an der Weltgetreideerzeugung liegt nur bei einem Prozent.

Im Gegensatz zu Weizengebäck zeichnet sich Roggengebäck durch einen dunklen, festen und aromatischen Teig aus. Das „Luftige" des Weizenteiges fehlt ihm aber gänzlich.

Roggenkörner

Mais (Kukuruz)

Der Mais stammt ursprünglich aus Mexiko (Christoph Kolumbus brachte die Pflanze nach Europa). Er ist das weltweit meistangebaute Getreide. In Nordamerika und Europa dient der Mais hauptsächlich als Viehfutter.

Der Anteil des für den Menschen nutzbaren Eiweißes ist geringer als bei den meisten anderen Getreidearten. Mais ist jedoch **glutenfrei.**

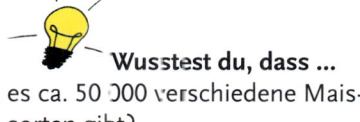

Wusstest du, dass ...
es ca. 50 000 verschiedene Maissorten gibt?

> **Was ist Gluten?**
>
> Gluten (Kleber) ist ein Eiweiß, das die Backfähigkeit des Mehls beeinflusst. Es kommt in vielen Getreidesorten vor, wie Weizen, Roggen, Hafer, Gerste, Dinkel, Grünkern und Triticale. Manche Menschen haben jedoch eine Glutenunverträglichkeit, wodurch sich die Dünndarmschleimhaut entzündet. Man nennt diese Krankheit auch **Zöliakie.** Symptome sind u. a. Erbrechen, Appetitlosigkeit, Gewichtsverlust, Durchfall, Müdigkeit und Missmut. Bei Kindern verzögert sich oft die körperliche Entwicklung.
>
> Zöliakie kann nicht geheilt werden. Durch eine glutenfreie Ernährung können die Betroffenen jedoch beschwerdefrei leben.

Reis

Die Reisähre kann zwischen 80 und 100 Körner enthalten. Reis ist für die Hälfte der Erdbevölkerung das Hauptnahrungsmittel und enthält **kein Gluten.** Man unterscheidet zwischen Langkorn-, Mittelkorn- und Rundkornreis.

Wusstest du, dass ...
Reis bereits 5000 v. Chr. in China angebaut wurde? Die Mauren brachten ihn nach Europa und die Spanier im späten 17. Jahrhundert nach Amerika.

Dinkel

Dinkel ist ein enger Verwandter des heutigen Weizens. Im biologischen Landbau wird der Dinkel in letzter Zeit wieder vermehrt angebaut, da er ein raueres Klima verträgt und resistenter gegen Krankheiten ist.

Resistent = widerstandsfähig.

Dinkel ist besonders bekömmlich und hat eine ausgezeichnete Nährstoffzusammensetzung. Für Menschen, die auf Weizen allergisch reagieren, ist Dinkel oft eine Alternative. Dinkel ist jedoch nicht glutenfrei! Das Schälen des Korns ist allerdings sehr arbeitsintensiv. Deshalb kosten Dinkelprodukte auch wesentlich mehr.

Hafer

Der Hafer ist eine krautige Pflanze, deren Fettanteil etwas höher ist als der von anderen Getreidesorten.

Vom Ernährungsstandpunkt betrachtet, ist Hafer die hochwertigste Getreideart, die in Mitteleuropa angebaut wird. Hafer ist gut für das Wachstum, fördert die Blutbildung und die Festigkeit der Knochen. Außerdem sind Hafereiweiß und -fett leicht verdaulich und spielen daher in der Kinderernährung und in der Krankenkost eine wichtige Rolle. Produkte sind Haferflocken, Hafermehl und Hafermilch.

Hirse

Hirse enthält im Vergleich zu anderen Getreidesorten viele Mineralstoffe und Spurenelemente, darunter Magnesium, Kalium, Fluor, Eisen und Silizium. So leistet Fluorid einen wichtigen Beitrag zur Gesunderhaltung der Zähne, während Silizium, das in Form von Kieselsäure vorkommt, wichtig für Haut, Haare und Nägel ist. Den Beinamen „Schönmacher" trägt Hirse also nicht zu unrecht. Hirse ist außerdem **glutenfrei** und eine Alternative zu Reis.

Schon der griechische Philosoph Pythagoras empfahl die Hirse, um Gesundheit und Kraft zu stärken.

Buchweizen

Der krautige Buchweizen ist botanisch gesehen eigentlich gar kein Getreide, sondern ein Knöterichgewächs. Buchweizen stellt im Anbau geringe Ansprüche an den Boden und gedeiht sogar in beinahe unfruchtbaren Moor- und Heidegegenden. Die Temperatur darf allerdings nicht unter + 3 °C sinken.

Buchweizen enthält **kein Gluten** und ist daher für Menschen mit Zöliakie geeignet.

Buchweizen

Der Aufbau eines Weizenkorns

Die **Schale** und die **Aleuronschicht** enthalten Eiweiß, Ballaststoffe, Vitamine und viele Mineralstoffe. Sie bewirken beim Menschen eine Aktivierung des Stoffwechsels (so fördern sie z. B. die Verdauung, sättigen lange und sind gut für die Blutbildung).

Der **Mehlkörper** besteht aus Stärke, die eine sättigende Wirkung hat, sowie aus Klebereiweiß (Gluten).

Der **Keimling** beinhaltet hochwertige Fette, Eiweiße und Vitamine, die das Nervensystem, den Kreislauf und die Abwehrkräfte stärken sowie das Wachstum von Haaren und Nägeln fördern.

Stoffwechsel = Die Nährstoffe werden aufgenommen, transportiert und umgewandelt, sodass dein Körper sie verwenden kann.

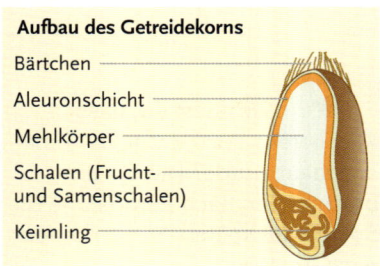

Aufbau des Getreidekorns
- Bärtchen
- Aleuronschicht
- Mehlkörper
- Schalen (Frucht- und Samenschalen)
- Keimling

Die Verarbeitung von Getreide in der Mühle zu Mehl

Die Kornbestandteile **Schale**, **Keimling** und **Mehlkörper** werden in der Mühle voneinander getrennt. Drei Arbeitsschritte sind dafür notwendig:

1. **Reinigen:** Verunreinigungen wie Erde, Sand, Unkraut, Steinchen usw. werden zunächst aus dem Getreide entfernt.

2. **Schälen:** Dann werden Schale und Keimling vom Korn getrennt. Für Vollkornmehl wird allerdings nicht geschält.

3. **Vermahlen:** Die stufenweise Zerkleinerung des Korns erfolgt zwischen Walzen. Die Schale soll dabei möglichst grob erhalten bleiben und der Mehlkörper wird fein vermahlen. Je nach gewünschtem Ausmahlungsgrad besteht eine Vermahlung aus zehn bis zwanzig Zerkleinerungsstufen. Nach jeder Stufe wird das Mehl gesiebt.

Der Ausmahlungsgrad

Die **Typennummer** gibt über den **Ausmahlungsgrad** Auskunft:

Vollkornmehl (Vollmehl)	Auszugsmehl (Weißmehl)
Dieses hat einen **hohen Ausmahlungsgrad,** da das gesamte Getreidekorn vermahlen wird.	Dieses hat einen **niedrigen Ausmahlungsgrad,** da nur der Mehlkörper und der Keim vermahlen werden.
Eigenschaften: ■ Hohe Typenzahl ■ Dunkle Farbe ■ Enthält mehr Eiweißstoffe, Fette, Ballaststoffe, Mineralstoffe und Vitamine als Weißmehl	**Eigenschaften:** ■ Niedrige Typenzahl ■ Helle Farbe ■ Enthält mehr Stärke als Vollkornmehl

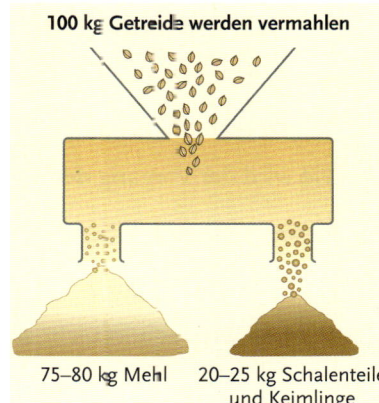

75–80 kg Mehl   20–25 kg Schalenteile und Keimlinge

Je höher der Ausmahlungsgrad, desto größer der Schalenanteil, wie z. B. Vollkornmehl 100 %.

Verwendung von glattem und griffigem Mehl

Auszugsmehle können wiederum unterschiedlich fein gemahlen sein:

Glattes Mehl ist sehr fein und eignet sich für Biskuit-, Strudel- und Mürbteige sowie zum Binden von Suppen und Saucen, da es eine große Bindekraft hat.

Griffiges Mehl fühlt sich etwas körniger an und eignet sich für fettarme Teige, wie Kartoffel-, Germ-, Nudel-, Knödel-, Topfen- und Nockerlteige. Es wird auch zum Ausarbeiten von Teigen verwendet, da es vom Teig weniger aufgenommen wird als glattes Mehl.

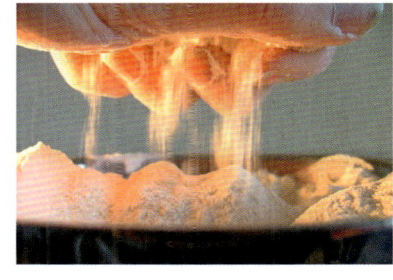

Getreideprodukte

Zu den Produkten zählen:
- Brot, Gebäck, Fertigteige, Feinbackwaren etc.,
- Nudeln (Teigwaren),
- Kartoffelstärke und Maisstärke (Maizena) zum Binden von Saucen und Suppen.

Binden = Eindicken.

Teigwaren werden aus Grieß oder Mehl sowie Wasser, mit oder ohne Ei, hergestellt.

In Österreich werden ca. 50 verschiedene Brotsorten angeboten.

Bei **Vollkornprodukten** werden die Getreidekörner **nicht geschält** und besitzen somit weitaus **mehr wertvolle Inhaltsstoffe** als Produkte aus geschälten Getreidekörnern. Außerdem enthalten sie zusätzlich noch viele **Ballaststoffe.** Wenn du also deinem Körper etwas Gutes tun möchtest, sind Produkte aus Vollkornmehl genau das Richtige. Dennoch bestehen die meisten der gängigen Brot- und Backwaren aus nährstoffarmem, weißem Weizenmehl.

Vor allem im **Naturkostladen** werden vollwertige Getreideprodukte, die alle Nährstoffe des vollen Korns beinhalten, angeboten (z. B. Brot, Gebäck, Kuchen, Müsli, Vollkornnudeln, Reiswaffeln, Malzkaffee, Breie, Flocken, Grieß).

Wie konzentriert habe ich gearbeitet?

Kreuze die richtige Antwort bzw. die richtigen Antworten an!

1. Wie wird der Vorgang der Kohlenhydratbildung genannt?

a) Fotoanalyse
b) Fotosynergie
c) Fotosynthese
d) Fotografie

2. Welches Wort gehört nicht zur Einteilung der Kohlenhydrate?

a) Disaccharide
b) Solosaccharide
c) Polysaccharide
d) Monosaccharide

3. Zellulose ist ...

a) eine Gewebeschwäche.
b) eine Zahnfüllung.
c) ein Mehrfachzucker.
d) ein Pflanzengerüst.

4. Was ist in der Kartoffel reichlich enthalten?

a) Fett
b) Kohlenhydrate
c) Eiweiß
d) Wasser

5. Wie schmecken Kartoffeln, wenn sie nicht frostsicher gelagert wurden?

a) herb
b) süßlich
c) salzig
d) scharf

6. Wie wird eine Unverträglichkeit gegenüber dem Klebereiweiß von Getreidearten bezeichnet?

a) Zöliakie
b) Adipositas
c) Diabetes
d) Anorexia nervosa

7. Welches Getreide enthält kein Gluten?

a) Buchweizen
b) Reis
c) Mais
d) Hirse

8. Was gehört nicht zum Aufbau eines Getreidekorns?

a) Aleuronschicht
b) Bärtchen
c) Keimling
d) Teflonschicht

9. Vollkornmehl ...

a) wird aus ungeschälten Getreidekörnern hergestellt.
b) hat eine höhere Typenzahl als Auszugsmehl.
c) ist heller als Auszugsmehl.
d) enthält mehr Stärke als Auszugsmehl.

10. Vollkornprodukte ...

a) enthalten mehr Ballaststoffe als Produkte aus Weißmehl.
b) enthalten alle Nährstoffe des vollen Korns.
c) sind viel gängiger als Produkte aus Weißmehl.
d) enthalten wesentlich mehr wertvolle Inhaltsstoffe als Produkte aus Weißmehl.

Von 17 Punkten _____ Punkte erreicht = _____ %.

3 Eiweiß – der Zellbaustoff

Eiweiße werden auch als Proteine bezeichnet. Meine Schwester behauptet, dass sich das Wort Protein vom griechischen Wort „proteios" ableitet. Und das bedeutet so viel wie „erstrangig". Sozusagen die Nummer 1! Ist Eiweiß wirklich so wichtig?

3.1 Die Bedeutung von Eiweiß

Bring Farbe ins Spiel!

Markiere im nachfolgenden Text das Wort „Eiweiß" mit **Rot** und das Wort „Protein" mit **Grün.**

Was Eiweiße oder Proteine so besonders macht, ist der Umstand, dass jede Zelle deines Körpers und auch anderer Lebewesen zu einem Großteil aus Eiweiß besteht. Die Bausteine der Eiweißstoffe sind 20 verschiedene Aminosäuren. Die Proteine aller Lebewesen – gleich ob Bakterium oder Mensch – werden aus diesen 20 Aminosäuren aufgebaut.

Der Mensch kann Aminosäuren – bis auf **acht lebensnotwendige oder essenzielle** – selbst herstellen. Die acht essenziellen Aminosäuren müssen mit der Nahrung aufgenommen werden. Zwei weitere Aminosäuren sind nur im Säuglingsalter bzw. im Wachstum lebensnotwendig.

Was Aminosäuren und das Alphabet gemeinsam haben
Mit der 26 Buchstaben unseres Alphabets können wir durch unzählige Kombinationen unendlich viele Wörter und Sätze bilden. Ebenso verhält es sich mit den Aminosäuren. Die verschiedenen Eiweißstoffe kommen dadurch zustande, weil die Aminosäuren aneinandergeknüpft sind ähnlich wie Perlen einer Kette. Manchmal sind es nur zehn, in anderen Fällen Tausende Aminosäuren, die in unterschiedlichen Kombinationen verbunden sind.

3.2 Der Bedarf an Eiweiß

Der tägliche Eiweißbedarf eines Erwachsenen beträgt 0,8 g Eiweiß pro kg Körpergewicht. Weil Kinder und Jugendliche im Wachstum sind, ist der Bedarf etwas höher (täglich 0,9 g Eiweiß pro kg).

Zwei Drittel des Eiweißbedarfes sollten durch pflanzliches Eiweiß (z. B. Vollkornprodukte, Nüsse, Kartoffeln, Hülsenfrüchte) und ein Drittel durch tierisches Eiweiß (z. B. Milch, Milchprodukte, Fisch, Fleisch und Eier) gedeckt werden.

Übungsbeispiel

Wie viel g Eiweiß benötigst du täglich?

    ___ kg Körpergewicht x 0,9 = _____ g

 Wusstest du, dass ...
vor allem **Bohnen, Hülsenfrüchte** (z. B. Kichererbsen, Linsen, Schälerbsen), **Sprossen** (z. B. von Kresse, Radieschen, Rucola, Bockshornklee), **Keimlinge** (z. B. aus Adzukibohnen, Kichererbsen) und **Körner** (z. B. Amarant, Quinoa, Hirse) sehr, sehr viel Eiweiß und reichlich Mineralstoffe und Vitamine enthalten?
Sie sind also sehr gesund und man bringt Abwechslung in den Speiseplan.

Die biologische Wertigkeit

Jeder Eiweißstoff hat eine biologische Wertigkeit. Je mehr körpereigenes Eiweiß aus dem Eiweiß der Nahrung gebildet werden kann, desto höher ist die biologische Wertigkeit. Entscheidend ist dabei der Gehalt an lebenswichtigen Aminosäuren im Nahrungsmittel.

Ernährung und Gesundheit

Eiweiß mit hoher biologischer Wertigkeit finden wir in Eiern, Milch (17 g Eiweiß in 1/2 l) und Milchprodukten, Fisch, magerem Fleisch (30 g Eiweiß in 150 g), Sojabohnen und Kartoffeln. Getreide, Hülsenfrüchte und Nüsse haben hingegen eine geringe biologische Wertigkeit.

Wenn man bestimmte Eiweißstoffe kombiniert, kann die biologische Wertigkeit sogar noch erhöht werden, weil sich die Aminosäuren untereinander ergänzen.

Einen guten Ergänzungswert haben:
- Getreide + Milch oder Fleisch oder Fisch oder Ei oder Hefe
- Hülsenfrüchte + Milch oder Fleisch oder Fisch oder Getreide
- Kartoffeln + Milch oder Fleisch oder Fisch

Zusatzaufgabe: Eiweißstoffe sind lebenswichtig

Wie oft kannst du folgende Worte im Text finden?

Eiweiß: _____ mal   Protein: _____ mal

Eiweißstoffe erfüllen in deinem Körper unzählige lebenswichtige Aufgaben:
- Proteine sind die „Arbeitstiere des Körpers". Sie steuern den Ablauf aller wichtigen Reaktionen, wie z. B. die Verbrennung von Zucker, um Energie für deinen Körper zu gewinnen.
- Sie übernehmen als Transportproteine den Transport körperwichtiger Substanzen. So ist z. B. Hämoglobin für den Sauerstofftransport im Blut zuständig.
- Sie dienen als Antikörper bei der Infektionsabwehr, also zur Erhaltung deiner Gesundheit.
- Dass sich eine blutende Wunde mit einem Schorf schnell verschließt, verdankst du Proteinen. Sie sind für die Blutgerinnung unverzichtbar.
- Außerdem dienen Proteine in Hungerzeiten als Reserve, um deinem Körper Energie zu liefern.

Hämoglobin = roter Blutfarbstoff in den roten Blutkörperchen.

3 Eiweiß – der Zellbaustoff

Zusatzaufgabe: Köpfchen gefragt

Natürlich haben Proteine auch eine küchentechnische Bedeutung. Finde zur jeweiligen Erklärung den unten angeführten passenden Begriff und schreibe diesen in die Spalte daneben.

Kurzbegriff	Erklärung
	Hier flockt das Kasein der Milch aus. Dies kannst du z. B. beobachten, wenn du etwas Zitronensaft in die Milch gibst.
	Eiweißreiche Lebensmittel (z. B. Milch, Fisch, Fleisch) haben einen hohen Wassergehalt und sind deswegen nur kurz haltbar.
	Eiweiß geht durch Hitzeeinwirkung von einer löslichen Form in eine unlösliche über. Es wird sozusagen fest, wie z. B. das Eiklar beim Spiegelei.
	Wasserlösliche Eiweißstoffe gehen beim Kochen in das Wasser über. So löst sich beispielsweise beim Kochen von Fleisch der Blutfarbstoff, geht ins Wasser über und das Fleisch wird grau.
	Manche Eiweißstoffe können Wasser einlagern und vergrößern sich dadurch. Dies ist z. B. bei Bohnen der Fall oder bei Gelatine, die im Wasser aufquillt und sich beim Erwärmen auflöst.
	Wenn Fleisch rasch über 100 °C angebraten wird, gerinnen und bräunen die Eiweißstoffe. Dadurch kann das Austreten des Fleischsaftes verhindert werden und das Fleisch bleibt saftig.

| Hitzegerinnung | Säuregerinnung | Quellvermögen |
| Bräunungsvermögen | Leicht verderblich | Auslaugbarkeit |

Kasein = Ausgangsprodukt für die Herstellung von Topfen und Käse.

Ein Spiegelei – durch Hitze verfestigt sich das Eiklar.

3.3 Milch und Milchprodukte

Milch ist das einzige wertvolle Lebensmittel, das getrunken wird. Sie ist aus der täglichen Ernährung nicht wegzudenken, da sie viele notwendige Nährstoffe zum Aufbau deines Körpers bereithält.

Kannst du die Wörter vervollständigen?

Milch besteht zu ca.

3,6 % aus	E_____	88 % aus	W_____
4,8 % aus	_____hydraten		V_____
3,6 % aus	F_____		M_____ stoffen

Ernährung und Gesundheit

Unter Milch wird normalerweise immer Kuhmilch verstanden.

Wenn von Milch gesprochen wird, dann ist immer von Kuhmilch die Rede. Schaf-, Ziegen-, Stuten-, Esel- und Büffelmilch müssen extra gekennzeichnet sein.

Der Weg der Milch: vom Bauernhof ins Kühlregal

Die Milch muss wegen ihrer leichten Verderblichkeit in der Molkerei einen Prozess durchlaufen, damit ihre Haltbarkeit erhöht wird.

Alles der Reihe nach

Bringe die durcheinandergeratenen Sätze durch Nummerieren von 1 bis 8 wieder in die richtige Reihenfolge.

3 In der Molkerei wird die Milch zunächst auf Sauberkeit und Qualität geprüft.

8 Zuletzt muss die Milch noch abgekühlt und in 1/2-Liter- oder 1-Liter-Packungen bzw. -Flaschen abgefüllt werden.

6 Fett schwimmt auf Wasser, weil es leichter ist. Auch die Fettkügelchen in der Milch würden mit der Zeit aufsteigen und sich als Rahmschicht absetzen. Damit das nicht geschieht, wird die mit 3,6 % Fettgehalt standardisierte Milch homogenisiert. Dabei wird sie mit hohem Druck durch feine Düsen gepresst, wodurch die Fettkügelchen fein verteilt werden.

1 Auf dem Bauernhof werden die Kühe gemolken und die Milch wird anschließend vor Ort sofort filtriert und gekühlt.

4 Nach der Überprüfung wird die Milch in der Zentrifuge gereinigt und die Magermilch vom Rahm getrennt.

2 Der Tankwagen holt die Milch und liefert sie in der Molkerei ab.

7 Beim vorletzten Arbeitsschritt wird die Milch haltbar gemacht. Das Pasteurisieren (kurzzeitiges Erhitzen auf 72–75 °C) ist das gebräuchlichste Verfahren, um Bakterien abzutöten.

Die Milch kann aber auch kurze Zeit ultrahocherhitzt werden. Durch das Einblasen von Dampf wird die Milch auf ca. 135–150 °C erwärmt und nach 1–4 Sekunden schnell wieder abgekühlt. Dadurch ergibt sich eine längere Haltbarkeit als bei der Pasteurisation. Die Milch verliert jedoch wertvolle Vitamine und der Geschmack verändert sich. Die Milch schmeckt karamellartig.

5 Anschließend wird der Fettgehalt standardisiert, das heißt, dass er auf 3,6 % eingestellt wird.

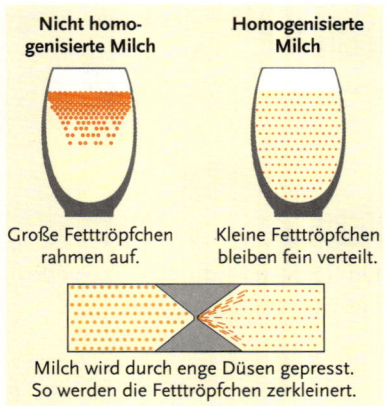

Homogenisieren

Zentrifuge = Schleudergerät, um Substanzen mithilfe der Zentrifugalkraft zu trennen.

Versuch
Besorge mit deinen Klassenkolleginnen und -kollegen unterschiedliche Milchsorten. Dann nummeriert die Verpackungen und füllt die Milch in Becher, die ebenfalls nummeriert werden (Vollmilch = 1, Haltbarmilch = 2, Halbfettmilch = 3 ...). Nun geht's ans Verkosten. Welche Unterschiede könnt ihr schmecken?

Im Handel sind folgende Milchsorten erhältlich:

Vollmilch	Mind. 3,5 % Fettgehalt
Halbfettmilch	1,5–1,8 % Fettgehalt
Magermilch	Max. 0,3 % Fettgehalt
Haltbarmilch	Diese Milch wird durch Ultrahocherhitzung länger haltbar gemacht. Sie hat aber einen typischen „Kochgeschmack".
Milch mit Zusätzen	Erdbeer-, Bananen-, Vanillemilch etc.
Buttermilch	Schmeckt frisch-säuerlich und entsteht bei der Butterherstellung
Sauermilch	Ausgesuchte Bakterienstämme werden der Milch zugesetzt. Diese wandeln dann einen Teil des Milchzuckers vorwiegend in Milchsäure um. Dient als Getränk oder zur Herstellung von Topfen und Sauermilchkäse.
Acidophilusmilch	Eine mit speziellen Bakterien versetzte Sauermilch, die bei regelmäßigem Genuss die Darmflora stärkt und damit eine positive Wirkung auf das Verdauungssystem hat.

Wusstest du, dass ...
- ein Blauwalweibchen 400 bis 600 l fetthaltige Milch pro Tag produziert und sein Junges dadurch täglich ca. 100 kg zunimmt?
- die teuerste Milch die Mäusemilch ist? Sie wird für Forschungszwecke gewonnen. Für 1 l Mäusemilch, für den 4 000 Mäuse gemolken werden müssen, sind um die 20 000 Euro zu bezahlen.

Die gängigsten Milchprodukte

Produkte	Herstellung
Butter	Wird aus Rahm durch Zentrifugieren hergestellt.
Joghurt	Voll- oder Magermilch wird durch spezielle Milchsäurebakterien dickgelegt.
Rahm	Lässt man Milch einige Zeit stehen, setzen sich die fettreichen Bestandteile der Milch an der Oberfläche ab – es bildet sich der sogenannte Süßrahm. Bei der industriellen Produktion wird dies durch Zentrifugieren erreicht. Um Sauerrahm zu erhalten, werden dem Süßrahm Milchsäurebakterien zugesetzt. Diese geben dem Rahm einen aromatisch säuerlichen Geschmack.
Topfen	Wird die Milch mit Milchsäurebakterien versetzt, erhält man zuerst Topfen. Lässt man den Topfen reifen, entsteht Sauermilchkäse, wie z. B. Quargel.
Käse	Der Milch werden Lab und/oder Milchsäurebakterien zugefügt, damit das Milcheiweiß gerinnt. Es entsteht dickgelegte Milch. Die Molke wird abgetrennt, der Rest wird in Formen gepresst und gesalzen. Durch tage- bis monatelange Reifung entsteht Käse.
Molke	Scheidet sich bei der Käseerzeugung ab. Sie enthält neben Eiweiß sehr viele Vitamine und Mineralstoffe und ist nahezu fettfrei.

Dicklegen der Milch: Durch Beigabe von Lab oder Milchsäurebakterien gerinnt die Milch.

Der Käse reift so lange, bis er das für ihn typische Aroma und Aussehen erlangt hat.

Milchtrinken bringt's!

Vor allem der Mineralstoff **Kalzium** ist in Milch und in Milchprodukten reichlich enthalten. Gerade in der Wachstumsphase benötigst du für deinen **Knochenaufbau** viel davon. Täglich ca. 1/2 l Milch oder 60–90 g Käse sind ideal!

Beim Käse solltest du aber auf die verschiedenen Fettgehalte achten. Diese sind in **Prozent Fett in der Trockenmasse (F. i. T.)** angegeben. Bis **45 % F. i. T.** sind die verschiedenen Käsesorten sehr gut bekömmlich. Käse mit höheren Prozentwerten solltest du aufgrund des hohen Fettgehaltes eher seltener essen.

Ernährung und Gesundheit

3.4 Fleisch und Wurstwaren

Unter Fleisch versteht man alle Teile von geschlachteten oder erlegten warmblütigen Tieren, die zum Genuss für den Menschen geeignet sind. Somit gehören auch Innereien zum Fleisch, nicht aber Hufe, Knorpeln, Knochen und Hörner.

Häufig verwendete Fleischsorten in Europa

Rotes Fleisch: Schweine-, Rind-, Kalb-, Schaf-, Ziegen-, Pferde-, Kaninchen- und Wildfleisch (Fleisch vom Hasen, Reh, Hirsch und Wildschwein).
Weißes Fleisch: Geflügel (Huhn, Truthahn, Gans, Ente und Taube) und Wildgeflügel (Fasan, Rebhuhn, Strauß, Perlhuhn, Wildgans und Wachtel).

Für Fleischerzeugnisse und Wurstwaren werden meist Schweine- und Rindfleisch verwendet.

Von der Tierbeschau bis zur Verpackung

Es darf gerätselt werden

Finde die richtige Erklärung zum Begriff, schreibe die passende Nummer in das leere Kästchen und übernimm den Buchstaben für das Lösungswort.

Lösungswort: _____

Nr.	Begriff		Buchst.	Erklärung
1	Tierbeschau		C	Das Tier wird im Schlachthof geschlachtet.
2	Schlachtung		N	Oft kommen Fleisch- bzw. Wurstwaren vakuumverpackt in den Verkauf.
3	Fleischbeschau		E	Das Fleisch wird mürbe, weil das Muskelgewebe zu zerfallen beginnt.
4	Kühlen, Abhängen		S	Der Gesundheitszustand des noch lebenden Tieres wird überprüft.
5	Fleischreifung		I	Das Fleisch wird zerlegt und kommt so in den Verkauf oder es wird mit Konservierungsmethoden (Pökeln, Trocknen, Räuchern) behandelt bzw. zu Wurstwaren weiterverarbeitet.
6	Aufarbeiten		H	Der Tierarzt begutachtet das Fleisch des geschlachteten Tieres. Bei einem Verdacht auf Mängel wird genauer untersucht, und zwar der pH-Wert, mögliche Arzneimittel- und Hormonrückstände und die Anzahl der Bakterien. Die Beschau wird durch einen Stempel auf das Fleisch bescheinigt.
7	Verpacken		W	Fleisch unterliegt nach dem Tod des Tieres einer Totenstarre. In diesem Zustand ist das Fleisch nicht zur Zubereitung geeignet. Das Fleisch muss daher reifen oder abhängen. Da Fleisch bei Zimmertemperatur nicht lange hält, muss es selbstverständlich gekühlt werden.

Links ist der Stempel vom Beschau-Tierarzt zu sehen.

Die Bedeutung des Fleisches für die Ernährung

Schreibe die richtigen Wörter in die weißen Felder

B-Gruppe – Wurstwaren – Selen – Leber – Wassergehalt – Innereien – Fettgehalt – Eiweiß – Kupfer

Der _____ des Fleisches ist sehr unterschiedlich und schwankt zwischen 2 g und 46 g pro 100 g. Vor allem _____ sind oft sehr fettreich.

Das _____ des Fleisches ist biologisch hochwertig und somit ist Fleisch ein wichtiger Eiweißträger.

Kohlenhydrate kommen nur in Spuren vor und der _____ liegt bei ca. 70 %.

Fleisch ist reich an folgenden Mineralstoffen: Phosphor, Eisen, _____, Zink, Fluor, Chrom und _____, sowie an folgenden Vitaminen: Vitamin A, D, E und Vitamine der _____.

Vor allem in den Innereien, in der Haut von Fleisch und in geräucherten Fleischwaren befinden sich Purine, die zu Gicht führen können. _____ und fettes Fleisch sind cholesterinreich. Der Gehalt an Schwermetallen kann in den Nieren und in der _____ erhöht sein.

Purine = Bestandteile der Zellkerne, die im Körper in Harnsäure umgewandelt werden.

Ein paar Tipps für Einkauf und Lagerung

- Kaufe, wenn möglich, kein Fleisch aus Massentierhaltung.
- Vermeide den Einkauf von Einzelstücken, da aus diesen der Fleischsaft leichter austritt und das Fleisch somit schneller trocken und zäh wird.
- Bewahre Fleisch und Wurstwaren immer im Kühlschrank auf, da sie leicht verderblich sind.
- Faschiertes ist durch seine große Oberfläche anfällig für Bakterien. Deswegen muss es am Tag des Einkaufs verarbeitet oder sofort eingefroren werden.
- Achte darauf, dass keine anderen Lebensmittel mit Geflügel in Kontakt kommen – die Gefahr einer Salmonellenübertragung (siehe S. 58 f.) ist sehr groß!
- Finger weg von tiefgefrorenem Fleisch, bei dem Saft ausgetreten ist. Diese Ware war schon einmal angetaut!
- Kaufe kein tiefgefrorenes Fleisch mit weißen Stellen **(Gefrierbrand)**. Dieses Stück ist mit Sauerstoff in Berührung gekommen oder schon zu lange eingefroren.

Faschiertes, wie z. B. für faschierte Laibchen, muss innerhalb von 24 Stunden verarbeitet werden.

Salmonellen = Bakterienart.

3.5 Fische

Wer wächst, braucht Eiweiß. Der Bedarf an Eiweiß ist in keiner Altersgruppe so hoch wie bei Teenagern. Vor allem Jungen legen in der Pubertät an Muskelmasse zu. Fisch ist da ideal – er ist eine wahre „Eiweißbombe"!

Fische enthalten **viel Eiweiß, viele Vitamine** (A, B, D und E) und **Mineralstoffe** (Kalzium, Magnesium, Jod, Kalium, Phosphor und Eisen), jedoch wenig Kohlenhydrate. Der Fettgehalt ist unterschiedlich: Enthalten fettarme Fische nur 1–3 % Fett, schaffen es die fettreichen Fische auf bis zu 26 %. Fischfett ist jedoch sehr hochwertig, da es mehrfach ungesättigte Fettsäuren enthält.

Mindestens einmal pro Woche solltest du deshalb Fisch essen!

Es gibt **Süßwasserfische** und **Meeresfische.** Außerdem kann zwischen **Magerfischen** und **Fettfischen** unterschieden werden.

Mager oder fett?

Welche Magerfische und Fettfische leben im Süßwasser und welche im Meer?

Magerfische (1–3 % Fettgehalt)

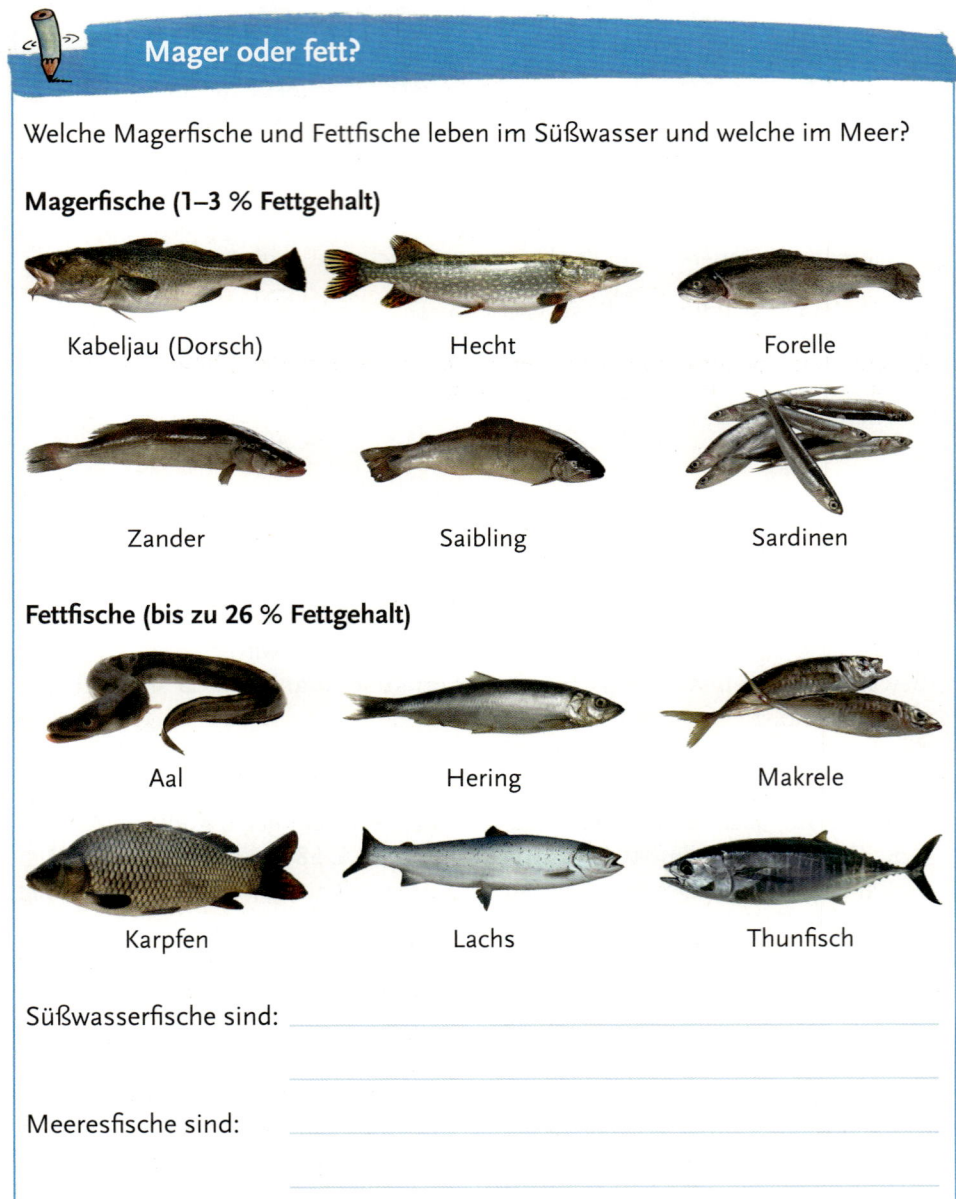

| Kabeljau (Dorsch) | Hecht | Forelle |
| Zander | Saibling | Sardinen |

Fettfische (bis zu 26 % Fettgehalt)

| Aal | Hering | Makrele |
| Karpfen | Lachs | Thunfisch |

Süßwasserfische sind: _____

Meeresfische sind: _____

Worauf beim Fischeinkauf zu achten ist

- Das Fischfleisch muss fest sein und gut riechen.
- Die Schuppen sollen kräftig glänzen.
- Beim Fingerdruck auf die Haut dürfen keine Dellen zurückbleiben.
- Die Augen müssen klar und nicht eingefallen und die Kiemen hellrot sein.
- Fische, falls in der Vitrine präsentiert, sollen auf Eis liegen.
- Viele Seefische werden nur tiefgefroren angeboten.
- Frischfisch in der kältesten Zone im Kühlschrank (im untersten Fach, jedoch nicht in den Gemüse- und Obstfächern) aufbewahren, noch am selben Tag verbrauchen und nicht aufwärmen.

Hände weg von Fischen mit eingefallenen Augen – sie sind alles andere als frisch!

Richtige Vorbereitung von Fischen

Fisch sollte nur mit fließendem Wasser gesäubert und erst kurz vor der Zubereitung gesalzen werden.

> Früher, als es mit der Kühlung noch nicht so klappte, galt die 3-S-Regel: Säubern – Säuern – Salzen. Heute kann auf das Säuern mit Zitronensäure verzichtet werden: Es diente allein dazu, den Geruch zu neutralisieren.

3.6 Eier

> *Das Halten von Hühnern in engen Käfigen ist ab 2012 endgültig verboten. Wurde ja auch Zeit! Aber eines ist mir trotzdem nicht klar: Worin liegt der Unterschied zwischen Bodenhaltung und Freilandhaltung? Klingt doch irgendwie ähnlich.*

Bei der **Bodenhaltung** werden die Hühner in einem Stall gehalten, wo sie sich frei auf dem Boden bewegen können. Im Stall gibt es in unterschiedlicher Höhe angebrachte Sitzstangen und Legenester. Bei der **Freilandhaltung** haben die Hennen zusätzlich einen großzügigen Auslauf ins Freie mit nahezu natürlichen Lebensbedingungen.

Wenn wir von Eiern sprechen, ist immer von Hühnereiern die Rede. Wachteleier, Gänseeier, Enteneier, Straußeneier etc. müssen besonders gekennzeichnet sein.

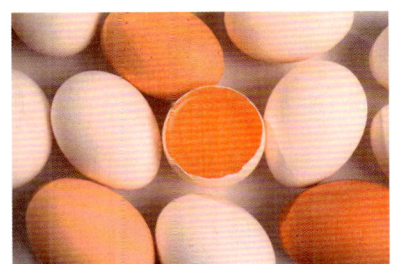

Aufschriften wie „Eier vom Bauernhof", „Landeier" oder „Frische Eier vom Land" sind nichts anderes als Werbestrategie. Diese Eier stammen nicht aus biologischer Haltung.

Ist das Ei auch wirklich frisch?

Die Frische eines Hühnereies kannst du in einem Wasserglas testen. Vier mögliche Resultate können sich dabei herauskristallisieren:

1. Das Ei geht komplett unter und liegt quer zum Boden – es ist noch ganz frisch.
2. Das Ei liegt auf dem Boden und die Spitze steht leicht nach oben – es ist bereits ein paar Tage alt.
3. Das Ei steht senkrecht (oder beinahe) – es ist schon zwei bis drei Wochen alt und sollte bald aufgebraucht werden.
4. Das Ei schwimmt an der Oberfläche und ragt etwas aus dem Wasser – es ist ca. zwei Monate alt und nicht mehr genießbar.

Aber auch beim Aufschlagen von einem Ei kann die Frische festgestellt werden. Bei **frischen Eiern ist der Dotter deutlich gewölbt und das Eiklar kompakt.** Bei älteren Eiern ist der Dotter hingegen abgeflacht, das Eiklar ist dünn und fließt auseinander.

Ein frisches Ei – deutlich wölbt sich der Dotter.

Ernährung und Gesundheit

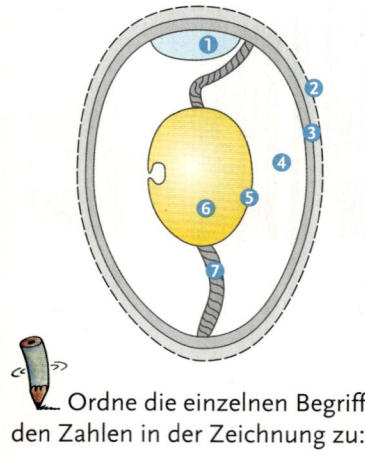

Ordne die einzelnen Begriffe den Zahlen in der Zeichnung zu:

◯ Hagelschnur
◯ Eiklar
◯ Dotterhaut
◯ Luftkammer
◯ Schalenhaut
◯ Dotter
◯ Eischale mit Poren

Eier: Inhaltsstoffe, Verdaulichkeit und Verzehrsempfehlung

Das **Eiweiß** von Hühnereiern hat mit 94 % die **höchste biologische Wertigkeit** (vgl. S. 49 f.) aller Nahrungsmittel. So reichen z. B. bereits drei Kartoffeln und ein Ei aus, um den täglichen Eiweißbedarf eines Erwachsenen zu decken.

Im Dotter des Hühnereies sind **reichlich Fett, Vitamine der B-Gruppe, fettlösliche Vitamine** sowie die Mineralstoffe **Eisen, Kalzium und Phosphor** enthalten.

Am leichtesten sind weich gekochte Eier zu verdauen. Hart gekochte Eier sind schon etwas „sperriger". Gebratene Eier sind aufgrund des Fettzusatzes und der Röstprodukte schon eine Herausforderung für den Verdauungstrakt.

Die allgemeine Verzehrsempfehlung für einen gesunden Menschen liegt inklusive Verarbeitung bei **2 bis 4 Eiern pro Woche.**

Kennzeichnung von Eiern

Die Kennzeichnung bei Eiern erfolgt in **Güteklassen (A, B).** Diese geben über den Frischezustand Auskunft. Bei uns gibt es im Geschäft nur Eier der Klasse A – sozusagen die „Ess-Klasse".

Ähnlich wie bei T-Shirts gibt es auch bei Eiern vier Größen, sprich **Gewichtsklassen:**
- kleine Eier (Small oder S, unter 53 g),
- mittelgroße Eier (Medium oder M, 53–62 g),
- große Eier (Large oder L, 63–73 g) und
- sehr große Eier (X-Large oder XL, über 73 g).

Eierpackung

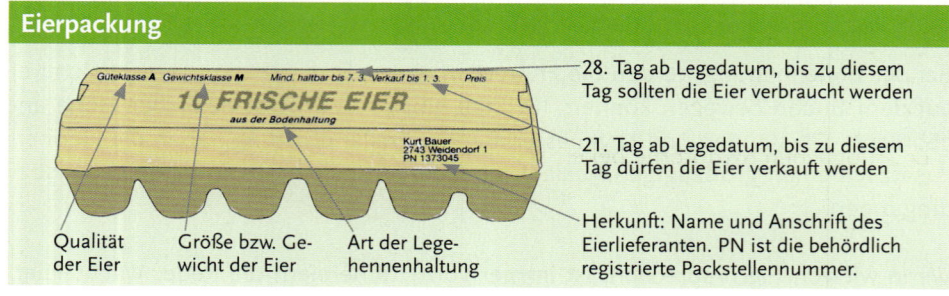

Aufbewahrung

Die beste Lagertemperatur ist im Kühlschrank bei 5–8 °C. Eier lässt man am besten in der Verpackung oder ordnet sie mit der Spitze nach unten in das vorhandene Eierfach ein.

Ein Thema beschäftigt uns in Verbindung mit Eiern immer wieder: Salmonellen

Salmonellen sind Bakterien, die bei geschwächten und alten Menschen sowie Kindern sogar zum Tode führen können. Sie kommen auf Pflanzen, in Futtermitteln und im Boden vor. Die Aufnahme geschieht ausschließlich über den Mund, sie werden also geschluckt. Bei einer infizierten Person reicht das Berühren von Gegenständen oder Lebensmitteln, um die Erreger weiterzugeben.

Die Ursache für eine Infizierung ist meist mangelnde Hygiene bei der Zubereitung oder Verarbeitung von Lebensmitteln. Aber auch falsche Lagerung von leicht verderblichen Nahrungsmitteln, wie z. B. Geflügel, rohen Eiern, rohem Faschiertem, Mayonnaise und Speiseeis, kann zu einer Übertragung führen.

Rohes Geflügel darf nicht mit Lebensmitteln in Berührung kommen, die vor dem Essen nicht mehr durcherhitzt werden, wie z. B. Salate.

Die Krankheit macht sich bereits nach wenigen Stunden mit folgenden **Symptomen** bemerkbar: Übelkeit, Bauchschmerzen, Durchfall, Erbrechen und Fieber. Behandelt wird mit Antibiotika.

Wie kannst du dich und andere vor Salmonellen schützen?
- Leere immer die Auftauflüssigkeit von Gefrorenem weg.
- Lebensmittel müssen kühl gelagert werden (unter 7 °C).
- Speisen müssen sachgemäß erhitzt werden. Bei einer durchgehenden Erhitzung von 10 Minuten auf über 70 °C sterben die Salmonellen ab.
- Sauberkeit in der Küche ist das A & O.

> **Wusstest du, dass ...**
> sich Salmonellen bei Zimmertemperatur sehr schnell vermehren, und zwar innerhalb von 20 Minuten um das Doppelte?

Zur Wiederholung

Streiche den falschen Text durch!

Salmonellen sind Bakterien.	Salmonellen sind Viren.
Salmonellen sind unbedenklich.	Eine Salmonellenvergiftung kann bei alten und geschwächten Menschen sowie Kindern tödlich verlaufen.
Salmonellen sind im Wasser und im Getreide zu finden.	Salmonellen kommen hauptsächlich in rohen Eiern, Geflügel, Faschiertem, Speiseeis und älterem Kartoffelsalat vor.
Salmonellen vermehren sich sehr schnell – bei Zimmertemperatur in 20 Minuten um das Doppelte.	Salmonellen vermehren sich sehr langsam.
Eine Salmonellenvergiftung kann nicht übertragen werden.	Eine infizierte Person kann den Erreger durch das einfache Berühren von Gegenständen weitergeben.
Die möglichen Symptome bei einer Salmonellenvergiftung sind: Übelkeit, Erbrechen, Fieber, Bauchschmerzen und Durchfall.	Es gibt keine Symptome bei einer Salmonellenvergiftung.
Vor Salmonellen kann man sich schützen durch: kühle Lagerung von Lebensmitteln, Erhitzung von Speisen, Auftauflüssigkeit (z. B. von Fleisch) wegleeren und Sauberkeit.	Vor Salmonellen kann man sich nicht schützen.
Salmonellen können nicht absterben, sie bleiben resistent.	Salmonellen sterben bei einer mindestens zehnminütigen Erhitzung auf 70 °C ab.

Wie konzentriert habe ich gearbeitet?

Kreuze die richtige Antwort bzw. die richtigen Antworten an!

1. Wie lautet das Fremdwort für Eiweiß?

a) Hämoglobin
b) Protein
c) Kasein
d) Insulin

2. Wie viele essenzielle Aminosäuren kann der Mensch nicht selbst herstellen?

a) 15
b) 20
c) 9
d) 8

3. Der tägliche Eiweißbedarf soll folgendermaßen abgedeckt sein:

a) 2/3 pflanzliches Eiweiß und 1/3 tierisches Eiweiß
b) 1/3 pflanzliches Eiweiß und 2/3 tierisches Eiweiß
c) 1/2 pflanzliches Eiweiß und 1/2 tierisches Eiweiß
d) 1/4 pflanzliches Eiweiß und 3/4 tierisches Eiweiß

4. Die biologische Wertigkeit gibt an,

a) wie gesund ein Lebensmittel ist.
b) wie viel Eiweiß ein Nahrungsmittel enthält.
c) wie viel körpereigenes Eiweiß aus dem Eiweiß der Nahrung gebildet werden kann.
d) ob ein Lebensmittel aus biologischem Anbau kommt oder nicht.

5. Welche Produkte enthalten Eiweiß mit einer hohen biologischen Wertigkeit?

a) Fisch
b) Hülsenfrüchte
c) Milch und Milchprodukte
d) Sojabohnen

6. Warum muss die Milch in der Molkerei pasteurisiert werden?

a) Damit die Haltbarkeit erhöht wird.
b) Damit ihr Aussehen verbessert wird.
c) Damit sich kein Rahm absetzt.
d) Damit sie die weiße Farbe behält.

7. Woran erkenne ich frischen Fisch?

a) Die Augen müssen klar und die Kiemen hellrot sein.
b) Er soll gut riechen und das Fleisch soll fest sein.
c) Beim Fingerdruck auf die Haut müssen Dellen zurückbleiben.
d) Die Schuppen dürfen keinen kräftigen Glanz aufweisen.

8. Welche Vitamine und Mineralstoffe sind im Fleisch reichlich enthalten?

a) Vitamine A, D, E
b) Phosphor, Eisen, Zink und Selen
c) Kalzium und Kalium
d) Vitamine der B-Gruppe

9. Was bedeuten weiße Stellen bei tiefgefrorenem Fleisch?

a) Das Fleisch ist schon zu lange eingefroren.
b) Das Fleisch ist mit Sauerstoff in Berührung gekommen.
c) Gefrierbrand
d) Das Fleisch ist noch nicht lange eingefroren.

10. Welche Aussage trifft auf das Eiweiß eines Hühnereies zu?

a) Es hat mit 34 % eine geringe biologische Wertigkeit.
b) Es hat eine mittlere biologische Wertigkeit.
c) Es hat mit 87 % die höchste biologische Wertigkeit aller Nahrungsmittel.
d) Es hat mit 94 % die höchste biologische Wertigkeit aller Nahrungsmittel.

Von 17 Punkten _____ Punkte erreicht = _____ %.

4 Fette

Fette haben ein schlechtes Image – sie sind als Dickmacher verschrien. Doch nichts ist in der Natur umsonst! Zu einer ausgewogenen Ernährung gehören selbstverständlich auch Fette. Schließlich sind sie unser Hauptenergielieferant. Allerdings kommt es auf die Menge und die Art an. Denn Fett ist nicht gleich Fett.

Fette werden in der Pflanze aus Kohlenstoff, Wasserstoff und Sauerstoff gebildet. Diese drei Elemente verbinden sich dann zu **Glycerin** (einem Alkohol) und **Fettsäuren**. Mensch und Tier nehmen Fette über die Nahrung auf, können sie aber auch selbst bilden.

Der Aufbau von Fetten ist im Grunde genommen immer gleich: drei Fettsäuren plus Glycerin. **Fettsäuren** sind Ketten aus Kohlenstoffatomen, die sich durch ihre Anzahl unterscheiden. Man unterscheidet auch zwischen gesättigten, einfach und mehrfach ungesättigten Fettsäuren. Der Unterschied liegt in der chemischen Struktur (das lernst du jedoch in Chemie). Nur so viel: **Mehrfach ungesättigte Fettsäuren** sind lebensnotwendig, also essenziell, wie z. B. die **Linolsäure (Omega-6-Fettsäure)** und die **Linolensäure (Omega-3-Fettsäure)**. Sie müssen mit der Nahrung aufgenommen werden, da der Körper sie selbst nicht aufbauen kann.

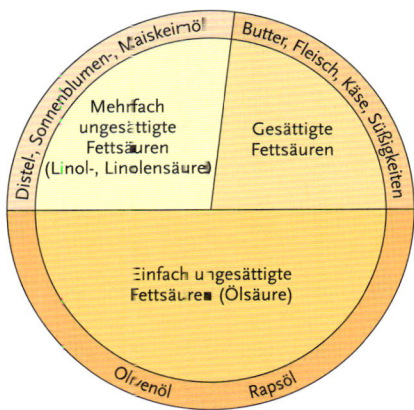

Optimale Zufuhr von Fettsäuren

4.1 Die Bedeutung der Fette

Fette sind konzentrierte Energielieferanten. Aus einem Gramm Fett kann dein Körper doppelt so viel gewinnen wie aus einem Gramm Kohlenhydrate. Nebenbei verweilen Fette im Magen-Darm-Trakt länger als Kohlenhydrate, und zwar insgesamt acht bis zehn Stunden. Das ist der Grund, warum du dich länger satt fühlst.

Aber Fette können noch viel mehr! Die **Vitamine A, D, E und K** sind fettlösliche Vitamine (siehe auch S. 65). Das bedeutet, sie können nur mithilfe von Fett aus dem Darm aufgenommen werden.

Wenn man zu viel Fett isst (das gilt übrigens auch für Eiweiß und Kohlenhydrate), legt der Körper in den Fettgewebszellen **Depotfett** an. Das Resultat ist **Übergewicht**. Ein kleiner Teil **Depotfett** ist allerdings notwendig, um dich **vor Wärmeverlust** nach außen abzuschirmen und **deine inneren Organe** (z. B. die Nieren) vor Stößen zu schützen.

Depotfett = Fettspeicher des Körpers.

Küchentechnische Bedeutung der Fette

- Werden Lebensmittel, die im Fett gebraten werden, in heißes Fett eingelegt, schließen sich die Poren und das Fett wird nicht aufgesaugt.
- Bei einer Erhitzung auf 120 °C kommt es zur Bildung von Aromastoffen (Röststoffen). Das ist der Grund, warum ein Schnitzel gut schmeckt.
- Die Öle, die einen hohen Anteil an einfach und mehrfach ungesättigten Fettsäuren haben, sollten nur für die Zubereitung von kalten Speisen (z. B. Salaten) verwendet werden. Erhitzt man sie, werden die wertvollen Inhaltsstoffe zerstört.
- Fette dürfen nie überhitzt werden, da sie sich von selbst entzünden können.
- Verwende keine mehrmals benutzten oder gar verdorbenen Fette. Es bilden sich Stoffe, die deiner Gesundheit schaden können.

⚠️ Wenn sich Fett von selbst entzündet, muss das Feuer mit dem Kochtopfdeckel oder mit einem Tuch erstickt werden – ohne Sauerstoff kein Feuer!

Verwende niemals Wasser, da es dadurch zu einer Explosion kommen kann. Das Wasser verdampft beim Auftreffen auf das heiße Fett schlagartig und treibt das brennende Fett auseinander.

Ernährung und Gesundheit

Kalt gepresstes Öl wird durch Pressen von Ölfrüchten (Kürbiskernen, Oliven etc.) gewonnen. Beim Pressen entsteht Wärme, die sich ungünstig auf die Qualität des Öls auswirkt. Darum wird eine Ölpresse immer gekühlt.

Transfettsäuren = Ein großer Teil der Öle wird durch Fetthärtung streichfähig und hitzebeständig gemacht, wie z. B. bei Margarine. Dabei bilden sich aber sogenannte Transfettsäuren. Diese kann der menschliche Körper kaum verwerten und sie erhöhen das Risiko für Herzinfarkt und Schlaganfall.

- Das Backgut soll immer möglichst trocken in das Fett eingelegt werden, um ein Spritzen zu vermeiden. Heißes Fett kann sehr schmerzhaft und gefährlich sein.
- Fett hat eine geringe Dichte, was daran zu sehen ist, dass es in Suppen und Saucen an der Oberfläche schwimmt und abgeschöpft werden kann.

4.2 Der Bedarf an Fetten

Der Fettbedarf pro Person liegt bei ca. 25–30 % des täglichen Energiebedarfs. Bei Jugendlichen, schwer körperlich arbeitenden Personen, Schwangeren, Stillenden und Sportlern erhöht sich dieser Wert auf ca. 35 %. Das sind dann ungefähr 0,8 g Fett pro kg Körpergewicht.

Auf das Wie kommt es an

- Verwende kalt gepresste Öle, weil sie durch die schonende Herstellung fast alle wertvollen Inhaltsstoffe enthalten.
- Wähle fettarme Garmethoden und bereite Salatmarinaden öfter mal mit Joghurt zu.
- Vermeide ein Zuviel an Butter, Mayonnaise und Speisen, die mit viel Fett zubereitet sind (wie z. B. Pommes frites), große Mengen an Nüssen, Knabbergebäck, Schokolade sowie fette Wurst- und Käsesorten.
- Vermeide auch industriell hergestellte Backwaren, Mikrowellen-Popcorn und Krapfen, da sie häufig schädliche Transfettsäuren enthalten.

Es darf gerätselt werden

Wenn du den Merktext über Fette genau durchgelesen hast, wird das folgende Kreuzworträtsel für dich sicher kein Problem sein. Achtung: Schreibe Ö (nicht OE) und Ä (nicht AE)!

1. Ein Öl mit mehrfach ungesättigten Fettsäuren.
2. Nenne eine mehrfach ungesättigte Fettsäure.
3. Wie kann man lebenswichtige Fettsäuren noch nennen?
4. Was schließt sich, wenn das Fleisch in heißes Fett gelegt wird?
5. Sollen Öle, die einen hohen Anteil an mehrfach ungesättigten Fettsäuren haben, für kalte oder warme Speisen verwendet werden?
6. Welche Personengruppe hat unter anderen einen erhöhten Fettbedarf?
7. Welches fettreiche Produkt solltest du nur sparsam verwenden?
8. In welcher Süßigkeit versteckt sich viel Fett?
9. Eines der drei chemischen Elemente, aus denen Fette bestehen, nennt sich ...
10. In welchem Organ verweilen Fette ca. 8 bis 10 Stunden im Zuge der Verdauung?
11. Was legt der Körper in den Fettgewebszellen an, wenn zu viel gegessen wird?
12. Was solltest du öfter mit Joghurt zubereiten?
13. Wie werden die Aromastoffe noch genannt, die sich bei der Erhitzung auf 120 °C bilden?
14. Wo schwimmt das Fett in Suppen und Saucen?

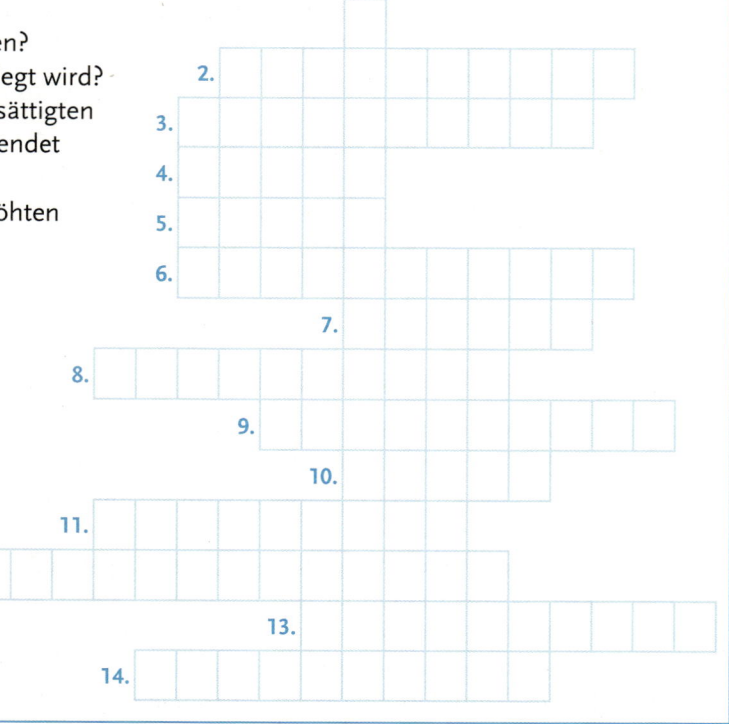

4.3 Die Butter

Üblicherweise wird die Butter aus Kuhmilch hergestellt. Bei Verpackungen, auf denen nur die Bezeichnung „Butter" steht, kannst du sicher sein, dass es sich um Butter aus Kuhmilch handelt. Es gibt aber auch Butter aus Ziegen-, Schaf- und Büffelmilch. Dann steht aber auf der Verpackung der Name des jeweiligen Tieres, also z. B. Ziegenbutter.

Im Handel erhältliche Butter muss nach EU-Verordnung zumindest einen Milchfettanteil von 82 % aufweisen und der Wassergehalt darf nicht mehr als 16 % betragen. Weitere Inhaltsstoffe sind Milchzucker und -eiweiß, Mineralstoffe, Cholesterin, fettlösliche Vitamine und Aromastoffe.

Der Brennwert ist durch den hohen Fettanteil relativ hoch: ungefähr 3 100 kJ pro 100 g.

Zur Erinnerung: 1 kcal = 4,186 kJ

Die Butterherstellung

Alles der Reihe nach

Bringe die durcheinandergeratenen Herstellungsschritte in der Molkerei durch Nummerierung von 1 bis 6 in die richtige Reihenfolge.

☐ Die Butter wird abschließend in einer Ausformmaschine in die uns bekannte Form gebracht und abgepackt.

☐ Nach dem raschen Abkühlen auf 4 °C wird der Rahm für ca. 15 Stunden zur Reifung gelagert.

☐ Dann wird in großen Zentrifugen durch Schleudern das Milchfett (der Rahm) von der Magermilch getrennt.

☐ In den Molkereien wird die Rohmilch zunächst gereinigt.

☐ In der Butterungsmaschine wird der Rahm so lange geschlagen, bis er sich in Butterkorn und Buttermilch aufteilt. Das **Butterkorn** enthält vor allem Fett, die **Buttermilch** Wasser und den größten Teil des Eiweißes. Beim Kneten fügen sich die noch locker liegenden Butterkörnchen zu einer kompakten Masse, der Butter, zusammen.

☐ Anschließend wird der Rahm (das Milchfett) auf 91–94 °C erhitzt, also pasteurisiert, damit eiweiß- und fettspaltende Enzyme und schädliche Mikroorganismen abgetötet werden.

Wusstest du, dass ... für 1 kg Butter im Durchschnitt 20 bis 25 Liter Vollmilch benötigt werden?

Buttersorten

Sauerrahmbutter
Während des Reifungsprozesses werden dem Rahm Milchsäurebakterien zugefügt. Dadurch erhält die Sauerrahmbutter einen leicht säuerlichen Geschmack.

Süßrahmbutter
Die Reifung erfolgt ohne Zugabe von Milchsäurebakterien. Der Geschmack ist frisch-sahnig und mild.

Mild gesäuerte Butter
Dafür werden in die Süßrahmbutter nach der Reifung Milchsäurebakterien oder Milchsäure eingeknetet. Der Geschmack ist mild-säuerlich und frisch.

Neben der reinen Butter werden zahlreiche Butterprodukte im Handel angeboten. Die gängigsten sind **Butterschmalz** (reines Butterfett) und **Buttermischungen,** wie z. B. Kräuterbutter und Knoblauchbutter.

Die höchste Qualitätsstufe oder **Güteklasse 1** ist die **Teebutter** oder einfache Butter.

 **Wie konzentriert habe ich gearbeitet?**

Kreuze die richtige Antwort bzw. die richtigen Antworten an!

1. Fettsäuren werden eingeteilt in

a) mehrfach ungesättigte Fettsäuren.
b) zweifach gesättigte Fettsäuren.
c) gesättigte Fettsäuren.
d) einfach ungesättigte Fettsäuren.

2. Was bedeutet essenziell?

a) lebensnotwendig
b) lebenswillig
c) lebensstark
d) lebensmüde

3. Wozu kommt es, wenn Fett bis auf 120 °C erhitzt wird?

a) zur Bildung von sekundären Pflanzenstoffen
b) zur Bildung von Aromastoffen (Röststoffen)
c) zur Bildung von Duftstoffen
d) zur Bildung von gesundheitsschädlichen Stoffen

4. Wie sollen Fette, die sich aufgrund von Überhitzung von selbst entzündet haben, wieder gelöscht werden?

a) mit Wasser
b) mit einem Deckel das Feuer ersticken
c) mit dem Feuerlöscher
d) mit einem Tuch das Feuer ersticken

5. Wozu braucht der Mensch Depotfett?

a) als Schutz vor Wärmeverlust nach außen
b) als Schutz der inneren Organe vor Stößen
c) als Schutz vor dem Austrocknen des Körpers
d) als psychischen Schutz

6. Aus welcher Milch wird die Butter üblicherweise hergestellt?

a) Ziegenmilch
b) Kuhmilch
c) Büffelmilch
d) Schafsmilch

7. Wie lange muss der Rahm nach dem Abkühlen gelagert werden, damit er zu Butter weiterverarbeitet werden kann?

a) ca. 15 Stunden
b) gar nicht
c) etwa 24 Stunden
d) ungefähr 10 Stunden

8. Wie nennt man die Maschine, in welcher der Rahm so lange geschlagen wird, bis er sich in seine Bestandteile Butterkorn und Buttermilch aufteilt?

a) Zentrifuge
b) Knettrommel
c) Butterungsmaschine
d) Walzentrommel

9. Wie wird die Butter mit der höchsten Qualitätsstufe genannt?

a) Kochbutter
b) Teebutter
c) Tafelbutter
d) Butter

10. Sauerrahmbutter schmeckt leicht säuerlich, ...

a) weil sie zusätzlich gesalzen wird.
b) weil während der Verbutterung zusätzlich Sauerrahm beigemengt wird.
c) weil dem Rahm während des Reifungsprozesses Milchsäurebakterien zugefügt werden.
d) weil dem Rahm etwas Zitronensäure zugesetzt wird.

Von 15 Punkten _____ Punkte erreicht = _____ %.

5 Vitamine

Ich habe gelesen, dass früher die Seefahrer nach wochenlangem Aufenthalt auf dem Meer häufig an Skorbut erkrankten. Sie verloren ihre Zähne, litten unter starken Schmerzen und starben in weiterer Folge auch daran. Erst mit Sauerkraut und Zitrussaft – beide reich an Vitamin C – konnte man Skorbut vermeiden.

Vitamine sind Stoffe, die dein Körper braucht, aber nicht selbst herstellen kann (außer Vitamin D, vorausgesetzt, er bekommt genügend Sonnenlicht). Deswegen müssen sie mit der Nahrung zugeführt werden. Der menschliche Organismus benötigt sie nicht als Energieträger, sondern für das **Funktionieren des Stoffwechsels**, also die Umwandlung von Nährstoffen in Energie. Vitamine stärken das Immunsystem und sind für den Aufbau von Zellen, Blutkörperchen, Zähnen und Knochen notwendig.

Ein paar Vitamine wandelt erst dein Körper in eine für ihn wirksame Form um. Diese Vitamine werden als **Provitamine** (Vorstufen) bezeichnet.

Es wird zwischen **fettlöslichen** Vitaminen (diese Vitamine benötigen Fett, damit sie dein Körper aufnehmen kann) und **wasserlöslichen** Vitaminen (diese können ausgeschwemmt bzw. ausgelaugt werden) unterschieden.

Wusstest du, dass ...
- in den Entwicklungsländern jährlich bis zu 500 000 Kinder aufgrund eines Vitamin-A-Mangels erblinden?
- ein Mangel an Vitamin D zu Rachitis (Knochenverformungen des Brustkorbs, Schädels und der Beine) führt? Gerade Säuglinge, Kinder und alte Menschen sollten deswegen viel an der frischen Luft sein.

5.1 Vitamine im Überblick

Fettlösliche Vitamine	Wichtig für	Vorkommen
A	Sehkraft, Zellenwachstum, Haut	Milchfett, Leber, Fisch, als Provitamin (Vorstufe zu Vitamin A) in vielen Pflanzen (z. B. Karotten, Tomaten, Roten Rüben, Marillen)
D	Verbessert die Kalziumaufnahme – also wichtig für Knochen und Zähne	Bei genügend Sonnenlicht stellt es der Körper selbst her. Fischprodukte, Butter, Hefe
E	Zellerneuerung, hemmt Entzündungen, stärkt das Immunsystem	Vollkornprodukte, Blattgemüse, pflanzliche Öle, Hülsenfrüchte, Nüsse, Fleisch, Eidotter
K	Notwendig für die Blutgerinnung	Kartoffeln, Eier, Milch, grünes Gemüse, Leber

Bei genügend Sonnenlicht stellt dein Körper Vitamin D selbst her. Also los geht's – der Sonne hinterher!

Tipp
Um genügend Vitamin E zu erhalten, solltest du täglich ca. drei Nüsse essen.

Wasserlösliche Vitamine	Wichtig für	Vorkommen
B1 (Thiamin)	Verwertung der Kohlenhydrate, Nervensystem, Schilddrüse	Vollkornbrot, Schweinefleisch, Haferflocken, Hülsenfrüchte, Geflügel, Salat, Tomaten, Kohl
B2 (Riboflavin)	Wachstum, Atmung, Haut, Nägel, Verwertung von Fetten, Eiweißen und Kohlenhydraten	Vollkornprodukte, Schweinefleisch, Hefe, Leber, Milch, grünes Blattgemüse

Ein schwerer Mangel an Vitamin B1 verursacht die Krankheit Beriberi. Dabei kommt es zu Störungen der Muskeltätigkeit und Nerven, zu Lähmungen, Ödemen und Herzstörungen. Diese Krankheit tritt vor allem in asiatischen Entwicklungsländern auf. Warum wohl? Diskutiere in der Klasse.

Ernährung und Gesundheit

Wusstest du, dass ...

- Vitamin B2 im Volksmund auch als Wachstumsvitamin bezeichnet wird?
- der Vitamin-B1-Gehalt von Vollkornprodukten zum Teil bis zu achtmal größer ist als jener von Weißmehlprodukten?
- es bei Veganern (ernähren sich rein pflanzlich, lehnen auch Eier und Milchprodukte ab) zu einem Vitamin-B12-Mangel kommen kann? Typische Symptome sind Blässe, Schwäche und Müdigkeit.
- bei Rauchern der Vitamin-C-Bedarf um bis zu 40 % erhöht ist?

B3 (Niacin)	Merkfähigkeit, Konzentration, Haut, Muskeln, Nerven; gegen Migräne	Mageres Fleisch, Fisch, Wild, Geflügel, Pilze, Hefe, Eier
B5 (Pantothensäure)	Wundheilung, stärkt das Immunsystem, Fettstoffwechsel	Vollkornprodukte, Gemüse, Innereien, Reis, Obst, Milch, Bierhefe, Nüsse (Pinienkerne)
B9 (Folsäure)	Haut, verhindert Missbildungen bei Neugeborenen	Vollkornprodukte, grünes Blattgemüse, Leber, Rote Rüben, Spinat, Karotten, Brokkoli, Spargel, Tomaten, Eidotter, Nüsse
B12 (Cobalamin)	Nerven, appetitfördernd, Bildung der roten Blutkörperchen	Fisch, Leber, Milch, Fleisch
H (Biotin)	Haut, Haare, Nägel	Erdnüsse, Haferflocken, Reis, Eidotter, Leber
C (Ascorbinsäure)	Schutz vor Krankheiten, Stärkung des Bindegewebes, gegen Frühjahrsmüdigkeit	Zitrusfrüchte, Hagebutten, Sanddorn, Paprika, Kiwis, Kartoffeln, Karotten

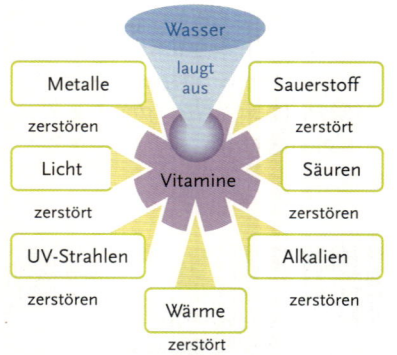

Vitaminverluste

Wie viele Vitamine ein Lebensmittel tatsächlich enthält, ist nicht festzustellen. Der Vitamingehalt ist nämlich von vielen verschiedenen Faktoren abhängig, wie z. B. der Bodenbeschaffenheit, Lagerdauer, Zubereitungsart und -dauer.

Auch wie viel der einzelnen Vitamine ein Mensch tatsächlich benötigt, ist schwer herauszufinden. Man kann nur ungefähre Richtwerte dazu geben. So ist der **Vitaminbedarf** abhängig von Alter, Geschlecht, Umwelt, psychischen und körperlichen Belastungen, Krankheiten, Rauchen, Trinken und vielem mehr.

Eine **Vitamin-Mangelerscheinung** wird auch als **Hypovitaminose** bezeichnet, eine Schädigung des Körpers durch eine zu reichliche Vitaminzufuhr als **Hypervitaminose**.

5.2 Obst

Unter Obst sind die für den Menschen **genießbaren Früchte und Samen (Nüsse)** von Bäumen und Sträuchern zu verstehen, die aus der befruchteten Blüte entstehen. Der Rhabarber ist zwar ein Pflanzenstängel, wird aber trotzdem zum Obst gezählt.

Weißt du, welches Obst getrocknet wird, um Kletzen zu erhalten?

In welcher Form wird Obst im Handel angeboten?

- Frisch (da wird es Tafelobst genannt).
- Tiefgefroren (dafür eignen sich Beeren besonders gut).
- Getrocknet (z. B. Feigen, Dörrzwetschken, Äpfel, Birnen, Marillen, Bananen).
- Als Fruchtsaft (gepresst und pasteurisiert).
- Als Obstkonserven und Marmelade (pasteurisiert und sterilisiert).
- Vergoren und destilliert (Most, Fruchtsaftlikör, Obstwein und Obstbrand).
- Kandiert (Aranzini, Zitronat).

5 Vitamine

Was ist was?

In den unten angeführten Kästchen findest du die Kategorien, in die man die verschiedenen Obstsorten einteilt.

Füge die Obstsorten in die richtigen Kästchen ein: Ananas, Äpfel, Bananen, Birnen, Brombeeren, Edelkastanien (Maroni), Erdbeeren, Granatäpfel, Haselnüsse, Heidelbeeren, Himbeeren, Holunder, Kirschen, Kiwis, Litschis, Mangos, Marillen, Nektarinen, Orangen, Papayas, Pfirsiche, Preiselbeeren, Quitten, Stachelbeeren, Walnüsse, Weintrauben, Zitronen, Zwetschken.

- Kernobst
- Süd- bzw. Exotikfrüchte
- Schalenobst
- Steinobst
- Beerenobst

Litschis

Holunder

Granatäpfel

Reife Mangos geben auf Daumendruck etwas nach.

Papaya

Die Bedeutung von Obst

Obst ist neben Gemüse (mehr dazu auf S. 71 ff.) einer unserer wichtigsten Vitamin- und Mineralstofflieferanten.

- In **Kern-, Stein- und Beerenobst** befinden sich vor allem Vitamin C, Vitamine der B-Gruppe und das Beta-Carotin. Diese Obstsorten enthalten außerdem viele Kohlenhydrate in Form von Stärke, Trauben- und Fruchtzucker.
- **Schalenobst** enthält Vitamin E und Folsäure und liefert hochwertiges Eiweiß. Es hat einen hohen Fettanteil und reichlich ungesättigte Fettsäuren (siehe S. 61).
- **Zellulose und Pektine** – pflanzliche Mehrfachzucker – fördern die Bewegung deines Darms und somit deine Verdauung.

Beta-Carotin = wird auch Provitamin A genannt, weil es die Vorstufe zu Vitamin A ist und in der Darmwand in Vitamin A umgewandelt wird.

67

Ernährung und Gesundheit

💡 **Wusstest du, dass ...** ca. 30 000 sekundäre Pflanzenstoffe bekannt sind?

Isst du täglich viel Obst und Gemüse, wird dein Körper optimal mit Vitaminen und Mineralstoffen versorgt.

Pestizide = Schädlingsbekämpfungsmittel.

Ribisel

Im Obst befinden sich auch **sekundäre Pflanzenstoffe**. Das sind **Duft-, Aroma-, Gerb- und Farbstoffe sowie Fruchtsäuren.** Manche dieser sekundären Pflanzenstoffe sind für den Menschen sehr nützlich. So hemmen einige Entzündungen, andere wirken kreislauf- und appetitanregend oder beruhigend, manche fördern die Bildung von Verdauungssäften, beugen gegen Krebs vor oder stärken das Immunsystem.

Der Bedarf an Obst und Gemüse

Täglich solltest du mindestens fünfmal Obst und Gemüse zu dir nehmen, damit deinem Körper alle wichtigen Vitamine, Mineralstoffe und Spurenelemente zur Verfügung stehen.

Gesundes Obst – dein Einsatz ist gefragt

Leider wird Obst zum Schutz vor Schädlingen häufig mit Pflanzenschutzmitteln behandelt. Damit die Spritzmittelrückstände entfernt werden, solltest du daher das Obst vor dem Verzehr immer gründlich waschen. Wenn es für dich möglich ist, iss Obst aus dem eigenen Garten oder Bioobst.

Am besten ist es, wenn du **saisonales und einheimisches Obst und Gemüse** isst. Folgende Gründe sprechen dafür:
- Erntefrische Produkte werden reif geerntet, sind daher geschmacklich besser und noch dazu preisgünstiger. Außerdem enthalten sie mehr Vitamine und Mineralstoffe.
- Durch deinen Einkauf stärkst du die heimische Wirtschaft und Landwirtschaft.
- Durch kurze Transportwege bleiben die Vitamine und Mineralstoffe besser erhalten. Außerdem wird aufgrund des geringeren Treibstoffverbrauchs die Umwelt geschont.
- Das österreichische Lebensmittelgesetz ist eines der strengsten Lebensmittelgesetze. Das trifft auch auf die Behandlung des Obstes mit Pestiziden zu.

Im folgenden **Saisonkalender** siehst du anhand der grünen Kästchen auf einen Blick, wann heimisches Obst erhältlich ist.

Obst	Jan.	Feb.	März	April	Mai	Juni	Juli	Aug.	Sept.	Okt.	Nov.	Dez.
Äpfel	■	■	■					■	■	■	■	■
Birnen									■	■	■	■
Himbeeren						■	■	■				
Ribisel (Johannisbeeren)						■	■					
Erdbeeren					■	■						
Brombeeren							■	■	■			
Zwetschken, Pflaumen								■	■	■		
Quitten									■	■		
Stachelbeeren						■	■					
Kirschen						■	■					
Holunderbeeren								■	■			
Heidelbeeren						■	■	■				
Marillen (Aprikosen)							■	■				

 **Wie konzentriert habe ich gearbeitet?**

Kreuze die richtige Antwort bzw. die richtigen Antworten an!

1. Welches Vitamin kann der Körper selbst herstellen, vorausgesetzt, er bekommt genügend Sonnenlicht?

a) Vitamin B1   b) Vitamin C
c) Vitamin D   d) Vitamin A

2. Wofür brauchen wir Vitamine?

a) für den Aufbau von Zellen   b) für den Knochenaufbau
c) für die Nervenzellen   d) für die Umwandlung von Nährstoffen, wie Kohlenhydrate, Eiweiße und Fette

3. Welche Vitamine zählen zu den fettlöslichen Vitaminen?

a) Vitamin D   b) Vitamin K
c) Vitamin H   d) Folsäure

4. Welche Vitamine zählen zu den wasserlöslichen Vitaminen?

a) Vitamin E   b) Vitamin C
c) Vitamin A   d) Vitamin B12

5. Wie wird eine Vitamin-Mangelerscheinung noch genannt?

a) Mangovitaminose   b) Hypoallergikum
c) Hypervitaminose   d) Hypovitaminose

6. Wie kann Obst im Handel angeboten werden?

a) getrocknet – z. B. Feigen, Bananen, Äpfel, Birnen   b) tiefgefroren – vor allem Beeren
c) frisch – als Tafelobst   d) pasteurisiert und sterilisiert – Konserven, Marmelade

7. Welche Früchte zählen nicht zum Steinobst?

a) Äpfel   b) Kirschen
c) Kiwis   d) Stachelbeeren

8. Nenne Gründe für den Kauf von saisonalem und einheimischem Obst.

a) kurze Transportwege   b) Einheimisches Obst wird unreif geerntet und hält daher länger.
c) Einheimisches Obst wird weniger mit Pestiziden behandelt.   d) Stärkung der heimischen Landwirtschaft

9. Vergleiche mit dem Saisonkalender und gib an, welches einheimische Obst du im September kaufen kannst.

a) Himbeeren   b) Zwetschken
c) Birnen   d) Erdbeeren

10. Was trifft auf Obst zu?

a) Manche Obstsorten sind fettreich.   b) In Obst befinden sich auch sekundäre Pflanzenstoffe.
c) Obst enthält viele Vitamine und Mineralstoffe.   d) Obst fördert die Verdauung.

Von 25 Punkten _____ Punkte erreicht = _____ %.

Ernährung und Gesundheit

6 Mineralstoffe

Mineralstoffe liefern zwar keine Energie für deinen Körper, ohne sie funktioniert jedoch trotzdem nichts. So wäre zum Beispiel dein Skelett ohne Kalzium undenkbar!

Mineralstoffe sind **lebensnotwendige, anorganische Stoffe,** die dein Körper selbst nicht produzieren kann. Sie müssen daher mit der Nahrung zugeführt werden.

Sie sind im Gegensatz zu den Vitaminen gegen die meisten Zubereitungsarten unempfindlich – so kann ihnen Hitze (wie beim Kochen) nichts anhaben. Nur durch Wasser werden sie ausgelaugt. Deswegen sollte das Zubereitungswasser nie weggeschüttet, sondern auch verwendet werden.

Mineralstoffe werden in **Mengenelemente** und in **Spurenelemente** eingeteilt.

6.1 Mengenelemente

Mengenelemente sind Mineralstoffe, die in deinem Körper in hoher Konzentration vorkommen.

Bezeichnung	Wirkung	Vorkommen
Natrium	■ Reguliert den Wasserhaushalt ■ Für die Aufnahme und den Transport von Nährstoffen im Körper ■ Für die Muskel- und Nervenerregung (besonders wichtig für den Herzrhythmus …)	Kochsalz
Kalium	■ Für die Aktivierung von Enzymen ■ Muskel- und Nervenerregung (besonders wichtig für das Herz) ■ Reguliert den Wasserhaushalt	Obst (v. a. Bananen), Kartoffeln, Hülsenfrüchte
Magnesium	■ Wichtig für die Blutgerinnung ■ Bestandteil der Knochen und Zähne ■ Für die Speicherung und Freisetzung von Hormonen ■ Für die Aktivierung von Enzymen	Nüsse, Vollkornprodukte, insbesondere Hirse, Milch und Milchprodukte, grünes Gemüse
Kalzium	■ Wie bei Magnesium	Milch und Milchprodukte, Nüsse, Hülsenfrüchte
Chlor	■ Für den Wasserhaushalt wichtig ■ Teil der Magensäure	Kochsalz
Schwefel	■ Wichtiger Bestandteil von Eiweiß und den Vitaminen B1 und H	Fleisch, Eier, Milch und Milchprodukte, Hülsenfrüchte
Phosphor	■ Für den Energiestoffwechsel ■ Für den Knochenaufbau	Milch und Milchprodukte, Fleisch, Fisch, Hülsenfrüchte

Enzyme = Eiweißmoleküle, die chemische Reaktionen in deinem Körper beschleunigen.

6.2 Spurenelemente

Spurenelemente sind Mineralstoffe, die dein Körper nur in Spuren benötigt (daher auch der Name). Bekannte Spurenelemente sind z. B. **Eisen, Jod, Kupfer** und **Zink**.

Zu wenig oder sogar ein Fehlen von Spurenelementen führt zu schweren körperlichen Schäden. Bekannt sind z. B. die Anämie bei Eisenmangel oder der Kropf bei Jodmangel. Aber auch ein Zuviel kann schädlich sein, da einige Spurenelemente in großen Mengen hochgiftig sind.

Mit einer **gesunden, abwechslungs-, vitamin- und vollkornreichen** Mischkost müsste der **Bedarf an Mineralstoffen** gedeckt sein.

> Weitere Spurenelemente sind Arsen, Chrom, Kobalt, Mangan, Molybdän, Selen, Silizium und Vanadium.

Anämie = Mangel an rotem Blutfarbstoff (Hämoglobin) bzw. eine Verminderung der roten Blutzellen. Symptome einer Anämie sind z. B. Müdigkeit, Konzentrationsschwäche, Leistungsverminderung und Blässe.

Den Elementen auf der Spur

Finde die Namen der vorher genannten Mengen- und Spurenelemente und kreise sie ein. Die Wörter sind von links nach rechts, von oben nach unten, von unten nach oben, von rechts nach links und quer zu finden.

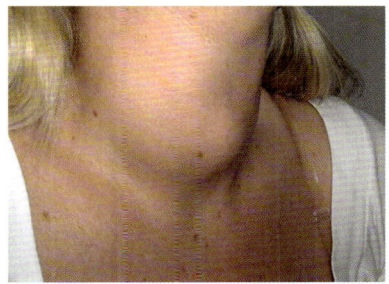

Bei einem Jodmangel vergrößert sich die Schilddrüse (sie liegt unterhalb des Kehlkopfes). Es bildet sich ein Kropf.

Wusstest du, dass ...

- 200 Gramm Fenchel genauso viel Kalzium wie ein Glas Milch enthalten und noch dazu leichter verdaulich sind? Außerdem weist Fenchel einen hohen Vitamin-C-Gehalt auf und ist daher ein besonders guter Schutz vor Erkältung.
- Kohlrabi neben Selen auch das Antistressmineral Magnesium enthält und sich daher besonders gut für stressgeplagte Menschen eignet?
- sich der regelmäßige Genuss von Roten Rüben positiv auf die Stimmung auswirkt und die Blutbildung unterstützt?
- Zwiebeln eine gesunde Darmflora fördern?

6.3 Gemüse

Unter Gemüse sind die essbaren Pflanzenteile von wild wachsenden oder kultivierten Pflanzen zu verstehen.

Das Marchfeld (Niederösterreich) sowie das Wiener und das Eferdinger Becken (Oberösterreich) sind die Gemüsehauptanbaugebiete in Österreich. Aufgrund des Klimas können wir in Österreich nicht das ganze Jahr mit frischem Gemüse versorgt werden. Das bedeutet, dass ca. ein Drittel aus anderen Ländern importiert werden muss.

Ernährung und Gesundheit

In welcher Form wird Gemüse im Handel angeboten?

- **Frisch** als Freilandgemüse oder Treibhausgemüse. Freilandgemüse zeichnet sich durch einen höheren Gehalt an wertvollen Inhaltsstoffen und durch sein besseres Aroma aus.
- **Tiefgefroren:** Der Verlust an Nährstoffen ist sehr gering, da das Gemüse sofort nach der Ernte schockgefroren wird.
- **Gesäuert:** Sauerkraut wird durch Milchsäurebakterien haltbar gemacht, Gewürzgurken, Silberzwieberln etc. durch Essig.
- In **Konserven** (durch Sterilisation haltbar gemacht).
- Als **Saft** (z. B. Karotten-, Rote-Rüben-, Tomatensaft).

Was ist was?

In den unten angeführten Kästchen findest du die Kategorien, in die man die verschiedenen **Gemüsesorten** einteilt. Füge die Gemüsesorten in die richtigen Kästchen ein: Artischocken, Auberginen, Brokkoli, Chinakohl, Eisbergsalat, Endiviensalat, Erbsen, Fenchel, Fisolen, Friséesalat, Gurken, Karfiol, Karotten, Knoblauch, Kohl, Kohlrabi, Kohlsprossen, Kopfsalat, Kraut, Kren, Kürbis, Lauch, Mangold, Paprika, Pastinaken, Petersilwurzel, Pfefferoni (Chili), Radicchio, Radieschen, Rettich, Rote Rüben, Rucola, Schalotten, Sellerie, Spargel, Spinat, Stangensellerie, Tomaten, Vogerlsalat, Zucchini, Zwiebeln.

Blattgemüse

Fruchtgemüse

Wurzelgemüse

Kohlgemüse

Stängelgemüse

Zwiebelgemüse

6 Mineralstoffe

Im folgenden **Saisonkalender** kannst du nachsehen, wann heimisches Gemüse erhältlich ist.

Hauptangebotszeiten bzw. Haupterntezeiten von Gemüse												
	Jan.	Feb.	März	April	Mai	Juni	Juli	Aug.	Sept.	Okt.	Nov.	Dez.
Artischocken	○	○	○	○	○					○	○	○
Brokkoli			○	○				○	○	○		
Chicorée	○	○	○	○						○	○	○
Endiviensalat	○	○							○	○	○	
Erbsen					○	○	○	○				
Fenchel	○	○	○							○	○	○
Fisolen					○	○	○	○	○	○		
Gurken				○	○	○	○	○	○	○		
Karfiol	○	○	○	○	○	○	○	○	○	○	○	○
Karotten	○	○	○	○	○	○	○	○	○	○	○	○
Kohl	○	○	○						○	○	○	○
Kohlrabi			○	○	○	○	○	○	○	○		
Kohlsprossen	○	○	○							○	○	○
Kopfsalat	○	○	○	○	○	○	○	○	○	○	○	○
Kraut	○	○	○	○	○	○	○	○	○	○	○	○
Kren							○	○	○	○	○	○
Lauch	○	○	○	○				○	○	○	○	○
Paprika						○	○	○	○	○		
Radieschen	○	○	○	○	○	○	○	○	○	○	○	○
Rettich	○	○	○	○	○	○	○	○	○	○	○	○
Rhabarber			○	○	○	○	○					
Rote Rüben	○	○	○	○				○	○	○	○	○
Schwarzwurzel	○	○	○							○	○	○
Sellerie	○	○	○					○	○	○	○	○
Spargel				○	○	○						
Spinat	○	○	○	○	○	○	○	○	○	○	○	○
Stangensellerie			○	○	○	○	○	○	○	○		
Tomaten					○	○	○	○	○	○		
Vogerlsalat	○	○	○							○	○	○
Zucchini					○	○	○	○	○	○	○	○
Zwiebeln	○	○	○	○	○	○	○	○	○	○	○	○

Tomaten sollen immer separat gelagert werden. Bestimmte Enzyme in den Tomaten beschleunigen den Reifeprozess von anderen Gemüsesorten. Diese verderben dann schneller.

 geringes Angebot

 großes Angebot

Bedeutung von Gemüse

Gemüse ist **neben Obst** unser **wichtigster Vitamin- und Mineralstofflieferant.** Wie im Obst sind auch im Gemüse zahlreiche sekundäre Pflanzenstoffe (vgl. S. 68) enthalten. Ohne sie würde eine Chilischote nicht scharf schmecken, Knoblauch nicht riechen und eine Karotte nicht ihre schöne orange Farbe haben. Durch die enthaltenen Enzyme wird die Verdauung unterstützt und durch ätherische Öle der Appetit angeregt.

Gemüse hat einen hohen Zellulosegehalt. Dein Körper kann Zellulose jedoch nicht verwerten. Durch die vorhandene Flüssigkeit im Verdauungstrakt quillt sie jedoch auf und füllt deinen Darm. Deshalb fühlst du dich schneller satt! Der volle Darm verstärkt aber auch seine Aktivität und regt somit deine Verdauung an. Alles klar?

Der Energiegehalt ist gering, da Fett im Gemüse kaum vorhanden ist. Zum größten Teil besteht es, wie auch Obst, aus Wasser.

⚠️ Leider werden auch Schadstoffe aus Umwelt und Landwirtschaft im Gemüse gespeichert. Deswegen solltest du **biologischen Produkten** den Vorrang geben.

Zellulose = Hauptbestandteil von pflanzlichen Zellwänden. Im Wesentlichen bestehen Ballaststoffe aus Zellulose.

 **Wie konzentriert habe ich gearbeitet?**

Kreuze die richtige Antwort bzw. die richtigen Antworten an!

1. Mineralstoffe sind empfindlich gegen

a) Licht.
b) Säuren.
c) Hitze.
d) Wasser.

2. Warum soll das Zubereitungswasser in Bezug auf Mineralstoffe nicht weggeschüttet, sondern verwendet werden?

a) Weil es gut schmeckt.
b) Weil es eine schöne Farbe hat.
c) Weil die Mineralstoffe beim Kochen zum Teil aus dem Lebensmittel in das Kochwasser gelangen.
d) Weil somit Wasser gespart werden kann.

3. Mineralstoffe werden in Mengenelemente und in Spurenelemente eingeteilt. Kreuze Erstere an!

a) Chlor
b) Silizium
c) Selen
d) Phosphor

4. Welche Mengenelemente sind Bestandteile von Knochen und Zähnen?

a) Natrium
b) Magnesium
c) Kalzium
d) Schwefel

5. Kreuze die Spurenelemente an.

a) Jod
b) Zink
c) Kupfer
d) Eisen

6. Was sind die beiden gesündesten Formen, wie Gemüse im Handel angeboten wird?

a) gesäuert
b) sterilisiert
c) tiefgefroren
d) frisch

7. Welches Gemüse gehört zum Stängelgemüse?

a) Endiviensalat
b) Fenchel
c) Karotten
d) Spargel

8. Welches Gemüse zählt zum Fruchtgemüse?

a) Karotten
b) Tomaten
c) Gurken
d) Fisolen

9. Welches Gemüse aus heimischem Anbau ist im Juli erhältlich?

a) Karfiol
b) Rote Rüben
c) Zucchini
d) Endiviensalat

10. Was trifft auf Gemüse zu?

a) Es hat einen hohen Energiegehalt.
b) Es ist neben Obst unser wichtigster Vitamin- und Mineralstofflieferant.
c) Es wirkt sättigend und regt die Verdauung an.
d) Auch im Gemüse befinden sich sekundäre Pflanzenstoffe.

Von 22 Punkten _____ Punkte erreicht = _____ %.

7 Wasser

Ohne Wasser gibt es kein Leben! Wir können bis zu 60 Tage ohne feste Nahrung auskommen, aber nur 4 bis 5 Tage ohne Wasser. Wasser ist also unser wichtigstes Lebensmittel.

In Österreich sind wir in der glücklichen Lage, noch über genug Trinkwasser zu verfügen. Das ist leider in vielen Teilen der Erde nicht selbstverständlich. Die Versorgung der Bevölkerung mit ausreichend Wasser gestaltet sich dort aufgrund von zu wenig Wasser, Grundwasserverschmutzung oder dem sorglosen Umgang mit Trinkwasser als äußerst schwierig.

7.1 Wasserbedarf und Wasserausscheidung

Ohne besondere körperliche Anstrengung verliert dein Körper täglich etwa 2,5 Liter Flüssigkeit über Schweiß, Atemluft, Harn (über die Nieren) und Kot (über den Darm). Dieser Wasserverlust muss durch Getränke und Nahrung wieder aufgefüllt werden.

Der Wasserbedarf beträgt bei einem erwachsenen Menschen ca. 2,6 Liter täglich, wobei der größte Teil natürlich durch Getränke (ca. 1,5 Liter) gedeckt wird. Der Rest der Flüssigkeitszufuhr erfolgt über die Nahrung. Jugendliche haben mit 40–50 ml pro Kilogramm einen größeren Bedarf als Erwachsene (ca. 35 ml/kg).

> Die meisten Menschen trinken viel zu wenig. Wer zu wenig trinkt, kann sich aber schlechter konzentrieren. Der Grund? Das Blut fließt langsamer und Muskeln und Gehirn werden dadurch mit weniger Sauerstoff und Nährstoffen versorgt. Das Gleiche gilt übrigens auch beim Sport: Wer zu wenig vor einer sportlichen Betätigung trinkt, leistet mit Sicherheit weniger!

7.2 Wasserverbrauch

Pro-Kopf-Verbrauch von Wasser in Österreich

150 Liter Wasser pro Person und Tag

- Trinken, Kochen 3 Liter
- Autowaschen 3 Liter
- Geschirrspülen 6 Liter
- Gartenbewässerung 6 Liter
- Körperpflege 9 Liter
- Sonstiges 14 Liter
- Toilettenspülung 48 Liter
- Baden, Duschen 43 Liter
- Wäschewaschen 18 Liter

✏️ Berechne deinen täglichen Wasserbedarf!

💡 **Wusstest du, dass …**
dein Körper durch starkes Schwitzen (wie z. B. bei schwerer körperlicher Arbeit, Hitze und Sport) drei- bis viermal so viel Wasser verlieren kann?

Ernährung und Gesundheit

Auch wenn ein Wasserhahn nur schwach tropft, können dadurch pro Tag um die 5 Liter wertvolles Trinkwasser im Abfluss verschwinden. Gerechnet auf einen Monat, sind das rund 150 Liter, auf ein Jahr bis zu 1 800 Liter!

Sparen ist angesagt

Unter der Tabelle findest du Vorschläge, wie du Trinkwasser einsparen kannst. Schreibe die passende Nummer in die rechte Spalte. In die mittlere Spalte füge den angesprochenen Bereich samt Wasserverbrauch ein. Verwende zur Information die Grafik „Pro-Kopf-Verbrauch in Österreich" auf S. 75.

Wasserverbraucher	Trinkwasserverbrauch	Vorschläge zur Wassereinsparung
Tropfender Wasserhahn		
Geschirrspüler		
WC		
Gießkanne		
Dusche		
Zahnbürste		
Gartenschlauch		
Waschmaschine		
Wasserhahn mit Einhandmischer		

1 Moderne WC-Spülkästen, die entweder eine Stopp-Vorrichtung oder eine Spartaste haben, helfen, Wasser einzusparen.

2 Verzichte auf ein Vollbad und dusche lieber kurz. So kannst du ca. 70 Liter Wasser einsparen.

3 Falls die Waschmaschine nicht voll wird und du trotzdem Wäsche zu waschen hast, wähle zumindest ein Sparprogramm (falls vorhanden).

4 Ein tropfender Wasserhahn muss unbedingt repariert werden, da ansonsten sehr viel Wasser verloren geht.

5 Schalte den Geschirrspüler erst ein, wenn er voll ist.

6 Dreh das Wasser während des Zähneputzens und Einseifens ab. Das Wasser muss nicht ständig laufen.

7 Verwende keine Gartenbewässerungsanlage, sondern gieße die Pflanzen im Garten mit einer Gießkanne oder mit dem Gartenschlauch.

8 Verwende zum Waschen eines Autos einen Kübel voll Wasser und nicht den Gartenschlauch.

9 Mit einem Einhandmischer am Wasserhahn kann die gewünschte Wassertemperatur schneller und wassersparender erreicht werden.

Zusatzaufgabe: Bedeutung des Wassers

Wenn du meinst, dass der Text die Bedeutung des Wassers für den menschlichen Körper betrifft, so schreibe ein **rotes M** in das weiße Feld. Wenn du glaubst, dass sich der Hinweis auf die Küche bezieht ist, so schreibe ein **grünes K** hinein.

- ☐ Wenn Trockenobst und Hülsenfrüchte eingeweicht werden, kann man beobachten, dass sie größer werden. Der Grund? Stärke und bestimmte Eiweißstoffe lagern Wasser ein. Außerdem wird ihr Gewebe durch das Einweichen gelockert.

- ☐ Viele Stoffe lösen sich in Wasser, oft umso leichter, je höher die Temperatur des Wassers ist. Dies kannst du z. B. bei der Zubereitung von Suppen, Tee und Kaffee beobachten.

- ☐ Bei normalem Luftdruck kocht Wasser bei 100 °C. Im Dampfdruckkochtopf wird der Druck erhöht, der Siedepunkt steigt und die Garzeit wird dadurch verkürzt. Das ist eine sehr schonende Garmethode.

- ☐ Dein Körper besteht zu 60 bis 70 % aus Wasser. Deshalb ist es auch so wichtig, dass du immer genügend Wasser zuführst.

- ☐ Deine Körpertemperatur wird durch Abgabe von Schweiß reguliert. Wasser dient dir sozusagen als Wärmeregulator.

- ☐ Normalerweise gefriert Wasser bei 0 °C. Bei der Konservierung von Lebensmitteln wird durch Zugabe von Salz oder Zucker der Gefrierpunkt herabgesetzt.

- ☐ Wasser dient deinem Körper auch als Lösungs- und Transportmittel. Er kann nur gelöste Nahrungsbestandteile (mit Ausnahme von Fettsäuren, die als Fetttröpfchen aufgenommen werden) durch die Darmwand ins Blut aufnehmen. So werden die gelösten Nährstoffe, aber auch Sauerstoff und Hormone zu den Körperzellen transportiert.

- ☐ Auch beim Auf-, Um- und Abbau von körpereigenen Stoffen ist Wasser unverzichtbar.

Hülsenfrüchte = Bohnen, Erbsen, Linsen, Kichererbsen etc.

Das heiße Wasser löst die Aromastoffe aus dem Kaffee.

7.3 Getränke

Deinen Durst bzw. deinen Flüssigkeitsbedarf solltest du, wenn möglich, mit **Trinkwasser, Mineralwasser, Kräuter- und Früchtetees und mit Wasser verdünnten Fruchtsäften** abdecken. Limonaden (dazu zählt auch Cola), Eistee & Co beinhalten sehr viel Zucker und sind daher eher Durstwecker als Durstlöscher.

> Zucker entzieht dem Körper Flüssigkeit – der Durst nimmt zu statt ab. Nebenbei schadet zu viel Zucker den Zähnen und lässt die Kilos steigen.

Wasser

Kräuter- und Früchtetees

Mit Wasser verdünnte Säfte

Ernährung und Gesundheit

Einfach zum Nachdenken
In unserer Gesellschaft ist es leider zur Gewohnheit geworden, dass regelmäßig, oft sogar täglich Alkohol konsumiert wird, noch dazu in großen Mengen. Leider trinken mittlerweile auch viele Jugendliche immer öfter Alkohol. Vergessen wird dabei oft, dass man durch den regelmäßigen und ausschweifenden Alkoholgenuss schnell abhängig wird.

Gängige alkoholfreie Getränke im Überblick

Frucht- und Gemüsesäfte	Fruchtnektar	Fruchtsaftgetränke
Saftgehalt: 100 %	Saftgehalt: 25–50 %	Saftgehalt: 6–30 %
	■ + Wasser ■ dürfen mit Zucker, Süßstoff oder Honig gesüßt werden	■ + Wasser, ■ + Zucker oder Süßstoff ■ + Farb- und Aromastoffe, Säuerungsmittel

Fruchtsirupe

Das sind Dicksäfte mit sehr hohem Zuckeranteil. Dadurch sind sie – unter Luftabschluss – lange haltbar. Sirupe müssen erst mit Wasser verdünnt werden (meist ein Teil Sirup und sechs Teile Wasser), bevor man sie trinkt.

Natürliches Mineralwasser

Wenn Regenwasser Hunderte Meter durch verschiedene Gesteinsschichten sickert und sich mit Mineralstoffen, aber auch mit Kohlensäure anreichert, entsteht Mineralwasser. Je länger diese „Reise" dauert, desto reiner ist das Wasser und desto mehr Mineralstoffe beinhaltet es.

Tafelwasser ist Trink- oder Mineralwasser, das mit Kohlensäure und/oder Mineralstoffen versetzt wird.
Sodawasser ist Trinkwasser, dem Kohlensäure beigefügt wird.

Limonaden

Die Basis für Limonaden ist Wasser. Hinzu kommen geruchs-, geschmacks- und farbgebende Stoffe sowie Zucker und Süßstoffe, aber auch Koffein (z. B. bei Colalimonaden). Limonaden können auch mit Kohlensäure versetzt werden.

Kaffee und schwarzer Tee

Beide enthalten das Alkaloid Koffein und zählen zu den Genussmitteln. Daher sollten sie maßvoll getrunken werden und nicht als Durstlöscher.

Alkaloide = Stoffe mit anregender Wirkung.

Kakao

Er enthält das Alkaloid Theobromin. Kakaobohnen enthalten viel Fett und Kakaogetränke (wie z. B. Ovomaltine, Benco) viel Zucker.

Der Kakaobaum blüht das ganze Jahr über und trägt zugleich Früchte.

7 Wasser

Wovon ist hier die Rede? Bring Ordnung hinein.

Melange / Früchte- oder Kräutertees / Kaffee / Fruchtsaft / Tee / Cappuccino / Fruchtnektar / Espresso / schwarzer Tee / kleiner oder großer Brauner / Trinkwasser / Kakao / Sirup / grüner Tee / Tafelwasser / Aromatisierter Tee / Verlängerter / Sodawasser / Natürliches Mineralwasser / Alkaloide

Alkoholfreie Getränke	Aufgussgetränke
:	:
Quell- oder Grundwasser	Die Heimat dieses Strauches ist wahrscheinlich Äthiopien. Die Bohnen werden getrocknet und geröstet.
:	Kaffeespezialitäten:
Diesem Trinkwasser wird Kohlensäure zugesetzt.	
:	:
Dieses Quellwasser muss Mineralstoffe enthalten.	Das Ursprungsland ist Mexiko. Der Baum dieser Frucht wird zwei bis fünf Meter hoch und trägt das ganze Jahr über Früchte.
:	:
Dieses Wasser wird nachträglich mit Mineralstoffen und/oder Kohlensäure versetzt.	Es heißt, es ist das älteste Getränk der Menschheit und neben Wasser das meistgetrunkene Getränk der Welt. Die wichtigsten Anbaugebiete sind Indien, Indonesien und Sri Lanka (Ceylon).
:	Teearten:
Dieser Saft muss zu 100 % aus reifen, frischen Früchten gepresst sein	
:	:
Dieser Saft darf bis zu 50 % mit Wasser gemischt werden. Der Saftanteil bei diesen Getränken liegt bei mindestens 25 %.	sind in Tee, Kaffee und Kakao enthalten und haben eine anregende Wirkung.
:	
Dieser Saft muss erst verdünnt werden, bevor man ihn trinken kann.	

In den Kaffeekirschen befinden sich jeweils zwei Kaffeebohnen.

Teeernte in Sri Lanka

 Wusstest du, dass ...
Instantgetränke, wie z. B. Benco oder Ovomaltine einen niedrigen Kakaogehalt, aber einen umso höheren Zuckergehalt haben?

Lässt du Schwarztee 1 bis 2 Minuten ziehen, hat er eine anregende Wirkung. Bei 3 bis 5 Minuten wirkt er hingegen beruhigend.

Ernährung und Gesundheit

8 Kräuter und Gewürze

Kräuter und Gewürze sind aus einer abwechslungsreichen Küche nicht wegzudenken. Oder kannst du dir eine Pizza ohne Oregano vorstellen? Es kommt jedoch auf die Dosis an! So sollen Kräuter und Gewürze nur in Maßen und nicht in Massen verwendet werden, damit man auch noch etwas vom Eigengeschmack der Speisen mitbekommt.

Gerichte werden von unseren Sinnen folgendermaßen geprüft:
Farbe: frisch, appetitlich ...
Geruch: herb, säuerlich, fruchtig ...
Geschmack: süß, sauer, pikant, bitter ...
Konsistenz: weich, fest, flüssig ...
Mundgefühl: trocken, flaumig, prickelnd ...
Temperatur: heiß, kalt, lauwarm ...

Versuche, in Partnerarbeit die heute zubereitete Speise nach diesen sechs Kriterien zu beschreiben.

Gewürze haben zum Teil einen sehr hohen Anteil an Vitaminen, sekundären Pflanzenstoffen und Mineralstoffen. Außerdem regen sie den Appetit an und wirken sich positiv auf deine Verdauung aus. Manche von ihnen werden auch als Heilkraut eingesetzt.

Als Gewürze werden **frische** oder **getrocknete Pflanzenteile** (Blätter, Blüten, Früchte, Samen, Rinden und Wurzeln) bezeichnet. Unsere **Küchenkräuter** sind Blattgewürze.

Verwendete Pflanzenteile	Beispiele
Blätter, Küchenkräuter	Petersilie, Schnittlauch, Majoran, Oregano, Thymian, Basilikum, Liebstöckel, Rosmarin, Salbei, Lorbeerblatt, Zitronenmelisse
Blüten und Blütenteile	Safran, Kapern, Gewürznelken
Früchte und Samen	Pfeffer, Paprika, Kümmel, Muskatnuss, Piment, Koriander, Anis, Fenchel, Vanille, Wacholderbeeren
Rinden	Zimt
Wurzeln	Ingwer

Steckbriefe gängiger Küchenkräuter

Basilikum	Liebstöckel (Maggikraut)

Frisches Basilikum schmeckt und duftet süßlich pfeffrig. Getrocknet und gerebelt hat es einen eher herben Geschmack.	Hat einen sehr kräftigen und würzigen Geschmack, der an Sellerie und Suppenwürze erinnert. Es wird frisch, getrocknet und gemahlen angeboten. Am intensivsten sind jedoch die frischen Blätter.
Für Salate, Rohkost, Saucen, Gemüsesuppen, Nudelgerichte, Kalb- und Lammfleisch.	Für Suppen und Eintöpfe. Sorgsam dosieren, da es einen intensiven Geschmack hat (es reichen oft ein bis zwei Blätter).

Das Basilikum hat in vielen Haushalten einen Fixplatz auf dem Fensterbrett. Dort gehört es auch hin, denn es liebt Sonne und Wärme.

8 Kräuter und Gewürze

Majoran

Hat einen aromatischen, leicht bitteren Geschmack. Kann frisch oder getrocknet verwendet werden. Achtung: Seine Würzkraft ist sehr groß – nur sparsam verwenden!

Er ist das ideale Gewürz für Fleischgerichte und Hülsenfrüchte.

Oregano

Riecht angenehm würzig und schmeckt etwas scharf und bitterherb. Seine Würzkraft ist auch in getrocknetem Zustand sehr groß – deshalb sparsam dosieren!

Ist das Pizzagewürz schlechthin!

❗ Oregano entfaltet sein volles Aroma erst beim Kochen. Deshalb sollte man ihn mindestens 15 Minuten vor Ende der Garzeit zum Gericht geben. Mit Thymian oder Rosmarin harmoniert er sehr gut.

Petersilie

Riecht stark aromatisch und schmeckt würzig frisch. Die glatte Petersilie ist übrigens kräftiger im Geschmack als die krause Petersilie.

Sie passt ausgezeichnet zu Salat, zu Kartoffelgerichten, aber auch zu vielen Fisch- und Fleischgerichten sowie Saucen.

Rosmarin

Duftet stark aromatisch und schmeckt intensiv harzig. Rosmarin sollte daher nur sparsam verwendet werden.

Rosmarin passt gut zu Geflügel, Lamm- und Kalbfleisch, aber auch zu Tomatensuppe.

❗ Glatte Petersilie welkt besonders rasch. Stelle sie daher am besten gleich nach dem Kauf in ein Glas mit Wasser.

- In der Heilkräuterkunde wird **Basilikum** gegen Blähungen und Verstopfungen eingesetzt.
- Das **Maggikraut** hilft bei Blähungen und löst Krämpfe.
- **Majoran** fördert die Verdauung.
- **Petersilie** ist reich an Vitamin C und bietet somit Schutz vor Erkältungskrankheiten.
- **Rosmarintee** wirkt ausgesprochen belebend, kein Wunder, dass Rosmarin auch verschiedenen Bädern zugesetzt wird.
- Auch **Schnittlauch** schützt uns durch den hohen Vitamin-C-Gehalt vor Erkältungen. Er soll auch gut gegen die Frühjahrsmüdigkeit wirken und die Atemwege und die Stimmbänder stärken.
- **Thymiantee**, mit Honig gesüßt, wirkt krampflösend und ist somit ein hervorragendes Mittel gegen Husten.

Schnittlauch

Riecht stark nach Zwiebeln und schmeckt würzig frisch.

Schnittlauch passt ausgezeichnet zu Salaten, Suppen, Gemüsegerichten und Brotaufstrichen.

Thymian

Duftet sehr aromatisch und schmeckt leicht herb. Vorsichtig dosieren – der Geschmack ist sehr intensiv.

Verwendet wird er für Fleischgerichte, Eintöpfe, Suppen und Kartoffelgerichte.

 **Wie konzentriert habe ich gearbeitet?**

Kreuze die richtige Antwort bzw. die richtigen Antworten an!

1. Wie lange kann ein Mensch ohne Wasser leben?

a) 2 bis 3 Tage
b) 1 bis 2 Tage
c) 3 Tage
d) 4 bis 5 Tage

2. Wie hoch ist der durchschnittliche tägliche Wasserbedarf eines erwachsenen Menschen?

a) 3,5 Liter
b) 2,8 Liter
c) 1,4 Liter
d) 2,6 Liter

3. Welche Organe scheiden Wasser aus?

a) Nieren
b) Haut
c) Darm
d) Leber

4. Mit welchen der hier angeführten Aktionen kannst du Wasser einsparen?

a) Dusche lange und unter fließendem Wasser.
b) Verwende bei der WC-Spülung die Stopp-Taste.
c) Wasche ein Auto am besten mit dem Gartenschlauch.
d) Schalte den Geschirrspüler erst ein, wenn er voll ist.

5. Mit welchen Getränken solltest du hauptsächlich deinen Durst löschen?

a) mit Limonaden
b) mit gutem Trinkwasser
c) mit Fruchtsäften, die mit Wasser verdünnt sind
d) mit Mineralwasser

6. Woraus muss ein Fruchtsaft hergestellt werden?

a) zu 50 % aus reifen Früchten, zu 50 % aus Wasser
b) aus reifen Früchten und süßenden Stoffen
c) aus reifen Früchten und Farbstoffen
d) zu 100 % aus reifen, frischen Früchten

7. Was trifft auf den Kakao zu?

a) Der Baum dieser Frucht wird 2 bis 5 m hoch.
b) Der Kakaobaum trägt pro Jahr eine Frucht.
c) Der Kakaobaum trägt das ganze Jahr über Früchte.
d) Das Ursprungsland ist Mexiko.

8. Welche Eigenschaften haben Gewürze?

a) Sie haben einen hohen Anteil an Vitaminen, sekundären Pflanzenstoffen und Mineralstoffen.
b) Sie haben eine positive Auswirkung auf unsere Verdauung.
c) Sie besitzen sogar gesundheitsfördernde Eigenschaften.
d) Sie regen den Appetit an.

9. Wie wird das Liebstöckel noch genannt?

a) Thymian
b) Rosmarin
c) Maggikraut
d) Majoran

10. Welche Gewürze eignen sich gut für Fleischgerichte?

a) Schnittlauch
b) Thymian
c) Petersilie
d) Majoran

Von 22 Punkten _____ Punkte erreicht = _____ %.

9 Verschiedene Ernährungsformen

Ich esse für mein Leben gerne Fleisch. Mein Freund hingegen findet das abartig. Er ist nämlich Vegetarier, isst also kein Fleisch. Manchmal frage ich mich, was besser ist. Wahrscheinlich irgendetwas dazwischen, so eine Art Mischkost.

Mischkost bedeutet von allem etwas, aber in der richtigen Zusammensetzung und deinem Bedarf angepasst. Ein Extremsportler wird mehr Energie benötigen als jemand, der nur vor dem Fernseher sitzt.

Die beste Art, sich zu ernähren, ist die Vollwerternährung.

Bei der **Vollwerternährung**
- ist die Ernährung überwiegend laktovegetarisch.
- sind die Nahrungsmittel frisch und werden so natürlich wie möglich verwendet bzw. schonend zubereitet.
- kommt die Frischkost zur Hälfte roh auf den Tisch.
- werden Nahrungsmittel aus regionaler, biologischer Landwirtschaft und der Saison entsprechend verwendet (also ohne Zusatzstoffe, Einsatz von Gentechnik und Lebensmittelbestrahlung).

> Bei der Vollwerternährung werden Lebensmittel in Wertstufen eingeteilt:
> 1 und 2 = empfehlenswerte Lebensmittel (alle rohen und schonend verarbeiteten)
> 3 = weniger empfehlenswerte Lebensmittel (Fleisch-, Wurst- und Fischwaren, raffiniertes Öl, Konserven, Produkte aus Weißmehl, Konserven)
> 4 = nicht empfehlenswerte Lebensmittel (Fertiggerichte, Vitaminpräparate, Margarine, Pommes frites, Zucker, Süßstoffe, Süßigkeiten)

Vegetarismus

Wer vegetarisch lebt, isst keinen Fisch und kein Fleisch. Es gibt aber verschiedene Arten von Vegetarismus.

Laktovegetarier und -vegetarierinnen	Ovolaktovegetarier und -vegetarierinnen	Veganer und Veganerinnen
Sie essen neben pflanzlichen Produkten auch Milchprodukte.	Sie essen neben pflanzlichen Produkten auch Milchprodukte und Eier.	Sie lehnen Milch, Milchprodukte, Eier und Honig ab.

Das Märchen vom schnellen Abnehmen

Der Schlankheitswahn regiert unsere Gesellschaft und Diäten werden überall angepriesen. Viele davon halten aber bei Weitem nicht das, was sie versprechen. Bei **Crash-Diäten** wird das Gewicht zwar kurzfristig reduziert, sobald man jedoch die Diät beendet, nimmt man wieder zu – meist sogar ein oder zwei Kilos mehr als zuvor.

Warum? Das Gewicht beginnt am Anfang einer Crash-Diät rasch zu sinken, später immer langsamer. Der Körper schaltet seinen Energieverbrauch auf Sparflamme, wenn er zu wenig Nahrung erhält. Wenn die „Hungerphase" – denn so empfindet sie der Körper – vorbei ist, beginnt er sofort, verstärkt Vorräte anzulegen. Die zugeführten Nahrungsmittel werden nun besser ausgenützt als zuvor. Bei gleicher Ernährung wie vor der Diät werden die Fettdepots stark vergrößert. Man nimmt kräftig zu – der sogenannte **Jo-Jo-Effekt** ist eingetreten: abnehmen – zunehmen – abnehmen – mehr zunehmen usw.

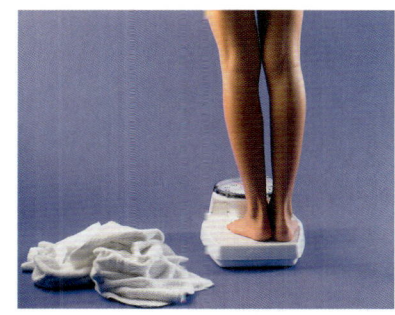

! Nur mit einer Kombination aus Ernährungsumstellung und Bewegung wird man das erwünschte Gewicht auch erreichen können. Dazu braucht es aber etwas Geduld: Man sollte höchstens 1 1/2 bis 2 kg pro Monat abnehmen.

Ernährung und Gesundheit

Ernährungsform Vollwerternährung: Erstellt in der Gruppe einen Speiseplan für eine Person.

Macht mehrere Vorschläge pro Mahlzeit, schließlich ernährt ihr euch nicht jeden Tag gleich.

Mahlzeiten	**Gerichte**	**Getränke**
Frühstück		
Jause		
Mittagessen		
Jause		
Abendessen		

9 Verschiedene Ernährungsformen

9.1 Essstörungen und ernährungsabhängige Krankheiten

Wie wichtig es für deinen Körper ist, sich ausgewogen zu ernähren, hast du bereits in früheren Kapiteln erfahren. Du selbst trägst einen entscheidenden Teil dazu bei, wie gesund und leistungsfähig du bist. Den meisten Menschen ist diese Tatsache bekannt und bewusst. Trotzdem gibt es viele, die entweder viel zu wenig oder viel zu viel essen. Solche **Essstörungen** (Magersucht, Ess-Brech-Sucht, Fettsucht) sind fast ausschließlich auf psychische Probleme zurückzuführen, wie z. B. Angst, Überforderung, Einsamkeit, Traurigkeit und Wut.

Sehr oft ernähren sich Menschen aber auch einfach falsch, indem sie hauptsächlich ungesunde Nahrungsmittel zu sich nehmen. Auf lange Sicht machen sich diese Personen ebenfalls krank. Mehr als die Hälfte aller Erkrankungen sind **ernährungsabhängige Krankheiten.**

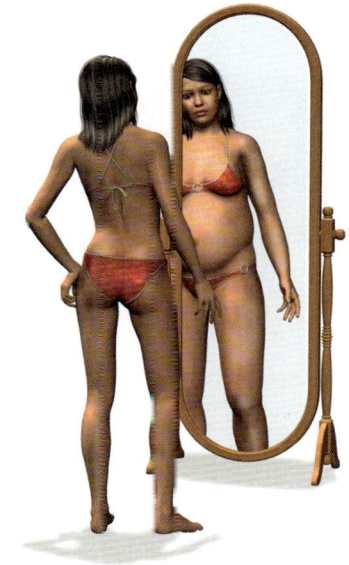

Magersüchtige leiden unter einer verzerrten Körperwahrnehmung.

Essstörung oder ernährungsabhängige Krankheit?

1. Schreibe in das Feld die genaue Bezeichnung der Essstörung oder der ernährungsabhängigen Krankheit.
2. Ringle ein, ob es sich um eine Essstörung oder um eine ernährungsabhängige Krankheit handelt.

Erhöhte Blutzuckerwerte (Diabetes mellitus, Zuckerkrankheit) / Fettleibigkeit (Adipositas) / Magersucht (Anorexia nervosa) / Bluthochdruck / Krebs / Ess-Brech-Sucht (Bulimia nervosa) / Erhöhte Blutfettwerte / Karies

Essstörung oder ernährungsabhängige Krankheit?

Das Normalgewicht wird, gemessen am Body-Mass-Index (BMI), um mindestens 40 % überschritten. Dass ständig zu viel gegessen wird, hat fast ausschließlich seelische Ursachen wie Angst, Wut, Einsamkeit, Zurückweisung, Überforderung etc., gekoppelt mit Bewegungsarmut.

In weiterer Folge kommt es zu ernährungsbedingten Krankheiten wie erhöhten Blutfettwerten, Diabetes (Zuckerkrankheit), Herz-Kreislauf-Erkrankungen etc.

Essstörung oder ernährungsabhängige Krankheit?

Das erste Anzeichen für diese Erkrankung ist ein ziehender Schmerz, wenn die Zähne mit heißen, kalten oder süßen Speisen in Kontakt kommen.
Sie entsteht dadurch, dass auf den Zähnen ein Belag aus Speiseresten liegt, in dem Bakterien leben. Diese Bakterien bilden aus Zucker Säuren, die den Zahnschmelz angreifen. Somit können die Bakterien ins Innere des Zahns vordringen. Ist ein Zahn einmal davon befallen, muss das entstandene Loch vom Zahnarzt sauber ausgebohrt und mit einer passenden Plombe ausgefüllt werden.

Vorbeugung: Wenig naschen und nach dem Essen Zähne putzen. Achte auf die richtige Zahnputztechnik und verwende eventuell eine Zahnseide!

Body-Mass-Index (BMI) = Damit kannst du berechnen, ob dein Gewicht im Normalbereich liegt: Gewicht in Kilogramm, dividiert durch Körpergröße in Meter zum Quadrat.
Beispiel: Person mit 55 kg und 1,63 m = 55 : (1,63 x 1,63) = 20,7

Normalwerte liegen zwischen 19 und 25. Unter 19 spricht man von Untergewicht, bei einem Wert von über 30 von Fettleibigkeit.

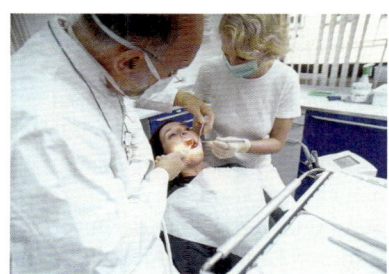

Hat ein Zahn einmal ein Loch, hilft nur noch der Zahnarzt/die Zahnärztin.

Ernährung und Gesundheit

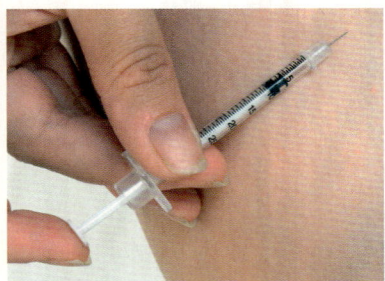

Fehlt Insulin, muss es durch Injektionen zugeführt werden.

Essstörung oder ernährungsabhängige Krankheit?

Insulin ist ein lebenswichtiges Hormon, das für die Aufnahme von Blutzucker in die Zellen verantwortlich ist. Bei dieser Krankheit wird Insulin entweder nicht ausreichend oder gar nicht produziert. Der Blutzucker wird nicht in die Zellen aufgenommen und liefert somit keine Energie. Daher steigt die Zuckerkonzentration im Blut an. Bei zu hoher Konzentration wird der Zucker zum Teil mit dem Urin ausgeschieden.

Es wird zwischen Typ 1 und Typ 2 unterschieden. Typ 1 tritt häufig vor dem 20. Lebensjahr auf, das fehlende Insulin muss durch Injektionen zugeführt werden. Typ 2 beginnt meist im Erwachsenenalter. Seit einigen Jahren leiden aber auch immer mehr übergewichtige Jugendliche daran. Durch rechtzeitige Gewichtsabnahme, gesunde Ernährung und viel Bewegung kann die Krankheit abgefangen werden.

Essstörung oder ernährungsabhängige Krankheit?

Die Erkrankung tritt am häufigsten bei Mädchen und Frauen im Alter zwischen 10 und 25 Jahren auf. Durch Hungern wird versucht, ein extrem niedriges Gewicht zu erreichen und zu halten. Der BMI (Body-Mass-Index, siehe S. 85) kann unter 16 liegen. Betroffene haben mit der Zeit eine stark verzerrte Wahrnehmung vom eigenen Gewicht und ihrer Körperform. Auch wenn sie nur noch „aus Haut und Knochen" bestehen, fühlen sie sich immer noch zu dick.

Es kommt zu ungewöhnlicher Kälteempfindlichkeit, zum Ausbleiben der Regelblutung, zur Entkalkung der Knochen durch den verringerten Östrogenspiegel sowie zu einem Gewichtsverlust der inneren Organe.

Die Ursachen für diese Erkrankung sind häufig Familienprobleme. Typische Situationen sind z. B., wenn das Kind in die Konflikte der Eltern hineingezogen wird, wenn die Eltern übertrieben fürsorglich sind oder eine zu hohe Leistung des Kindes erwarten. Häufig haben die betroffenen Mädchen Angst vor der künftigen Rolle als Frau und Mutter, aber auch vor neuen, ungewohnten Situationen (Schule, Berufswelt, Sexualität).

Essstörung oder ernährungsabhängige Krankheit?

Cholesterin und Triglyceride sind Blutfette. Beide erfüllen im Körper wichtige Funktionen. So ist Cholesterin Bestandteil der Zellwand und Basis für Hormone (z. B. Sexualhormone). Die Triglyceride bilden das Depotfett. Das ist ein wichtiger Energiespeicher, zudem polstert es lebenswichtige Organe wie die Nieren ab und schützt deinen Körper vor Kälte.

Eine zu hohe Konzentration dieser Blutfette kann jedoch zur Gefäßverkalkung (Arteriosklerose) führen. Folgeerkrankungen können dann z. B. Herzinfarkt und Schlaganfall sein. Sehr häufig ist eine falsche Ernährung die Ursache.

Östrogene = weibliche Geschlechtshormone, die den Eisprung verursachen und die Gebärmutter auf eine mögliche Schwangerschaft vorbereiten.

Arteriosklerose = Arterienverkalkung. Durch Ablagerungen von Fetten und Kalk an den Gefäßinnenwänden kommt es zur Verengung und Verhärtung der Arterien. Dadurch kann das Blut nicht mehr ungehindert fließen und es steigt die Gefahr, dass sich das Gefäß ganz verschließt. Folgen sind Herzinfarkt und Schlaganfall.

Essstörung oder ernährungsabhängige Krankheit?

Diese Krankheit ist die zweithäufigste Krankheits- und Todesursache in den westlichen Industrieländern. Sie ist eine Sammelbezeichnung für Hunderte verschiedener Erkrankungen, die aber alle Folgendes gemeinsam haben: Eine ursprünglich gesunde Körperzelle beginnt sich unkontrolliert zu teilen und diese Wucherungen führen zur Schädigung des Körpers.

Schätzungen zufolge könnten 30–40 % der Erkrankungen durch fettarme und ballaststoffreiche Kost und durch genügend Aufnahme von Obst und Gemüse verhindert werden. Begünstigt kann diese Krankheit aber auch durch Zubereitungsarten (z. B. Grillen, Räuchern), durch Haltbarmachung (z. B. Pökeln) oder durch Lagerung (z. B. Bildung von Schimmelpilzen) werden.

Pökeln = wird auch Suren genannt. Dabei wird das Fleisch oder die Wurst durch Pökelsalz konserviert.

Essstörung oder ernährungsabhängige Krankheit?

Wenn zu viel Kochsalz und gesättigte Fettsäuren aufgenommen werden oder jemand unter Diabetes, Übergewicht oder einer Fettstoffwechselstörung leidet, zu viel Alkohol konsumiert oder raucht, kann diese Krankheit entstehen.

Ein zu niedriger Wert gefährdet nicht die Gesundheit. Die betroffenen Personen sind nur sehr müde und antriebslos. Ein zu hoher Wert aber schädigt die Gefäße und kann zur Arteriosklerose (siehe S. 86) führen.

Kranke sollten sich folgendermaßen ernähren: vollwertig – also genügend Ballaststoffe, Obst und Gemüse, wenig Fett – und kochsalzarm. Außerdem sollten Übergewichtige abnehmen. Regelmäßige Bewegung lässt den Wert ebenfalls sinken.

In Hochglanzmagazinen werden uns die perfekte Frau und der perfekte Mann vorgegaukelt.

Ein Supermodel brachte es einmal auf den Punkt: „Viele Frauen träumen davon, so auszusehen wie wir. Was sie nicht wissen: Wir sehen auch nicht so aus!"

Essstörung oder ernährungsabhängige Krankheit?

Der Krankheitsverlauf äußert sich dadurch, dass es immer wieder zu Essanfällen kommt, auf die anschließend ein selbst herbeigeführtes Erbrechen folgt. Durch das häufige Erbrechen werden die Zähne und die Speiseröhre extrem beschädigt, in weiterer Folge auch der Magen und der Darm.

Das Selbstwertgefühl ist sehr stark vom Gewicht abhängig, daher werden das eigene Essverhalten und das Gewicht streng kontrolliert. Die am häufigsten Betroffenen sind Mädchen und Frauen im Alter zwischen 15 und 30 Jahren.

Im Gegensatz zu Kranken, die an Magersucht leiden, wissen die Personen mit dieser Krankheit sehr wohl, dass ihr Essverhalten nicht normal ist, und versuchen, es geheim zu halten. Betroffene wollen oft perfekt sein (in der Schule oder im Beruf, im Aussehen …) und setzen sich somit selbst unter Druck.

💬 Welchen Einfluss hat das heutige Schlankheitsideal auf uns? Diskutiere mit deinen Klassenkolleginnen und -kollegen.

Wie sehen deine Essgewohnheiten aus?

So?

Oder so?

9.2 Essgewohnheiten der modernen Welt

In den vorhergehenden Kapiteln hast du gelernt, wie du dich ernähren sollst und was mit deinem Körper passieren kann, wenn du es nicht so machst. In unserer Gesellschaft haben sich leider einige, wenn nicht sogar viele schlechte Ernährungsgewohnheiten eingeschlichen.

Wie sieht meine Ernährung aus?

In der Tabelle findest du einige Gewohnheiten, die alles andere als gesund sind.

1. Finde eine gesunde Alternative dazu.
2. Kreuze auch an, ob du von diesen Gewohnheiten betroffen bist oder ob du die Alternative bevorzugst (vielleicht hast du ja aufgrund der bisherigen Ausführungen schon die eine oder andere „Unart" geändert).

Schlechte Gewohnheiten	X	Gesunde Alternativen	X
Pommes frites als Beilage			
Chips zum Fernsehen			
Eine Schuljause brauche ich nicht.			
Eine Semmel aus Weißmehl reicht als Jause.			
Obst esse ich gar nicht.			
Gemüse erst recht nicht.			
Gegen den Durst reicht ein Zuckerl.			
Als Durstlöscher trinke ich nur Limonaden.			
Zum Start in den Tag brauche ich etwas Süßes.			
Wenn schon eine Zwischenmahlzeit sein muss, dann nehme ich ein Kuchen- oder Tortenstück oder irgendeinen anderen süßen Snack.			
Wenn etwas von einem Gericht übrig bleibt, dann werfe ich es weg.			
Ein großes Stück Fleisch als Hauptmahlzeit reicht, da brauche ich keine Beilage.			
Ein Frühstück brauche ich nicht, denn am Morgen habe ich noch nichts geleistet.			
Abends esse ich am meisten, da schmeckt es so richtig gut.			

 **Wie konzentriert habe ich gearbeitet?**

Kreuze die richtige Antwort bzw. die richtigen Antworten an!

1. Was trifft auf die Vollwerternährung zu?

a) Nahrungsmittel sollten frisch sein.
b) Man bevorzugt Fertiggerichte.
c) Frischkost sollte zur Hälfte roh gegessen werden.
d) Für die Vitaminversorgung werden Vitaminpräparate verwendet.

2. Welche Sonderform des Vegetarismus gibt es nicht?

a) Laktovegetarier
b) Ovomaltinevegetarier
c) Veganer
d) Ovolaktovegetarier

3. Ovolaktovegetarier und -vegetarierinnen essen

a) nur pflanzliche Lebensmittel.
b) neben pflanzlichen Lebensmitteln auch Milchprodukte und Eier.
c) neben pflanzlichen Lebensmitteln auch Milchprodukte.
d) neben pflanzlichen Lebensmitteln auch Fisch.

4. Bei welchen der angeführten Begriffe handelt es sich um eine Essstörung?

a) Diabetes mellitus (erhöhte Blutzuckerwerte)
b) Magersucht
c) Ess-Brech-Sucht
d) Fettleibigkeit

5. Kennst du das Fremdwort für Magersucht?

a) Bulimia nervosa
b) Adipositas
c) Maligner Tumor
d) Anorexia nervosa

6. Wodurch wird Bluthochdruck unter anderem hervorgerufen?

a) Übergewicht
b) starre Denkmuster
c) Rauchen
d) Angst vor der Frauenrolle

7. Von welcher Krankheit ist hier die Rede? Sie entsteht durch mangelnde Zahnhygiene, zu wenig Vitamine und Mineralstoffe sowie zu viele zuckerhaltige Speisen.

a) Diabetes mellitus (erhöhte Blutzuckerwerte)
b) Erkrankung der Verdauungsorgane
c) erhöhte Blutfettwerte
d) Karies

8. Wodurch wird die Ess-Brech-Sucht nicht hervorgerufen?

a) schwaches Selbstwertgefühl, das vom Gewicht abhängig ist
b) zu viel Alkohol
c) Streben nach Perfektion
d) Viren

9. Was ist Insulin?

a) ein Süßstoff
b) ein Medikament gegen Bluthochdruck
c) ein lebenswichtiges Hormon, das für die Aufnahme des Blutzuckers in die Zellen sorgt
d) ein Fleischersatz für Vegetarier

10. Wie nimmt man am besten ab und hält dann auch das Gewicht?

a) Man kombiniert gesunde Ernährung und ausreichend Bewegung.
b) Man isst fast nichts.
c) Man isst nur einmal am Tag.
d) Man trinkt nur und treibt ausgiebig Sport.

Von 15 Punkten _____ Punkte erreicht = _____ %.

Haushalt und Gesellschaft

Durch keine Gruppe, der man angehört, wird das Leben so intensiv mitbestimmt wie durch Menschen, mit denen man zusammenwohnt. Kein Wunder, schließlich teilt man nicht nur den gemeinsamen Wohnraum miteinander, sondern (mehr oder weniger) auch die Aufgaben im Haushalt.

Bis zum 15. Lebensjahr leben die meisten Menschen im elterlichen Haushalt. Haushalt bedeutet jedoch nicht unbedingt Vater, Mutter, Kind. Viele Menschen leben allein oder in Partnerschaft, andere wiederum in sogenannten Wohngemeinschaften.

Unsere Ziele

Nach Bearbeitung dieses Kapitels kann ich
- verschiedene Haushaltstypen beschreiben;
- die Aufgaben und Leistungen privater Haushalte bewerten;
- die Gründe für die Berufstätigkeit von Müttern und deren Auswirkungen nennen;
- beurteilen, wie wichtig eine faire Aufgabenteilung im Haushalt ist;
- das Prinzip der maslow'schen Bedürfnispyramide erklären;
- selbst zur sozialen Integration beitragen.

1 Haushalt und Gesellschaft

Wenn ich an Haushalt denke, fällt mir dazu spontan eine Familie mit Kindern ein. Aber was ist mit den Leuten, die allein leben? Und ist die Studentenwohngemeinschaft, in der meine Schwester mit drei Freundinnen wohnt, nicht auch ein Haushalt?

1.1 Verschiedene Haushaltstypen

Beim Begriff „Haushalt" haben viele das Bild von einem Ehepaar mit Kindern vor Augen. Neben diesem Haushaltstyp gibt es jedoch zahlreiche andere Formen des Zusammenlebens. So leben viele Menschen alleine oder nur mit ihrem Partner zusammen. In anderen Haushalten wohnt nur die Mutter (oder der Vater) mit den Kindern. Aber auch Menschen, die nicht miteinander verwandt sind, teilen oft einen gemeinsamen Haushalt.

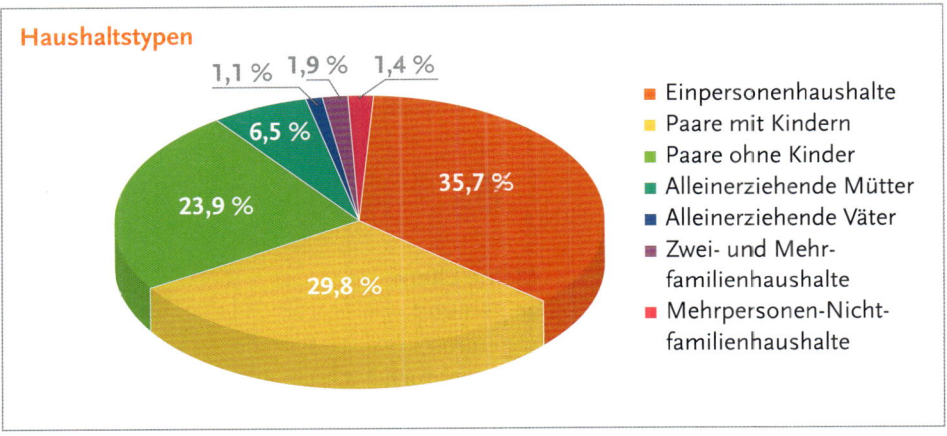

Quelle: Statistik Austria

Großhaushalte sind z. B. Internate, Pflege- und Altersheime, Krankenhäuser und Kasernen.

1.2 Aufgaben und Leistungen privater Haushalte

Eine Familie (bzw. ein Haushalt) leistet einen sehr wichtigen und entscheidenden Beitrag für unsere Gesellschaft.

Eine Familie deckt drei Bereiche ab		
Sozialbereich	**Versorgungsbereich**	**Wirtschaftsbereich**
In einer Familie sollte jedes Familienmitglied Sicherheit, Zuneigung, Wertschätzung, Achtung, Respekt, Liebe, Anteilnahme und Unterstützung erleben. Jedes Familienmitglied ist für das Wohlergehen aller verantwortlich.	Auch die Versorgung mit materiellen Dingen, wie z. B. der Einkauf von Nahrung, Kleidung, Körperpflegeartikeln und Spielzeug, erfolgt in einem Haushalt.	In einem Haushalt werden auch Dienstleistungen erbracht, die man außerhalb dieses Bereiches bezahlen müsste, wie z. B. Haushaltsführung, Kinderbetreuung, Altenpflege, Lernhilfe, Kleiderreinigung, Körperpflege, Betreuung von Kranken ...

Haushalt und Gesellschaft

Wovon ist hier die Rede?

Welche Sätze gehören zu welchem Bereich? Schreibe in das weiße Feld jeweils den Anfangsbuchstaben des passenden Bereiches.

Sozialbereich

Versorgungsbereich

Wirtschaftsbereich

Wenn ich Probleme mit Freunden oder Liebeskummer habe, dann kann ich mit meinen Eltern darüber reden.

Ein neues Shampoo oder Duschgel findet sich immer im Badeschrank.

Auf mich hat immer mein älterer Bruder aufgepasst, wenn meine Eltern ausgegangen sind.

Ich bekomme immer etwas Leckeres als Schuljause mit.

Meine Eltern zeigen und sagen mir, dass sie mich lieb haben.

Wenn ich ein Schulheft ausgeschrieben habe, wird ein neues gekauft.

Als meine Mutter zur Geburt meiner kleinen Schwester im Krankenhaus war, hat kurzzeitig unsere Oma bei uns gewohnt und auf uns aufgepasst.

Meine Kleidung wird von meinem Vater oder meiner Mutter gewaschen und gebügelt.

Meine Mutter schneidet meinem kleinen Bruder selbst die Haare.

Wenn ich krank oder verletzt bin, werde ich von meinen Eltern gepflegt.

Am Sonntag machen wir oft gemeinsam einen Familienausflug.

Fällt dir noch Zusätzliches ein, was für dich wichtig ist und von deiner Familie abgedeckt wird?

1.3 Private Haushalte im Wandel

Die privaten Haushalte haben sich in den letzten Jahrzehnten vom Modell des **Selbstversorgungshaushaltes** entfernt. Was bedeutet das?

In Selbstversorgungshaushalten wurden hauswirtschaftliche Tätigkeiten von den Haushaltsmitgliedern selbst erledigt und der Tag war damit ausgefüllt:
- Kinderbetreuung,
- Pflege von Kranken und Alten,
- Herstellung, Erhaltung und Reinigung von Kleidung und Wäsche,
- Erzeugung von Lebensmitteln,
- Kochen,
- Erstellung und Instandhaltung von Gebrauchsgegenständen (z. B. Besen) und Möbeln.

Heutzutage gibt es kaum mehr eine Familie, die sich selbst versorgen kann. Gründe dafür sind unter anderem:
- Berufstätigkeit der Erwachsenen, also Zeitmangel.
- Kein Garten bzw. das Fehlen der notwendigen Grünfläche zum Anbau von Nahrungsmitteln.
- Das Wissen um die notwendigen Fertigkeiten zur Eigenversorgung ist verloren gegangen.
- Die Bereitschaft, verschiedene Tätigkeiten zu übernehmen, ist nicht mehr vorhanden.

Durch diesen Wandel hat aber die Abhängigkeit von Einrichtungen der Wirtschaft zugenommen und **neue Berufe** sind entstanden. Die Inanspruchnahme von Gütern und Leistungen, die nicht selbst erbracht werden, muss natürlich bezahlt werden.

Früher war es eine Selbstverständlichkeit, Marmelade selbst herzustellen. Wird in deiner Familie noch Marmelade eingekocht?

Kennst du solche neuen Berufe? Schreib sie auf!

1.4 Haushalt und Berufstätigkeit

Mit dem Eingehen einer Partnerschaft oder Heirat beendet fast keine Frau mehr (und Männer schon gar nicht) ihre Berufstätigkeit. Die Situation ändert sich aber oft schlagartig, wenn ein Kind geboren wird. Meist pausiert die Frau daraufhin kurz in ihrem Beruf, beginnt aber bald wieder zu arbeiten. Es kommt zwar immer öfter vor, dass auch Männer kurzzeitig die Kinderbetreuung übernehmen, doch nach ein paar Monaten, im Höchstfall nach zwei bis drei Jahren, sind beide Elternteile wieder berufstätig.

Im nachfolgenden Text wird nur von der Berufstätigkeit der Mütter gesprochen, da der Hauptanteil der Kindererziehung noch immer von Frauen übernommen wird. Zwei Gründe, warum nach wie vor sehr wenige Männer den Hauptanteil im Haushalt und in der Kindererziehung übernehmen, liegt in der Tatsache begründet, dass Männer nach wie vor (oft unbegründet) mehr verdienen als Frauen und häufig nicht die Möglichkeit haben, in Teilzeit zu arbeiten.

Gründe für die Berufstätigkeit von Müttern

- Sie wollen das Erlernte anwenden und nicht vergessen.
- Sie sehnen sich nach Selbstbestätigung und Anerkennung.
- Das Haushaltsgeld wird dadurch aufgebessert.
- Sie müssen arbeiten, weil der Partner zu wenig verdient und somit das Geld für die Familie nicht reicht.
- Die Mutter ist Alleinerzieherin.

Kannst du noch weitere Gründe nennen?

Haushalt und Gesellschaft

Welche Auswirkungen hat die Berufstätigkeit von Müttern?

Positive Auswirkungen	Negative Auswirkungen
Freude und Zufriedenheit der Mutter, da sie Abwechslung erfährt und Kontakt zu anderen Menschen hat.	Wenn die Unterstützung des Partners fehlt, entsteht oft Stress – Streit in der Familie ist die Folge.
Finanzielle Unabhängigkeit und Selbstständigkeit der Frau.	Die Kinder bekommen weniger Aufmerksamkeit und Zuwendung.
Sicherung des Familieneinkommens, dadurch werden oft notwendige Investitionen ermöglicht.	Die Mutter hat weniger Freizeit und muss trotzdem die Hausarbeit häufig allein erledigen.

Berufstätigkeit – faire Aufgabenteilung im Haushalt

In einem Haushalt, in dem mehrere Personen leben, fallen viele Aufgaben und Tätigkeiten an, die erledigt werden müssen. War es früher die Mutter, die den Haushalt organisierte, während der Vater arbeiten ging, ist es heute üblich, dass beide berufstätig sind. In diesem Fall ist es ganz wichtig, dass die zusätzliche Belastung der Mutter von den anderen Haushaltsmitgliedern erkannt wird und die verschiedenen Aufgaben, je nach Möglichkeiten, aufgeteilt werden.

✏️ Wer übernimmt bei dir zu Hause die meisten Tätigkeiten?

Welche Aufgaben erledigst du?

Könntest du zusätzliche Tätigkeiten übernehmen?

✏️ Ist die Aufgabenverteilung in deiner Familie gerecht oder drückt sich jemand vor der Arbeit?

Wie sieht es in deiner Familie aus?

Wirf einen kritischen Blick auf euren Haushalt und fülle die Tabelle aus. Kreuze an, wer bei dir zu Hause welche Aufgaben im Haushalt übernimmt.

Aufgaben im Haushalt	Mutter	Vater	Geschwister	Ich
Abstauben				
Staubsaugen				
Bad/WC reinigen				
Räume mit Bodenfliesen nass wischen				
Fenster putzen				
Wäsche waschen				
Bügeln				
Aufräumen				
Mistkübel leeren				
Abwaschen bzw. Geschirrspüler ein- und ausräumen				
Kochen				
Lebensmittel einkaufen				
Mit den Kindern lernen				
Mit den Kindern spielen				
Haustiere versorgen				
Blumen gießen				
Zum Elternsprechtag gehen				
Probleme besprechen				
Geld verdienen				

1 Haushalt und Gesellschaft

Mögliche Projekte

Thema: Schwangerschaft, Geburt, Kinderernährung und Kinderpflege in den ersten Lebensmonaten

Ladet eine Hebamme in euren Unterricht ein und macht ein Interview. Die Fragen müssen natürlich vorher erarbeitet werden.

Hebamme = staatlich anerkannte und geprüfte Geburtshelferin.

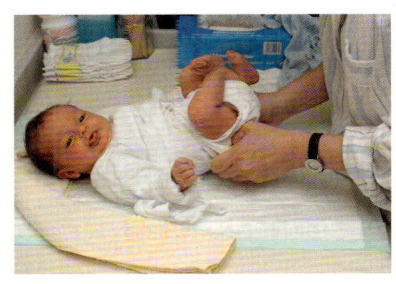

Vorbereitung auf den Besuch:
Teilt euch in fünf Gruppen. Je eine Gruppe erarbeitet mindestens 10 Fragen zu einem der folgenden Themen:
- Schwangerschaft: richtige Ernährung in der Schwangerschaft, Schwangerschaftsbeschwerden, Entwicklungsphasen des Kindes
- Geburt: Wann ins Krankenhaus? Phasen einer Geburt, Schmerzverarbeitung, Atmen und Entspannen
- Stillen: Warum Stillen? Vorteile des Stillens, Milcheinschuss, Stillzeiten, Stillpositionen, Ernährung der Mutter während der Stillzeit
- Babypflege: Baden, Hautpflege, Wickeln, Pflege bei Beschwerden (z. B. Nabelpflege, Blähungen, wunder Windelbereich, Schnupfen ...)
- Von der Muttermilch zum Familientisch: Beikostbeginn, Beikostpläne, ab wann Familienkost?

Weitere Themen:
- Familienergänzende Einrichtungen: Kinderkrippe, Kindergarten, Altersheim bzw. Pflegeheim
- Die Berufsbilder von Altenfachbetreuerinnen/-betreuern und Kindergärtnerinnen/-gärtnern kennenlernen
- Planung einer Exkursion in einen Kindergarten, in ein Altersheim oder Pflegeheim

Sehr wichtig ist natürlich die Vorbereitung auf diesen Besuch. Normalerweise gibt es eine Ansprechperson, die euch an Ort und Stelle alles zeigt und auch einen kurzen Vortrag hält. Eine gute Sache ist die Erstellung eines Fragenkataloges, damit ihr zum Abschluss kontrollieren könnt, ob ihr auch wirklich alles Wichtige erfahren habt.

Der folgende **Fragenkatalog** soll/kann noch beliebig ergänzt werden:
- Welche schulische Vorbildung braucht man für diesen Beruf?
- Ausbildung: Wie lange? Wo? Muss man einen Aufnahmetest machen?
- Welche Voraussetzungen benötigt man für diesen Beruf? Zum Beispiel Geduld, Sensibilität, Toleranz, Einfühlungsvermögen, Teamfähigkeit ...
- Wie sind die Chancen am Stellenmarkt?
- Wie sieht die Entlohnung aus?
- Gibt es Fort- und Weiterbildungsmöglichkeiten?

Altenfachbetreuerin

 **Wie konzentriert habe ich gearbeitet?**

Kreuze die richtige Antwort bzw. die richtigen Antworten an!

1. Bei welchen dieser Beispiele handelt es sich um einen Haushalt?

a) Ein Ehepaar und ihre Kinder wohnen zusammen.   b) Studenten teilen sich eine Wohnung, sie bilden eine sogenannte Wohngemeinschaft.

c) Eine Person wohnt allein.   d) Alleinerziehende(r) und ihre/seine Kinder leben zusammen.

2. Welcher Haushaltstyp nimmt den größten Bereich bei den Kleinhaushalten ein?

a) Alleinerziehende Väter   b) Paare mit Kindern

c) Einpersonenhaushalte   d) Paare ohne Kinder

3. Großhaushalte sind

a) Haushalte mit mindestens zehn Familienmitgliedern.   b) Pflege- und Altersheime.

c) Internate.   d) Haushalte, in denen mindestens zwei Familien zusammenleben.

4. Welche Aussage bezieht sich auf den Sozialbereich in deiner Familie?

a) Wenn ich mich traurig fühle, spenden meine Eltern mir Trost.   b) Wenn ich neue Schuhe brauche, gehen meine Mutter und ich einkaufen.

c) Wenn ich krank bin, werde ich gepflegt.   d) Manchmal hilft mir mein Vater bei den Hausübungen.

5. Welche Aussage bezieht sich auf den Versorgungsbereich in deiner Familie?

a) Neues Klopapier ist im Toilettenschrank gelagert.   b) Das Frühstück macht immer mein Vater.

c) Wenn ich Ärger mit einem Freund habe, kann ich mich aussprechen.   d) Wenn ein Test ansteht, prüft mich meine Mutter ab.

6. Welche Aussage bezieht sich auf den Wirtschaftsbereich in deiner Familie?

a) Wenn ich an einem Wettbewerb meines Sportvereins teilnehme, ist immer jemand von meiner Familie dabei und feuert mich an.   b) Wenn meine Eltern zusammen ausgehen, passt meine Oma auf uns auf.

c) Wenn ich krank bin, werde ich gepflegt.   d) Die Wäsche bügelt meine Mutter. Mein Bruder und ich müssen jedoch unsere gebügelte Wäsche selbst verräumen.

7. Was sind die Hauptgründe für die Berufstätigkeit von Müttern?

a) Die Mutter ist Alleinerzieherin.   b) Die Mutter will sich nicht um die Kinder kümmern.

c) Die Mutter muss das Haushaltsgeld aufbessern.   d) Sie sehnt sich nach Anerkennung.

8. Welche Aufgaben im Haushalt kannst du leicht manchmal übernehmen?

a) Geld verdienen   b) Zum Elternsprechtag gehen

c) Staub wischen   d) Aufräumen

Von 17 Punkten _____ Punkte erreicht = _____ %.

2 Individuelle und gemeinsame Lebensgestaltung

2.1 Menschliche Bedürfnisse, Werte und Normen

Der amerikanische Psychologe Abraham Maslow hat mit der **maslow'schen Bedürfnispyramide** ein Modell entwickelt, um Motivationen von Menschen zu beschreiben. Er hat dazu die menschlichen Bedürfnisse in Stufen eingeteilt, die aufeinander aufbauen. Erst nachdem ein Mensch die Bedürfnisse der untersten Stufe befriedigt hat, bekommen die Bedürfnisse der jeweils nächsten Stufe eine Bedeutung.

Selbstverwirklichung
(z. B. Verstehen und Einsicht, Kunst, Individualität, Talent)

Soziale Anerkennung
(z. B. Macht, Karriere, Ansehen, Status, Geltung)

Soziale Beziehungen
(z. B. Liebe, Partnerschaft, Kommunikation, Freundschaft, Zugehörigkeit, Geborgenheit)

Sicherheit
(z. B. Gesundheit, Wohnung, feste Arbeit)

Körperliche Grundbedürfnisse
(z. B. Trinken, Essen, Schlaf, Wärme, Kleidung)

Die unteren drei Stufen werden auch Defizitbedürfnisse genannt.

Zuerst müssen die ersten drei Stufen erfüllt werden, damit der Mensch zufrieden ist. Das heißt jedoch nicht, dass diese Bedürfnisse auf Dauer gestillt sind, da man z. B. nach einiger Zeit immer wieder Hunger verspürt. Eines ist aber sicher: Jeder Mensch hat nach Befriedigung der Grundbedürfnisse ganz persönliche Bedürfnisse.

Was ist dir wichtig?

Worauf legst du Wert bzw. welche Bedürfnisse hast du? Kreuze an!

Bedürfnisse	Wichtig	Unwichtig
Am Morgen möchte ich frühstücken.	☐	☐
Meine Mutter soll mir eine Jause für die 10-Uhr-Pause einpacken.	☐	☐
Nachmittags will ich mit meinem Freund/meiner Freundin zusammen sein.	☐	☐
Ich will in sportlichen Wettkämpfen erfolgreich sein.	☐	☐
Das gemeinsame Abendessen mit meiner Familie.	☐	☐
Ich möchte moderne Kleidung haben.	☐	☐
Wenn etwas neu ist, dann bin ich dabei. Schließlich will ich dazugehören.	☐	☐
Ich möchte in einem Verein sein.	☐	☐
Ich möchte in der Schule gute Noten haben, damit ich keine Probleme bei meiner Berufswahl bekomme.	☐	☐
Bestimmte Verhaltensweisen, an die ich glaube (z. B. Grüßen, Ehrlichkeit, Fairness ...), müssen eingehalten werden.	☐	☐

Fallen dir noch weitere Dinge bzw. Bedürfnisse ein, die dir wichtig sind? Schreibe sie hier noch dazu!

Haushalt und Gesellschaft

2.2 Soziale Integration

Wie schafft man soziale Integration?

Integration von ausländischen Mitmenschen funktioniert durch

- das Bewusstsein (sowohl bei Inländern als auch bei ausländischen Mitmenschen), dass Integration nur funktionieren kann, wenn alle miteinander daran arbeiten.
- Unterstützung der Einheimischen, Vorurteile und Ängste vor Fremden abzubauen.
- Hilfe für ausländische Personen, ihre neue Heimat lebens- und liebenswert zu empfinden, anzunehmen und verantwortungsvoll mitzugestalten.
- das Erkennen, dass durch Integration nicht die eigene kulturelle Identität verloren geht.
- Förderung der Sprachkompetenz.
- gegenseitigen Respekt und Toleranz. Eine Möglichkeit dafür ist der gezielte Austausch über Kultur, Tradition und Religion.

Soziale Integration von Menschen mit Behinderung funktioniert durch

- das Erkennen, dass Unterschiedlichkeit eine Bereicherung sein kann.
- den Abbau von körperlichen und geistigen Barrieren zwischen Menschen mit und ohne Behinderung.
- die Bereitschaft, mit Interesse und Neugier aufeinander zuzugehen, miteinander zu kommunizieren und jeden individuell zu fördern.
- barrierefreies Bauen.
- das Bemühen, Menschen mit Behinderung in allen Bereichen zu integrieren, wie z. B. in der Familie, in der Bildung, im Beruf und im gesellschaftlichen Leben.

Soziale Integration von alten Menschen funktioniert durch

- Hilfe bei der Sicherung ihrer Grundbedürfnisse. So sollen sie z. B. selbst bestimmen, wo sie wohnen möchten.
- Wertschätzung, z. B. indem jüngere Menschen Aufgaben an ältere Menschen herantragen und ihnen die Gelegenheit geben, ihre Lebenserfahrung einzubringen.
- nachbarschaftliche Hilfsbereitschaft (z. B. Einkauf erledigen), damit sie ihren Alltag bewältigen können.
- Bereitstellung von Pflegepersonal, damit eine Lebensbegleitung bis ans Lebensende im vertrauten familiären Kreis möglich wird.

Soziale Integration von Kindern, Jugendlichen und Familien funktioniert durch

- eine ganztägige und ganzjährige qualifizierte und bezahlbare Betreuung von Kindern (z. B. Kindergarten, Hort).
- flexible Arbeitsmöglichkeiten für die Eltern.
- Wertschätzung und Anerkennung von Familien mit Kindern.
- rasche und unbürokratische finanzielle Hilfe, wenn Familien in Not geraten sind.
- Beraten und Betreuen gewaltbereiter Menschen, um sie und ihre Angehörigen vor Gewalt zu bewahren.
- Hilfe für jene Menschen, die von sexueller Gewalt betroffen sind.
- das öffentliche Vorstellen von sozialen Angeboten.
- Unterstützung Jugendlicher bei der Ausübung von gemeinsamen Aktivitäten.

Soziale Integration von Menschen mit Alkohol- und Drogenproblemen sowie psychisch Kranken funktioniert durch

- das Zugehen auf alkoholkranke und drogenabhängige Menschen und die Ermutigung, professionelle Hilfe anzunehmen.
- das Aufklären der Öffentlichkeit über psychische Erkrankungen, indem Ursachen, Symptome und Behandlungen aufgezeigt werden.
- einen leichteren Zugang für Betroffene zu Hilfsangeboten und Beratungseinrichtungen.
- das Einbeziehen der Angehörigen von Kranken in die Betreuung.
- Präventionsmaßnahmen (Kinder und Jugendliche müssen über Drogen aufgeklärt werden).

2.3 Andere Länder, Verhaltensweisen und Gerichte

Mein Freund Alban stammt aus Bosnien. Wenn ich bei ihm zu Hause bin, geht's immer rund. Seine Geschwister reden zum Teil bosnisch, zum Teil Deutsch, je nachdem, mit wem sie es gerade zu tun haben. Manchmal bin ich zum Essen eingeladen und wenn ich Glück habe, gibt es als Nachtisch Baklava, ein Gebäck aus Blätterteig, gefüllt mit gehackten Walnüssen, das sehr, sehr süß ist.

Vielleicht warst du mit deinen Eltern schon auf Urlaub im Ausland oder wurdest eventuell selbst in einem anderen Land geboren. Dann hast du sicher die Erfahrung gemacht, dass sich die Menschen dort mit ihrer Sprache, ihrem Verhalten, ihrem Alltag, ihren Speisen und Getränken und vielem mehr von uns unterscheiden.

Was gehört hier zusammen?

Ordne die herumschwirrenden Satzteile und Flaggen in die nachstehende Tabelle richtig ein. Für ein Land ist immer eine Zeile reserviert. Bei den Ländernamen musst du die Buchstaben zuerst in die richtige Reihenfolge bringen.

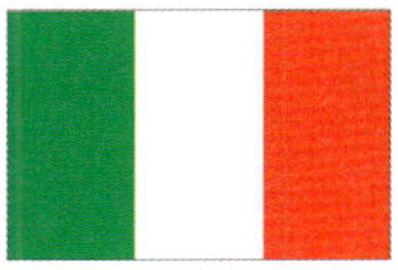

- LONDON
- ORNEGSBTNNRSAII 
- Pizza, Lasagne, Spaghetti
- MADRID
- IAPENSN
- Böhmischer Schweinsbraten mit Knödel und Sauerkraut
- Cevapcici, Ajwar 
- PRAG
- ZAGREB 
- ROM
- CHHCSIENET
- ANRKIOET
- Ham and Eggs, Fish and Chips
- HCSADUDETNL
- ANKARA
- Rheinische Bohnensuppe, Königsberger Klopse
- BERLIN
- KÜTIRE 
- Döner Kebap, Kokorec
- TNILEIA
- Paella, Tapas, Tortillas

Land	Hauptstadt	Nationalflagge	Nationalgericht(e)

Zusatzaufgabe: Nationalrezepte

Versuche, die Rezepte der Nationalgerichte herauszufinden und sie zu Hause zu kochen.

Wie konzentriert habe ich gearbeitet?

Kreuze die richtige Antwort bzw. die richtigen Antworten an!

1. Was wird mit der maslow'schen Bedürfnispyramide beschrieben?

a) Die Sicherheit auf den Straßen
b) Motivationen zum Kauf von Produkten
c) Die Gefühlswelt von Schimpansen
d) Motivationen von Menschen

2. Welche Bedürfnisse zählen zum Bereich „Soziale Anerkennung"?

a) Schlaf
b) Karriere
c) Sportliche Siege
d) Partnerschaft

3. Welche Bedürfnisse zählen zu den körperlichen Grundbedürfnissen?

a) Trinken
b) Kommunikation
c) Kleidung
d) Wohnung

4. Welche Bedürfnisse zählen zum Bereich „Soziale Beziehungen"?

a) Ansehen
b) Liebe
c) Freundschaft
d) Arbeit

5. Wie kann ich zur besseren Integration eines/einer ausländischen Mitschülers/Mitschülerin beitragen?

a) Indem ich langsam und deutlich mit ihm/ihr Deutsch spreche.
b) Indem ich Interesse an seiner/ihrer Kultur zeige.
c) Indem ich ihn/sie in Ruhe lasse.
d) Indem ich ihn/sie zu Freizeitaktivitäten einlade.

6. Wie kann ich zur besseren Integration eines/einer behinderten Mitschülers/Mitschülerin beitragen?

a) Indem ich einfach so tue, als ob nichts wäre.
b) Indem ich ihn/sie frage, ob ich behilflich sein kann.
c) Indem ich versuche, mich in seine/ihre Rolle zu versetzen (z. B. einmal mit dem Rollstuhl zu fahren und zu erkennen, dass eine Stiege ein ziemliches Problem sein kann).
d) Indem ich mich bemühe, ihn/sie auch in der Schulpause an Spielen, Gesprächen etc. teilnehmen zu lassen.

Von 13 Punkten _____ Punkte erreicht = _____ %.

Verbraucherbildung

Früher wurde über Jahre hinweg für eine Anschaffung gespart. Heute müssen Konsumwünsche sofort erfüllt werden, frei nach dem Motto: Ich will und das sofort! Immer mehr Haushalte sind überschuldet. Ein Hauptgrund ist die Finanzierung auf Kredit. Damit sind nicht nur große Summen, wie z. B. für die Anschaffung eines Autos oder Hauses, gemeint, sondern auch die Überziehung des Kontos. Es wird Geld ausgegeben, dass erst später oder gar nicht vorhanden ist.

Kaufen mit Bankomat- oder Kreditkarte, auf Raten usw. liegt voll im Trend. „Virtuell" heißt das Schlagwort. Aber auch mit virtuellem Geld kann man Schulden machen, die vollkommen real sind und das Leben ziemlich durcheinander bringen.

Meine Ziele

Nach Bearbeitung dieses Kapitels kann ich

- ein Haushaltsbuch führen, um einen besseren Überblick über meine Einnahmen und Ausgaben zu haben;
- einige Qualitätssiegel nennen;
- kontrollieren, ob es sich um Bioprodukte handelt;
- Verpackungsangaben richtig beurteilen;
- Zusatzstoffe in unserer Nahrung bewerten;
- beurteilen, wie Werbung meine Kaufentscheidung beeinflusst;
- den Einkauf eines Gerätes mithilfe einer Liste besser planen;
- verschiedene Einkaufsquellen und ihre Vor- und Nachteile nennen;
- den Begriff „Nachhaltigkeit" erklären;
- Energiesparmaßnahmen und Ökotipps im Haushalt planen und anwenden;
- Müll richtig trennen;
- Haushaltschemikalien ordnungsgemäß entsorgen;
- die Gefahrensymbole erklären.

Verbraucherbildung

1 Haushaltseinkommen und Haushaltsausgaben

Immer wieder hört man in den Medien Meldungen darüber, dass enorm viele Haushalte überschuldet sind und Privatkonkurs anmelden müssen. Wie kommt es eigentlich dazu?

Sehr viele Personen, Haushalte oder Lebensgemeinschaften in Österreich kommen nicht mit dem Geld aus, das ihnen zur Verfügung steht. Der nächste Schritt ist dann häufig, das Konto bei der Bank zu überziehen. Für das ausgeliehene Geld müssen die betroffenen Personen jedoch hohe Zinsen zahlen. Das Minus auf dem Konto wird monatlich immer mehr – die **Schuldenfalle** hat zugeschnappt!

Was sind die Gründe für die Schuldenfalle?

- Die betroffene Person hat nicht gelernt, mit Geld umzugehen. Sie gibt ständig mehr Geld aus, als sie verdient (z. B. beim Ausgehen, für Kleidung, für Kosmetikartikel).
- Überzogene Telefonrechnungen, Katalogbestellungen ...
- Autokauf auf Raten (oft ist das Auto noch gar nicht abbezahlt, wenn die Reparaturen überhandnehmen oder durch einen Unfall ein neues Auto angeschafft werden muss).
- Eine zu große Wohnung, deren Miete man sich nicht leisten kann.
- Ein zu hoher Kredit wurde für einen Haus- oder Wohnungskauf aufgenommen, dessen Raten nicht zurückbezahlt werden können.
- Es wurden keine Notreserven (z. B. wenn man arbeitslos oder durch einen Unfall arbeitsunfähig wird) angelegt.
- Viele Leute rechnen einfach nicht nach, kontrollieren die Kontoauszüge nicht, analysieren nicht, wo sie einsparen könnten.

Damit die Schuldenfalle keine Chance hat

Ein Mittel, das eigene Budget in den Griff zu bekommen, ist die **Führung eines Haushaltsbuches.** Was ist nun ein Haushaltsbuch? Darin werden die **Einnahmen,** also Gehälter, Förderungen, Provisionen usw. den **Ausgaben gegenübergestellt.** Zum Schluss sollte **eine Reserve (also ein Plus)** für unvorhersehbare Aufwendungen übrig bleiben.

Beginnend beim Taschengeld, aber vor allem zu Beginn einer Haushaltsgründung, wenn viele Zahlungen auf einen zukommen, ist es klug, ein Haushaltsbuch zu führen.

Das Haushaltsbuch über mein Taschengeld

Trage in die Tabelle deine wöchentlichen Einnahmen und Ausgaben ein.

Bezeichnung der Kosten bzw. Einnahmen	Einnahmen	Ausgaben

Gegenüberstellung Einnahmen/Ausgaben:

Summe der Einnahmen: _____

– Summe der Ausgaben: _____

_____

Kommst du mit deinem Geld aus?

1 Haushaltseinkommen und Haushaltsausgaben

Zusatzaufgabe: Monatliches Haushaltsbuch

Übertrage die Textangaben in die Tabelle. Beachte, dass das Haushaltsbuch monatlich geführt wird, die Angaben aber vom Zeitraum her verschieden sind.

- Die Familie Z. besteht aus Vater, Mutter und einer vierjährigen Tochter.
- Familie Z. hat sich erst kürzlich ein Haus gekauft und die monatlichen Kreditraten belaufen sich auf 680 €.
- An Betriebskosten fallen folgende Beträge an: alle 2 Monate 120 € für die Heizung, monatlich 55 € für Strom, 40 € für die Hausversicherung, vierteljährlich 180 € an die Gemeinde für Wasser, Kanal und Abfallgebühr.
- Sowohl Frau Z. als auch Herr Z. besitzen ein eigenes Handy. Die durchschnittlichen monatlichen Kosten belaufen sich auf ca. 20 €/Person.
- Die Internetbenützungsgebühr beträgt monatlich 16 €. Die Rundfunkgebühren für Radio und Fernsehen belaufen sich alle 2 Monate auf 46 €.
- Für Nahrungsmittel werden wöchentlich ca. 100 € benötigt, für Kosmetikartikel (inkl. Kleinkindartikeln) wöchentlich 25 €.
- Pro Monat werden für Kino, gemeinsame Unternehmungen ... 200 € eingerechnet, für den Urlaub 100 € und für Kleidung ebenfalls 100 €.
- Herr und Frau Z. betreiben gerne verschiedene Sportarten, die Kosten für diverses Zubehör belaufen sich auf ca. 150 € im Vierteljahr.
- Sowohl Frau Z. als auch Herr Z. haben ein eigenes Auto. Die monatlichen Kosten betragen pro Auto ca. 170 €.
- Beide haben verschiedene Versicherungen bzw. Verträge abgeschlossen. Die gemeinsamen Kosten belaufen sich monatlich auf 300 €.
- Herr Z. verdient jährlich 22 400 € netto. Frau Z. ist aufgrund der Tochter halbtags angestellt und verdient jährlich 12 600 € netto. Familienbeihilfe bekommt die Familie alle zwei Monate, und zwar 312,60 €. Die Betreuung der Tochter im Kindergarten kostet halbjährlich 540 €.

Bezeichnung der Kosten bzw. Einnahmen	Einnahmen	Ausgaben

Summe der Einnahmen: _____
− Summe der Ausgaben: _____

Nicht nur die Anschaffungskosten eines Autos sind hoch, sondern auch die Wartungs- und Treibstoffkosten.

170 € = darin sind Versicherung, Vignette, kleinere Reparaturen und Benzinkosten enthalten.

Versicherungen und Verträge = z. B. Privatrechtsschutz, Pensionsvorsorge, Bausparvertrag.

Netto = nach Abzug der Steuern und Sozialversicherung.

Glaubst du, dass jede Familie ein Gehalt in dieser Höhe zur Verfügung hat?

Wo könnte eingespart werden? Wurden eventuell sogar einige Posten vergessen?

Frage deine Eltern, ob sie ein Haushaltsbuch führen bzw. einmal geführt haben. Erstelle zusammen mit deinen Eltern ein Haushaltsbuch für euren Haushalt.

+ = Reserve
− = Konto überzogen

Verbraucherbildung

2 Kennzeichnung von Qualitätsprodukten und Lebensmitteln

Die Arbeiterkammer (www.arbeiterkammer.at) hat eine Broschüre mit allen Gütesiegeln herausgegeben. Sie kann auch online auf http://marktcheck.greenpeace.at/1030.html heruntergeladen werden.

Meine Schwester ist gerade voll auf „Bio" unterwegs. Sie behauptet, dass viele Werbeaufschriften uns weismachen wollen, dass es sich um biologische Produkte handelt. Stimmt aber nicht! Wie finde ich heraus, ob „Bio" drin ist?

2.1 Bekannte Gütesiegel

Alleine in Österreich existieren mittlerweile über **70 Gütezeichen für Lebensmittel**. In diesem Buch stellen wir nur die bekanntesten Gütezeichen vor, die du vielleicht schon irgendwann gesehen hast.

AMA-Gütesiegel

Konventionell = herkömmlich.

Das **AMA-Gütesiegel** steht für konventionell erzeugte Lebensmittel, die überdurchschnittliche Qualitätskriterien erfüllen. Nebenbei muss ihre Herkunft nachvollziehbar sein. Unabhängige Kontrollen werden laufend durchgeführt.

AMA-Gütesiegel   Austria-Gütezeichen

Austria-Gütezeichen

Dieses Zeichen steht für **Produkte oder Dienstleistungen österreichischen Ursprungs.** Die Qualitätsanforderungen gehen über gesetzliche Anforderungen hinaus.

Das österreichische Umweltzeichen

Das österreichische Umweltzeichen wurde vom Künstler Friedensreich Hundertwasser kreiert und symbolisiert die Elemente Erde, Wasser, Feuer und Luft.

Das österreichische Umweltzeichen ist ein Garant für **umweltfreundliche Produkte** und **Dienstleistungen.** Diese werden nach strengen Kriterien kontrolliert. Das Zeichen wird nur für die Dauer von vier Jahren verliehen.

2.2 Woran erkennt man Biolebensmittel?

In Österreich erfreuen sich biologisch produzierte Lebensmittel bei vielen Menschen immer größerer Beliebtheit. „Bio" steht für gesunden Genuss, besten Geschmack, aktiven Umweltschutz, strenge Kontrollen und artgerechte Tierhaltung. Gentechnik ist bei Bioprodukten nicht erlaubt.

Nur bei Lebensmitteln, auf deren Verpackung du eine der **drei Formulierungen** lesen kannst, ist auch „Bio" drin:
- aus (kontrolliert) biologischem (ökologischem) Anbau
- aus (kontrolliert) biologischem (ökologischem) Landbau
- aus (kontrolliert) biologischer (ökologischer) Landwirtschaft

Bezeichnungen wie „aus kontrolliertem Anbau", „aus chemiefreier Landwirtschaft", „umweltgeprüfte Qualität" oder „aus umweltgerechter Landwirtschaft" sind irreführend. Wenn du Produkte mit solchen Bezeichnungen kaufst, kaufst du keine Bioprodukte.

Biolebensmittel erkennt man auch an der **Prüfstellennummer.** Sie muss auf der Verpackung angegeben sein.

Demobeispiel

Was die Prüfstellennummer AT-W-01-BIO bedeutet
- Die ersten beiden Kürzel stehen für den Sitz der Kontrollstelle: in diesem Fall **AT** für Österreich und **W** für Wien.
- **01** bezeichnet die Nummer der Kontrollstelle.
- **BIO** zeigt an, dass es sich um Lebensmittel aus kontrolliert biologischem Anbau handelt. Einmal pro Jahr muss sich ein Biobetrieb einer Kontrolle bei einer zugelassenen Kontrollstelle unterziehen.

Bio-Logos

Nicht verpflichtend, aber häufig anzutreffen, sind folgende Bio-Logos:

AMA-Biozeichen ohne Ursprungsangabe

Das schwarz-weiße Zeichen gibt keinen Hinweis auf die Herkunft des Bioproduktes. Es wird z. B. verwendet, wenn das Produkt aus mehreren Rohstoffen besteht, die aus verschiedenen Ländern stammen.

AMA-Biozeichen mit Ursprungsangabe

Sofern die Rohstoffe bei uns erzeugt werden können, müssen sie aus Österreich kommen. Falls dies nicht möglich ist (wie z. B. bei Bananen), gibt es einen Toleranzbereich. Im Fall der Bananen werden diese aus anderen Ländern importiert, sie müssen aber wie alle anderen Rohstoffe auch aus biologischer Landwirtschaft stammen.

EU-Bio-Zeichen

AMA-Biozeichen ohne Ursprungsangabe

Austria-Biozeichen mit Ursprungsangabe

EU-Bio-Zeichen

Dieses Zeichen garantiert, dass das Produkt zu mindestens 95 % aus Bestandteilen biologischer Herkunft besteht und gentechnikfrei ist. Das Produkt wurde gemäß den Vorgaben der EU zum biologischen Landbau erzeugt, verarbeitet und gekennzeichnet.

Verbraucherbildung

2.3 Fairtrade-Produkte

Kaffee, Tee, Kakao, Schokolade, frische Früchte (z. B. Bananen, Melonen), Zucker, Honig, Getreide, Reis, Süßwaren, Baumwolle ... auch bei uns wächst die Palette an Fairtrade-Produkten stetig.

„Fair Trade" bedeutet übersetzt „fairer Handel". Mit dem Kauf von **Fairtrade-Produkten** sind gleich zwei wichtige Punkte garantiert:
- Man erwirbt Produkte von **höchster Qualität.**
- Die Produzenten und Produzentinnen in den Entwicklungsländern erhalten **faire Preise** für ihre Produkte. Das bedeutet, dass viele Menschen in Asien, Afrika und Südamerika unter menschenwürdigen Bedingungen arbeiten können und gerecht entlohnt werden.

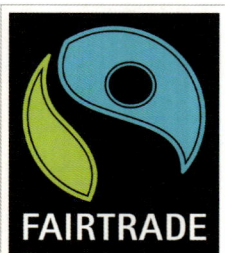
Fairtrade-Zeichen

Fairer Handel bedeutet, dass ein Produzent für sein Produkt einen angemessenen Preis bekommt und damit ein menschenwürdiges Leben finanzieren kann.

Geiz ist geil – aber auf wessen Kosten?

Eingespart wird meist bei den Schwächsten – also Kleinbauern, Plantagenarbeitern, Handwerkern in den Entwicklungsländern. Schlechte Arbeitsbedingungen, fehlende Gesundheitsvorsorge, mangelhafte Ernährung und keinerlei Arbeitsrechte machen unsere Konsumgüter billig. Der Lohn für die Arbeit reicht oft kaum zum Überleben – und schon gar nicht dafür, die Kinder in die Schule zu schicken! Diese arbeiten schließlich oft selbst, um die Familie zu unterstützen. Ohne Bildung haben aber die Kinder keine Chance auf bessere Arbeit – und somit schließt sich der Teufelskreis der Armut ...

2.4 Der EAN-Code

Die **EAN (Europäische Artikelnummer)** ist eine Produktkennzeichnung für Handelsartikel. Sie ist eine Zahl, die aus 13 (bei kleinen Artikeln aus 8) Ziffern besteht, die verschlüsselte Angaben über das Produkt beinhalten:
- Die **ersten 3 Stellen** geben über das **Land** Auskunft (900-919 stehen z. B. für Österreich).
- Die nächsten **4 Stellen** betreffen die **Betriebsnummer des Herstellers**.
- Die nächsten **5 Stellen** geben Auskunft über den **Artikel**.
- Die **letzte Ziffer** ist die **Prüfstelle**.

Vor- und Nachteile des EAN-Strichcodes

13-stelliger Strichcode

Vorteile des Strichcodes	Nachteile des Strichcodes
Die Waren müssen nicht mehr einzeln mit einem Preisaufkleber versehen werden, es reicht eine Preisangabe am Regal.	Die Kunden müssen sich die Preise merken, wenn sie den Kassabon kontrollieren möchten.
Durch das Scannen der Produkte an der Kassa ist der Kassavorgang erheblich schneller geworden.	Das Scannen der Produkte an der Kassa ist eine eintönige Arbeit.
Auf dem Kassabon stehen nicht nur die Preise, sondern auch die dazugehörigen Artikelbezeichnungen.	
Die Preise können über PC-Eingabe innerhalb kurzer Zeit geändert werden.	

2.5 Was uns die Verpackung verrät

Die Verpackung bietet einerseits Platz, um Informationen des Anbieters bzw. Herstellers an die Konsumentinnen und Konsumenten weiterzugeben. Andererseits wird das Produkt durch die Verpackung vor bestimmten Umwelteinflüssen (z. B. Licht, Wärme, Schmutz, Sauerstoff) geschützt.

Folgende Angaben müssen auf der Verpackung stehen	
1	Sachbezeichnung
2	Name und Anschrift der Firma (Hersteller, Verkäufer)
3	Mengenangabe (Nettofüllmenge)
4	Mindesthaltbarkeits- oder Verbrauchsdatum
5	Angabe der Zutaten
6	Lagertemperaturen und -bedingungen
7	Alkoholgehalt

Wovon ist hier die Rede?

Schreibe die Nummer der richtigen Verpackungsangabe in das weiße Feld.

Nr.: _____

Wie viel ist im Produkt ohne Verpackung wirklich enthalten?

Beispiel: e 540 g

Nr.: _____

Bestandteile und Zusatzstoffe – was ist im Produkt enthalten?

Zutaten: Reis gegart (Wasser, Reis, Salz, Gewürze), Alaska-Seelachs-Filet, Erbsen, Hähnchenbrustfilet gegart, Margarine, Gemüsepaprika, Zwiebeln z.T. frittiert, Muschelfleisch gegart, Scampis gegart, Tintenfischteile gegart, Champignons, Tomaten, Olivenöl, jodiertes Speisesalz, Zucker, Würzmittel, Gewürz, Aroma, Kräuter.

Nr.: _____

Ist wichtig bei besonders leicht verderblichen Waren, wie z. B. Faschiertem, rohem Huhn oder Fisch. Nach Ablauf dieses Datums sollten die Lebensmittel nicht mehr verwendet werden.

Beispiel: „Zu verbrauchen bis ..."

Nr.: _____

Wie heißt das Produkt?

Nr.: _____

Gibt an, bis zu welchem Datum das (ungeöffnete) Lebensmittel bei richtiger Lagerung seine Eigenschaften und seinen Geschmack beibehält.

Beispiel: Gekühlt (+ 6 °C) mindestens haltbar bis ...

Nr.: _____

Wer ist für den Inhalt des Produktes verantwortlich?

Beispiel: Vertrieb: Ja!Natürlich Naturprodukte Ges.m.b.H., A 2355 Wr. Neudorf

Nr.: _____

Alkoholische Getränke mit mehr als 1,2 Volumsprozent Alkohol müssen speziell gekennzeichnet sein.

Beispiel: Landwein mit 12 Vol.-% Alk.

Verbraucherbildung

Zusatzstoffe in unserer Nahrung

Unseren Lebensmitteln werden häufig Zusatzstoffe beigefügt, damit sie einen bestimmten Geschmack bekommen, besser haltbar sind, eine gewisse Farbe erhalten, cremiger werden oder einfach schöner aussehen. Häufig sind solche Zusatzstoffe **künstliche, im Labor erzeugte Stoffe.** Zusatzstoffe müssen in Europa namentlich oder mit einer **E-Nummer** angeführt werden.

Welche Zusatzstoffe sind in einem Burger enthalten? Was glaubst du?

 Wovon ist hier die Rede?

Verbinde die Zusatzstoffe mit den richtigen Erklärungen.

Farbstoffe

Die Haltbarkeit wird durch Verhinderung der Oxidation durch Luftsauerstoff erhöht.

Beispiel: E 300-304 L-Ascorbinsäure (Vitamin C) und ihre Salze.

Konservierungsmittel

Sie werden als Zuckerersatz eingesetzt, haben aber keinen oder fast keinen Nährwert.

Beispiel: E 951 (Aspartam)

Säuerungsmittel und Säureregulatoren

Diese Stoffe färben ein Lebensmittel und lassen es dadurch appetitlicher erscheinen.

Beispiel: E 131 (Patentblau V)

Antioxidantien

Der Verderb durch Hefen, Bakterien oder Schimmelpilze wird verzögert – die Lebensmittel bleiben somit länger haltbar.

Beispiel: E 200-203 (Sorbinsäure und ihre Salze)

Zuckeraustauschstoffe

Sie haben einen angenehmen sauren Geschmack und wirken gleichzeitig konservierend.

Beispiel: E 260 (Essigsäure)

Süßstoffe, Süßungsmittel

Diese Mittel dienen zum Verdicken oder Gelieren. Gleichzeitig sollen sie ein bestimmtes Gefühl im Mund oder einen speziellen Kaueindruck vermitteln. Sie werden auch bei der Herstellung von Instantprodukten verwendet. Sie machen Wasser mit Fett mischbar.

Beispiel: E 406 (Agar-Agar), E 322 (Lezithin)

Stabilisatoren: Verdickungs- und Geliermittel, Emulgatoren

Sie haben zwar ähnliche Kalorienwerte wie Haushaltszucker, führen aber zu keiner Erhöhung des Blutzuckerspiegels und werden daher als Zuckerersatz verwendet.

Beispiel: E 420 (Sorbit)

Weitere Zusatzstoffe
Geschmacksverstärker
z. B.: E 620-625 Glutaminsäure und Glutamate
Trennmittel
z. B.: E 901 Bienenwachs
Backtriebmittel
z. B.: E 500 Natriumkarbonat
Treibgase
z. B.: E 290 Kohlendioxid
Feuchthaltemittel
z. B.: E 420 Sorbit

Gruppenarbeit: Nehmt eine Zutatenliste eines Lebensmittels und findet mithilfe des Internets heraus, welche Eigenschaften die Nummern oder andere euch unbekannte Bezeichnungen haben, wo sie vorkommen und wie sie hauptsächlich verwendet werden. Vielleicht findet ihr auch heraus, welche Auswirkungen sie haben?

Eines sollte dir klar sein: Je mehr Fertig- und Halbfertigprodukte du isst, umso mehr Zusatzstoffe nimmst du mit der Nahrung auf. Diese können auch unerwünschten Einfluss auf deine Gesundheit nehmen.

 **Wie konzentriert habe ich gearbeitet?**

Kreuze die richtige Antwort bzw. die richtigen Antworten an!

1. Was kann man tun, damit man über die eigenen Finanzen nicht den Überblick verliert?

a) Im Casino sein Glück versuchen
b) Lotto spielen
c) Ein Haushaltsbuch führen
d) Sich auf den Berater in der Bank verlassen

2. Was besagt das AMA-Gütesiegel?

a) Das Produkt besteht zum Teil aus gentechnisch hergestellten Zutaten.
b) Die Herkunft des Produktes ist nachvollziehbar.
c) Das konventionell erzeugte Produkt erfüllt überdurchschnittliche Qualitätskriterien.
d) Es werden unabhängige Kontrollen durchgeführt.

3. Das AMA-Biozeichen mit Ursprungsangabe

a) weist darauf hin, dass das Produkt aus Österreich stammt.
b) garantiert, dass alle Rohstoffe eines Produktes aus biologischer Landwirtschaft stammen.
c) garantiert, dass die Rohstoffe aus Österreich stammen, sofern sie bei uns erzeugt werden können.
d) gibt keinen Hinweis auf die Herkunft des Bio-Produktes.

4. Von wem wurde das österreichische Umweltzeichen entworfen?

a) Arnulf Rainer
b) Christian Ludwig Attersee
c) Friedensreich Hundertwasser
d) Gustav Klimt

5. Welche Formulierung trifft nicht auf biologisch produzierte Lebensmittel zu?

a) aus (kontrolliert) biologischer Landwirtschaft
b) aus (kontrolliert) ökologischem Landbau
c) aus biologischem Anbau
d) aus kontrolliertem Anbau

6. Welche Bio-Logos sind zwar nicht verpflichtend, aber trotzdem häufig anzutreffen?

a) Das AMA-Biozeichen ohne Ursprungsangabe
b) Das Euro-Bio-Zeichen
c) Das AMA-Biozeichen mit Ursprungsangabe
d) Das EU-Bio-Zeichen

7. Wofür stehen Fairtrade-Produkte?

a) Die Produzenten in den Entwicklungsländern erhalten faire Preise für ihre Produkte.
b) Die Produzenten können mit dem Lohn ihre Existenz sichern.
c) Der Handel verdient damit sehr gut.
d) Es sind Produkte mit höchster Qualität.

8. Worüber gibt die letzte Ziffer beim EAN-Code Auskunft?

a) Über das Land
b) Über den Artikel
c) Über den Hersteller
d) Über die Prüfstelle

9. Welche Angaben sind auf Lebensmittelverpackungen nicht zwingend vorgeschrieben?

a) Angabe der Zutaten
b) Nettofüllmenge
c) Kalorienangabe
d) Sachbezeichnung

10. Zusatzstoffe müssen in Europa auf der Verpackung von Lebensmitteln ...

a) nicht angeführt werden.
b) mit E-Nummern angeführt werden.
c) namentlich oder mit einer E-Nummer angeführt werden.
d) Sie dürfen überhaupt nicht in Lebensmitteln vorkommen.

Von 17 Punkten _____ Punkte erreicht = _____ %.

Verbraucherbildung

3 Einkauf richtig gemacht

Werbung ist ein Teil unseres alltäglichen Lebens. Ob im Fernsehen, in der Zeitung oder im Internet – sie ist fast schon so normal wie das morgendliche Zähneputzen.

3.1 Was beeinflusst mich bei meiner Kaufentscheidung?

Eine ganze Branche, nämlich die **Marketing-** und **Werbebranche,** ist bemüht, unsere Kaufentscheidungen zu beeinflussen. Sie macht uns Produkte richtig schmackhaft und versucht unter anderem, gewisse Gefühle bzw. Emotionen, aber auch Bedürfnisse, wie Freiheit, Geborgenheit, Sauberkeit oder Wohlstand anzusprechen. Sie spielt also mit einem Lebensgefühl. Ziel der Werbung ist, dass diese Emotionen wieder geweckt werden, sobald du den beworbenen Artikel im Geschäft siehst, um dich schlussendlich zum Kauf zu bewegen.

Welche Einflüsse können beim Kauf entscheidend sein?
- Ich bevorzuge bekannte Markenprodukte.
- Das Produkt kommt in meiner Lieblingsserie vor.
- Meine Freundinnen/Freunde haben diesen Artikel und man möchte schließlich auch dazugehören.
- Die Verpackung spricht mich an.
- Durch die ständige Präsenz eines Artikels in der Werbung greife ich danach, egal ob ich dieses Produkt brauche oder nicht.

Beißt auch du des Öfteren an, wenn Werbefachleute ihren Köder auswerfen?

Lässt du dich bei deiner Kaufentscheidung durch die Werbung oder durch Freunde beeinflussen?
Kennst du noch weitere Möglichkeiten der Beeinflussung?

Diskutiert in der Gruppe darüber.

Ein Bild spricht mehr als tausend Worte

Welche Gefühle sollen hier ausgelöst werden? Sprecht in der Gruppe darüber und tragt eure Erkenntnisse hier ein:

Glaubst du, dass du ebenso gut gelaunt bist, wenn du dieses Handy besitzt?

Als mittlerweile informierter Konsument / informierte Konsumentin kannst du der Werbung durchaus kritisch gegenüberstehen. Erst nachdem du den Sinn bzw. Nutzen von Produkten abgewogen hast, solltest du deine Entscheidung – kaufen oder nicht kaufen – treffen.

3.2 Was brauche ich wirklich und was glaube ich zu brauchen?

Wenn man noch bei den Eltern wohnt, hat man oft eine genaue Vorstellung davon, wie es im eigenen Haushalt einmal aussehen sollte und welche Haushaltsgeräte man unbedingt haben möchte. Oft irrt man sich aber im Nutzen und in der tatsächlichen Notwendigkeit von so manchen „praktischen Haushaltshilfen". Hier hat auch die Werbung großen Einfluss, die uns glaubhaft machen möchte, dass man ohne gewisse Dinge unmöglich über die Runden kommt.

Was ist wirklich wichtig?

Streiche die unten angeführten Haushaltsgeräte durch, die deiner Meinung nach verzichtbar sind. Alle weiteren trage in die Tabelle der Reihenfolge nach ein, in der du sie einmal kaufen möchtest.

Staubsauger, Handstaubsauger, Toaster, Grilltoaster, Mikrowelle, Küchenallzweckmaschine, Waffeleisen, Mixer, Stabmixer, Dampfgarer, Espressomaschine, Filterkaffeemaschine, Waschmaschine, Geschirrspüler, Wasserdampfreiniger, Eierkocher, elektrisches Küchenmesser, Gefrierschrank, Wäschetrockner, Wasserkocher, Obst- und Gemüseentsafter, E-Herd, Kühlschrank, Friteuse, elektrischer Dosenöffner, elektrische Zitronenpresse, Brotschneidemaschine

Was braucht man wirklich und welcher Wunsch wird von der Werbung geweckt?

3.3 Hilfe, unser Geschirrspüler ist kaputt!

Auch Haushaltsgeräte gehen immer wieder einmal kaputt und müssen repariert bzw. neu angeschafft werden. Bevor man aber ein neues Gerät kauft, sollte man sich unbedingt über **bestimmte Punkte informieren** bzw. **Vergleiche** anstellen.

Am besten macht man sich eine **Liste mit Fragen,** was man alles über das neue Produkt wissen möchte. Anschließend lässt man sich im Fachhandel beraten und vergleicht mindestens drei Produkte – in unserem Fall Geschirrspüler – miteinander. Erst dann sollte man eine Kaufentscheidung treffen.

Mögliche Fragen zum Einkauf
- Wer ist der Hersteller des Produktes?
- Wie groß ist der Geschirrspüler (Fassungsvermögen)?
- Wie sind die Körbe angeordnet? – Lässt sich der Geschirrspüler leicht einräumen?
- Welche Waschprogramme gibt es und wie lange dauern sie?
- Gibt es Sparprogramme?
- Wie hoch ist der Wasserverbrauch?
- Wie hoch ist der Stromverbrauch?
- Wie laut wäscht er?
- Wie lange hat man Garantie auf das Gerät?
- Wie viel kostet der Geschirrspüler?

Oft ist es ratsam, nicht immer das billigste Produkt zu wählen. Zahlreiche dieser Billigprodukte zeigen schneller Verschleißerscheinungen. Nach vielen teuren Reparaturen und noch mehr Ärger entschließen sich viele Konsumenten dann doch zu einem teureren Qualitätsprodukt. Einmal billig gekauft, heißt schlussendlich oft teurer gekauft.

Verbraucherbildung

3.4 Verschiedene Einkaufsquellen

Die Art des Einkaufs hat sich in den letzten Jahren stark geändert. Der Trend geht in Richtung Einkaufszentren.

	Vorteile	Nachteile
Greißler	■ Einkaufsmöglichkeit vor Ort ■ Schnell zu erreichen ■ Soziale Kontaktmöglichkeit für Alleinstehende und alte Menschen	■ Öffnungszeiten oft nicht den geänderten Käuferwünschen angepasst ■ Geringe Auswahl ■ Bedingt durch den kleinen Verkaufsraum oft unübersichtlich ■ Aufgrund geringerer Nachfrage stehen die Produkte länger in den Regalen, darum kann mitunter das Ablaufdatum übersehen werden.
Markt	■ Regionale Schmankerl ■ Herkunft meist nachvollziehbar ■ Möglichkeit der Selbstvermarktung ■ Gesellschaftlicher Treffpunkt	■ Weniger Auswahl ■ Geringe Stückzahl ■ Oft teurer
Fachgeschäft	■ Gute Auswahl ■ Fachgerechte Beratung ■ Hohe Qualität ■ Leichtere Abwicklung von Reklamationen	■ Höhere Preise (aber nicht immer)
Supermarkt	■ Größere Auswahl von Produkten ■ Oft günstige Angebote ■ Bedingt durch höhere Einkaufsmengen können Produkte billiger eingekauft und weiter verkauft werden ■ Lange Öffnungszeiten ■ Großer Parkplatz	■ Wenig direkte Kundenbetreuung ■ Nur in größeren Gemeinden und Städten anzutreffen – das bedeutet für viele Konsumenten einen längeren Anfahrtsweg
Einkaufszentrum	■ Viele Geschäfte unter einem Dach ■ Dadurch kurze Wege ■ Gute Möglichkeiten für Preis- und Produktvergleich ■ Kinderbetreuung ■ Restaurants ■ Lange Öffnungszeiten ■ Großer Parkplatz	■ Lange Anfahrtswege ■ Aufgrund des großen Andrangs entstehen oft Staus auf den Zufahrtswegen ■ Wegen ihrer großen Beliebtheit werden sie oft als Verursacher des „Greißlersterbens" betrachtet

✏ Fallen dir noch weitere Vor- oder Nachteile zu den einzelnen Rubriken ein?

💭 Vergleiche die Preise von MP3-Playern in Märkten wie Mediamarkt, Saturn etc. und einem Fachgeschäft in deinem Heimatort.

| Internet  | ■ Einkauf unabhängig von den Ladenöffnungszeiten
■ Die Bestellung und die Vertragsabwicklung gehen in der Regel sehr schnell
■ Die Produktinformationen auf den Websites können sehr detailliert und immer aktuell sein
■ Räumliche Entfernungen zwischen Käufer und Verkäufer sind unerheblich | ■ Keine persönliche Beratung und Information
■ Produkte sind nur beschrieben und abgebildet. Qualität und Beschaffenheit können vorher nicht geprüft werden
■ Informationen über den Verkäufer und sein Unternehmen sind schwer zu bekommen |

Zusatzaufgabe: Selbst gemacht oder Fertigprodukt?

Im Rezeptteil des Buches findest du das Rezept „Früchteknödel aus Topfenteig". Stelle einen Produktvergleich von selbst gekochten Marillenknödeln und von gekauften an.

Zunächst ermittle den Preis:

250 g Topfen	€ _____
100 g Butter	€ _____
100 g Grieß	€ _____
100 g Mehl	€ _____
1 Ei	€ _____
10 Marillen	€ _____
etwas Öl, etwas Zimt	€ _____
50 g Brösel	€ _____
50 g Kristallzucker	€ _____
Summe:	€ _____

Marillenknödel

Nun ermittle den Preis von Marillenknödeln, die im Geschäft angeboten werden. Bedenke aber, dass eine gekaufte Packung nur vier Stück beinhaltet.

Um die Marillenknödel richtig bewerten zu können, müssen diese auch gekocht und verkostet werden. Bereite auch gekaufte Marillenknödel zu!

Nach dem Verkosten bewerte beide Marillenknödelvarianten:

Bewertungsposten	Selbst gekochte Marillenknödel	Gekaufte Marillenknödel
Preis pro Stück		
Größe pro Stück		
Aussehen		
Konsistenz		
Geruch		
Geschmack		

Welche Knödel haben dich mehr überzeugt? Die selbst gekochten Marillenknödel oder die gekauften?

4 Nachhaltige Lebensstile

Einem Wald wird immer nur so viel Holz entnommen, als nachwachsen kann. So wird der Wald nie völlig abgeholzt und er kann sich immer wieder regenerieren. Hier wird nachhaltig gewirtschaftet.

Hinter dem Begriff **Nachhaltigkeit** steht ein Konzept, ein natürliches System ausschließlich so zu nutzen, dass es in seinen wesentlichen Eigenschaften langfristig erhalten bleibt – also auch zum Wohl von zukünftigen Generationen.

Nachhaltigkeit		
im sozialen Bereich	**im Versorgungsbereich**	**im Wirtschaftsbereich**
■ Freie Entfaltung der Persönlichkeit und der eigenen Kultur ■ Befriedigung der persönlichen Bedürfnisse, ohne den Umweltgedanken außer Acht zu lassen ■ Zufriedenheit in der Arbeit oder Schule ■ Zufriedenheit mit der Wohnsituation ■ Sicherheitsempfinden innerhalb der Familie und in der Wohngegend ■ Attraktives Freizeitangebot ■ Aktivitäten in Vereinen (z. B. Rotes Kreuz, freiwillige Feuerwehr)	■ Stärkung des Gesundheitsbewusstseins jedes Einzelnen ■ Überwiegender Kauf von regionalen, saisonalen, unverpackten und biologischen Produkten ■ Kauf von Fairtrade-Produkten (siehe S. 106) ■ Ermitteln des Energieverbrauchs (Strom, Öl, Gas) und sparsamer Umgang mit Energieträgern ■ Abfallvermeidung und Abfallverwertung (Sammeln und Wiederverwerten von Glas, Altpapier, Plastik, Aluminium …) ■ Einsatz umweltschonender Fortbewegungsmittel	■ Lebenslanges Lernen ■ Ausgaben für Bildung ■ Unbezahlte Arbeiten: Haushaltsführung, Kinderbetreuung, Altenpflege usw. ■ Einkauf in regionalen/ortsansässigen Geschäften
Nummer:	Nummer:	Nummer:

Durch ein ansprechendes Freizeitangebot wird auch die Wohngegend interessanter. Man fühlt sich einfach wohl.

Licht macht nur dort Sinn, wo man es auch wirklich braucht. Ein Zimmer, in dem sich niemand aufhält, benötigt kein Licht.

 Bring Ordnung hinein!

Ordne die folgenden durcheinandergeratenen Beispiele den Bereichen für Nachhaltigkeit zu und schreibe die Nummern in die passende Spalte der oberen Tabelle.

1. Im Bioladen gleich in meiner Nähe kaufe ich gerne ein. Dadurch trage ich meinen Teil dazu bei, dass diese Arbeitsplätze erhalten bleiben.
2. Der nette Wortwechsel mit den Menschen in meiner Umgebung erfreut mich immer wieder.
3. Ich helfe älteren Menschen beim Fahrscheinautomaten.
4. Ich akzeptiere und respektiere die Meinung und die Lebensgewohnheiten meiner Mitmenschen.
5. In meiner Wohnumgebung fühle ich mich wohl.

6. Jeden Dienstagabend passe ich auf meine kleine Nichte auf.
7. Die von meinem Verein organisierten Ausflüge und Feste genieße ich immer sehr. Der Grundstein zur freiwilligen Arbeit für die Gemeinschaft wird dadurch gelegt.
8. In unserem Garten werden keine Spritzmittel zur Schädlingsbekämpfung eingesetzt.
9. Dadurch stärke ich die Ab-Hof-Verkäufe und Selbstvermarkter/-innen.
10. Ich gehe gerne von zu Hause aus eine Runde laufen.
11. Beim Kauf von Kaffee, Tee oder Bananen achte ich auf die entsprechende Kennzeichnung.
12. Ich habe ein sehr gutes Verhältnis zu meinen Schulkolleginnen und -kollegen.
13. Mein Vater bekommt gerade von seiner Firma einen Englischkurs finanziert.
14. Ich fahre mit dem Fahrrad zur Schule oder nehme den Bus.
15. Die Kletterwand in unserer Mehrzweckhalle finde ich super. Durch ein ansprechendes Freizeitangebot ist auch die Wohngegend interessanter.
16. Bei mir zu Hause wird Sonnenenergie zur Warmwasseraufbereitung genutzt.

Computer, Modem, Drucker, Fernseher, Lautsprecher ... Die Liste der Geräte, die Strom verbrauchen, obwohl sie eigentlich ausgeschaltet sind, ist lang. Stecke einfach alle Geräte in eine Steckdosenleiste mit Schalter und mit einem Klick kannst du alle heimlichen Stromfresser auf einmal ausschalten.

4.1 Energiesparmaßnahmen und Ökotipps für den Haushalt

Bring Farbe ins Spiel!

Auf dieser Seite schwirren Satzteile herum. Male sie entsprechend den verschiedenen Bereichen bunt an! Und zwar:

Hellblau: WC, Dunkelblau: Bad, Gelb: Küche, Grün: Balkon/Garten, Rot: Wohn-/Schlafzimmer, Orange: Allgemeines

- Beim Erhitzen von Flüssigkeiten stets den Deckel auf den Topf geben!
- Das Licht beim Verlassen des Raumes immer ausschalten!
- Bei Abwesenheit und in der Nacht die Raumtemperatur absenken!
- Die Waschmaschine ganz anfüllen und eine angemessene Waschtemperatur wählen!
- Elektrogeräte ganz ausschalten, auch ein Stand-by-Betrieb benötigt Energie.
- Der WC-Spülkasten sollte eine Stopp- bzw. Spartaste haben.
- Dusche anstatt Vollbad, so kannst du bis zu 70 Liter Wasser einsparen.
- Nur kalte Lebensmittel in Kühlgeräte einräumen!
- Zähne nicht unter fließendem Wasser putzen – Zahnputzbecher verwenden!
- Heruntergelassene Rollläden oder zugezogene Vorhänge verhindern in der kalten Jahreszeit eine Wärmeabstrahlung! So kann man Heizkosten sparen.
- Zum Dämpfen von Lebensmitteln Druckkochtopf verwenden!
- Kühlgeräte selten öffnen, gleich wieder schließen und regelmäßig enteisen!
- Der Geschirrspüler ganz anfüllen!
- Die Speicherwärme von Kochplatten ausnutzen!
- Regenwasser sammeln und zum Gießen der Gartenpflanzen und zum Autowaschen verwenden!
- Herdplatte und Topf müssen gleich groß sein!
- Das Geschirr nicht einzeln und unter fließendem Wasser abwaschen! Ein mit warmen Wasser gefülltes Abwaschbecken ist wesentlich energieschonender.
- Wäschetrockner nur selten verwenden! Wäsche auf der Leine trocknet ebenso.
- Energiesparlampen benützen!
- Undichte Fenster sollten mit Dichtungsbändern abgedichtet werden.
- Ein tropfender Wasserhahn kann mit einem neuen Dichtungsring wieder tropffrei gemacht werden.
- Schalte Fernseher und Radio aus, wenn du für längere Zeit den Raum verlässt (auch nicht Stand-by)!

4.2 Richtig Müll trennen

Müll trennen: Was gehört wohin?

Hier findest du die wichtigsten Mülltrennbehälter, die wahrscheinlich auch in deiner Schulküche stehen. Ordne folgende Abfallprodukte den richtigen Behältern zu:

Zeitung, grüne Weinflasche, Salatblatt, Papierverpackung, Blechdose, Gummiring, Schachtel, Konservendose, Zahnbürste, Sauerrahmbecher, Porzellanteller, Arzneifläschchen, Apfelschalen, Zahnpastatube, Strumpfhose, Gurkenglas, Bananenschale, Porzellanschüssel, Sprühbehälter, Nagel, Joghurtbecher, Plastikpflanzentopf, weiße Flasche, Milchverpackung, Kleiderbügel, Plastiksackerl, Aluverpackungsfolie, kleiner Löffel, kleiner Topf.

Du findest die angeführten Abfallprodukte auch auf dem Bild.

Metallverpackungen und Alteisen:

Restmüll:

Kunststoff- und Verbundstoffverpackungen:

Altglas:

Altpapier, Kartonagen, Pappe und Wellpape:

Biomüll:

4.3 Entsorgung von Haushaltschemikalien

Gefährliche Produkte, wie aggressive Reinigungsmittel, Farben, Lacke, Desinfektionsmittel und andere Haushaltschemikalien, dürfen keinesfalls im Abwasser oder auf der Mülldeponie landen, sondern gehören zum **Sondermüll**.

- **Medikamente** sollten in der **Apotheke** abgegeben werden.
- **Batterien** werden vom **Fachhandel** zurückgenommen oder in **Altstoffsammelzentren** entsorgt.
- **Motorenöle** kannst du zur **Tankstelle** bringen.
- **Zigarettenkippen, Kondome, Damenhygieneartikel, Windeln, Watte und Verbandstoffe** gehören in den **Restmüll**.

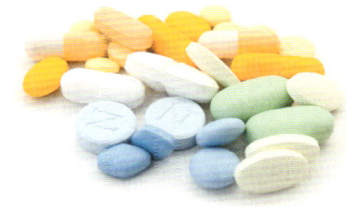

Medikamente können in der Apotheke abgegeben werden.

Bedeutung der Gefahrensymbole

In vielen Haushalten werden gefährliche Chemikalien, wie z. B. Reinigungsmittel, Farben und viele andere chemische Produkte, verwendet. Diese sind als solche gekennzeichnet. Um die Art der Gefährdung unterscheiden zu können, gibt es verschiedene Gefahrensymbole, die anzeigen, ob ein Produkt eine potenzielle Gefahr für Mensch oder Umwelt ist oder nicht.

Welche Paare gehören zusammen?

Verbinde mithilfe von Pfeilen die Symbole mit der richtigen Bezeichnung.

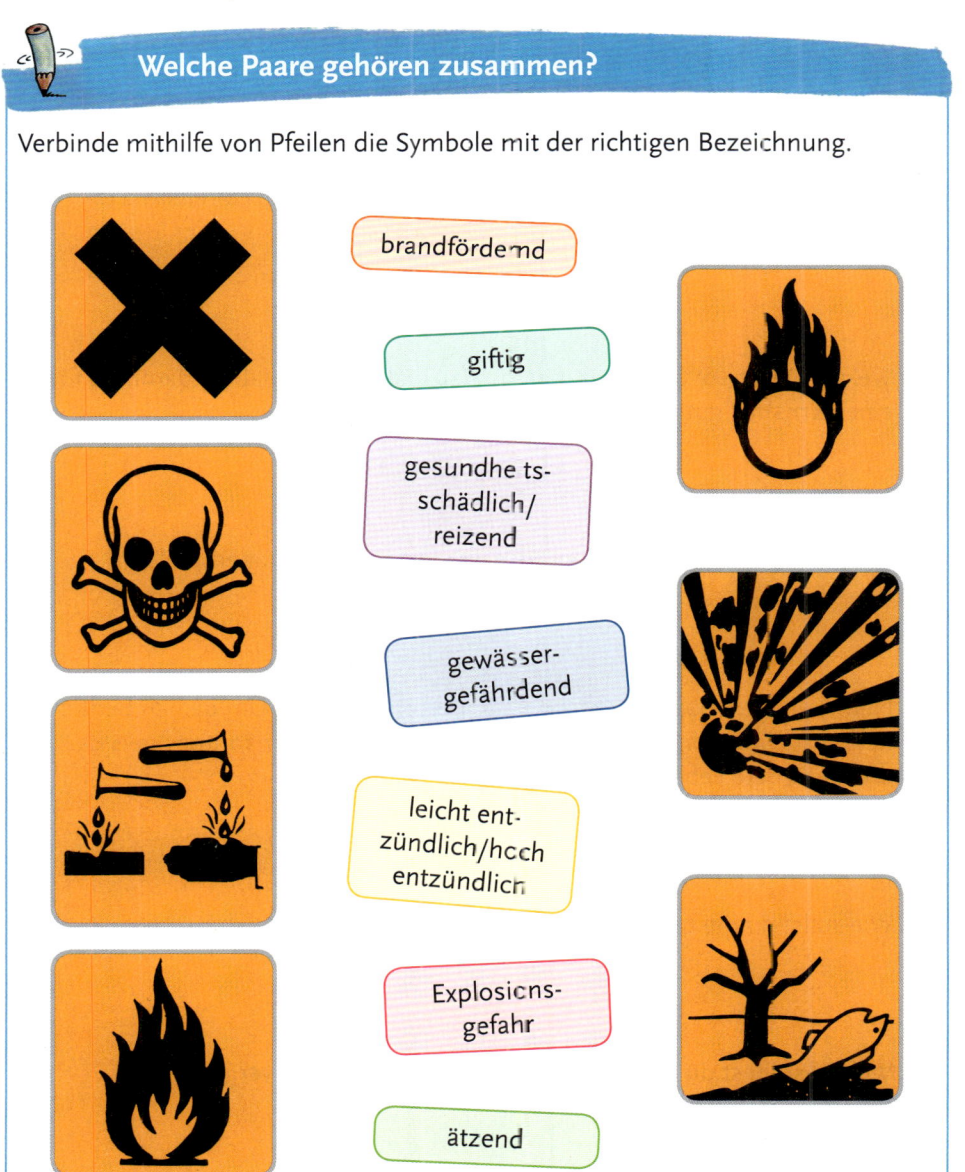

Verbraucherbildung

Zusatzaufgabe: Maßnahmen des Zivilschutzes

Auch in Österreich werden wir immer wieder mit Katastrophen konfrontiert. Denk nur einmal an die letzte Hochwasserkatastrophe oder ein Lawinenunglück. Versuche mithilfe der Homepage www.help.gv.at unter „Zivilschutz" folgende Fragen zu beantworten:

1. Vor welchen Unglücken wird in Österreich gewarnt?

2. Welche Signale gibt es für Gefahren und was bedeuten diese?

3. Wie viele automatische Messstationen gibt es in Österreich für das Strahlenfrühwarnsystem?

4. Wo erfährst du den aktuellen Pegelstand der Donau?

5. Wie viele Stufen gibt es bei der europäischen Lawinengefahrenskala und wie heißen sie?

6. Welche Dinge solltest du immer im Haushalt vorrätig haben, damit du für einen Ernstfall gut gerüstet bist?

7. Welche Lebensmittel und Getränke werden als Notvorrat empfohlen?

8. Nenne einige Beispiele für lang haltbare Lebensmittel. Um deinen Bedarf richtig abzudecken, solltest du aus jeder Gruppe im Ernährungskreis ca. drei geeignete Lebensmittel wählen.

9. Wie sollst du die Lebensmittel lagern?

10. Worauf solltest du bezüglich Notvorrat auf keinen Fall vergessen?

1. Warnung

3 Minuten gleichbleibender Dauerton – HERANNAHENDE GEFAHR! Radio- oder Fernsehgerät (ORF) einschalten, Verhaltensmaßnahmen beachten.

2. Alarm

1 Minute auf- und abschwellender Heulton – GEFAHR! Schützende Räumlichkeiten aufsuchen, über Radio oder TV durchgegebene Verhaltensmaßnahmen befolgen.

3. Entwarnung

1 Minute gleichbleibender Dauerton – ENDE DER GEFAHR! Einschränkungen im täglichen Lebenslauf werden über Radio oder TV durchgegeben.

Denk auch an Hygieneartikel wie Zahnbürste und -pasta, Seife, Toilettenpapier, Taschentücher …

Wie konzentriert habe ich gearbeitet?

Kreuze die richtige Antwort bzw. die richtigen Antworten an!

1. Wie gehst du am besten vor, wenn du ein neues Gerät kaufen möchtest?

a) Ich vergleiche gleichwertige Produkte und treffe anschließend die Wahl. ☐
b) Ich nehme das Gerät, das ich von Bekannten kenne. ☐
c) Ich nehme das erstbeste, was ich sehe. ☐
d) Ich nehme das billigste Produkt. ☐

2. Welche Fragen sind beim Kauf einer neuen Waschmaschine sinnvoll?

a) In welchen Farben ist das Gerät erhältlich? ☐
b) Gibt es Sparprogramme? ☐
c) Wie lange hat man Garantie auf das Gerät? ☐
d) Wie hoch ist der Wasserverbrauch? ☐

3. Was wird unter Nachhaltigkeit verstanden?

a) Den Nachspann eines Films ansehen ☐
b) Ein natürliches System schonend nutzen ☐
c) Den Wecker noch einmal 5 Minuten nachstellen ☐
d) Ein bestehendes System so nutzen, dass es langfristig erhalten bleibt ☐

4. Mit welchen Maßnahmen kann Energie im Haushalt eingespart werden?

a) WC-Spülkasten mit Stopp- bzw. Spartaste ☐
b) Nur kalte Lebensmittel in den Kühlschrank einräumen (also keine warmen Speisen) ☐
c) Die Herdplatte und der Topf müssen gleich groß sein. ☐
d) Elektrogeräte immer ganz ausschalten (auch keinen Stand-by-Modus) ☐

5. Welche Produkte gehören in den Restmüll?

a) Kunststoffverpackungen ☐
b) Windeln ☐
c) Altpapier ☐
d) Kartonagen ☐

6. In welchen Müllbehälter gibst du Apfelschalen?

a) Altpapiersammelbehälter ☐
b) Restmüllbehälter ☐
c) Altglassammelbehälter ☐
d) Biomüllbehälter ☐

7. Wie sollst du abgelaufene Medikamente entsorgen?

a) Zum Biomüll geben ☐
b) In der Apotheke abgeben ☐
c) Zum Restmüll geben ☐
d) Zur Tankstelle bringen ☐

8. Wie werden Batterien fachgerecht entsorgt?

a) Man gibt sie zum Restmüll. ☐
b) Sie werden vom Fachhandel zurückgenommen. ☐
c) Man gibt sie im Altstoffsammelzentrum ab. ☐
d) Sie werden in Abfallbehältern für Metallverpackungen entsorgt. ☐

9. Was bedeutet folgendes Gefahrensymbol?

a) ätzend ☐
b) leicht entzündlich/hoch entzündlich ☐
c) brandfördernd ☐
d) Explosionsgefahr ☐

10. Was bedeutet folgendes Gefahrensymbol?

a) giftig/sehr giftig ☐
b) gesundheitsschädlich/reizend ☐
c) umweltgefährdend ☐
d) ätzend ☐

Von 17 Punkten _____ Punkte erreicht = _____ %.

Küchenpraxis

Wer kochen kann, ist klar im Vorteil! Du fragst dich warum? Ist doch ganz einfach: Erstens kannst du Gerichte kochen, die dir schmecken. Zweitens bist du von niemandem abhängig. Drittens sind Fertiggerichte oder das ständige Essen in einem Lokal ziemlich teuer.

Kochen ist leicht – wenn man mit einfachen Rezepten anfängt. Nebenbei macht es Spaß, gemeinsam (mit der Familie oder Freunden) zu kochen und das Werk anschließend zusammen zu verspeisen.

Meine Ziele

Nach Bearbeitung dieses Kapitels kann ich

- erklären, warum persönliche Hygiene in der Küche so wichtig ist;
- beurteilen, welche Arbeitsgeräte, wie z. B. Geschirr und Messer, für welche Arbeit verwendet werden müssen;
- Gemüse und Obst zum weiteren Kochen richtig vorbereiten;
- verschiedene Schneidetechniken anwenden;
- diverse Garverfahren unterscheiden;
- verschiedene Küchenfachausdrücke erklären;
- Lebensmittel nach dem Einkauf richtig lagern;
- unterschiedliche Methoden der Haltbarmachung nennen;
- eine Einkaufsliste erstellen;
- einen Tisch richtig decken;
- die Servierregeln praktisch anwenden;
- mich bei Tisch korrekt benehmen;
- die Vor- und Nachteile sowie den Aufbau eines Buffets aufzählen.

1 Hygienevorschriften in der Schulküche

Unzählige Male berühren wir jeden Tag Gegenstände, die schon andere vor uns angefasst haben, wie z. B. Türklinken, Geländer, Getränkeautomaten, Haltegriffe in Bus und Straßenbahn ... Hast du dir schon mal Gedanken darüber gemacht, dass nicht jeder seine Hände nach dem Toilettengang gewaschen hat und somit Bakterien & Co freie Bahn haben?

Nach jedem Gang zur Toilette müssen die Hände gewaschen werden.

Mangelnde Hygiene kann die Ursache verschiedenster Krankheiten sein. Besonders im Umgang mit Lebensmitteln und beim Zubereiten von Speisen ist auf strengste Hygiene zu achten.

Persönliche Hygiene ist unbedingt notwendig und liegt in der Verantwortung eines jeden Menschen.

1.1 Persönliche Hygiene

Was in der Küche wichtig ist

Fülle die Textlücken mit den durcheinandergeratenen Satzteilen und vervollständige somit den Merktext.

Hauterkrankungen / reinigende Arbeitsschuhe / auskochbare Arbeitskleidung / Freundschaftsbändern / Toilettenbenützung / mit nach Hause genommen / Die Fingernägel / Schürzen bzw. Arbeitsmäntel / Kaugummikauen / Hantieren mit Geflügel / überlangen Ärmeln / Hände, Arme, des Halses und des Kopfes / zusammengebunden

1. Vor Arbeitsantritt, nach Schmutzarbeit, nach dem _____, Fleisch und Eiern sowie nach jeder _____ sind die Hände und soweit notwendig auch die Unterarme mit Seife gründlich zu reinigen.

2. Vor Benützung der Toilette sind _____ außerhalb des WCs abzulegen.

3. In der Küche ist saubere, _____, welche die darunter getragene Kleidung zur Gänze bedeckt, zu tragen.

4. Die Arbeitskleidung muss nach jeder Unterrichtseinheit zum Waschen und Bügeln _____, und in sauberem Zustand zum nächsten Unterricht wieder mitgebracht werden.

5. Pullover oder Shirts mit _____ sind in der Lehrküche nicht gestattet.

6. Lange Haare müssen _____ werden.

Warum müssen lange Haare zusammengebunden werden?
Was glaubst du?

Küchenpraxis

7. Leicht zu _____ (vorne geschlossen, mit Fersenriemen) sind zu bevorzugen.
8. Das Tragen von Schmuck und Armbanduhren (auch _____) ist nicht erlaubt.
9. _____ müssen sauber, kurz geschnitten und unlackiert sein.
10. Schüler/-innen mit Durchfallerkrankungen, Erkältungen sowie eitrigen Wunden im Bereich der _____ dürfen in der Küche nicht beschäftigt werden.
11. _____, Rauchen und das Einnehmen von Medikamenten sind in der Küche nicht erlaubt.
12. Bei nicht ansteckenden _____ (z. B. Neurodermitis) an den Händen kann durch das Tragen von Handschuhen Abhilfe geschaffen werden.

1.2 Hygiene in der Küche

Richtig oder falsch?

Bei folgenden Sätzen hat sich jeweils ein falscher eingeschlichen. Streiche den falschen Satz durch!

Abwaschschwamm und Geschirrtücher müssen häufig gewaschen und ausgewechselt werden.	Abwaschschwamm und Geschirrtücher müssen von Zeit zu Zeit gewaschen und gewechselt werden.
Bei Küchenschränken und Kühlschrank reicht es, sie alle paar Jahre innen gründlich zu reinigen.	Küchenschränke und Kühlschrank müssen von Zeit zu Zeit mit milden Putzmitteln, wie z. B. mit Essigwasser, innen gereinigt werden.
Biomüll sammle ich während des Kochens auf einem Teller.	Biomüll kann ich während des Kochens auf der Arbeitsfläche liegen lassen und am Ende des Unterrichts entsorgen.
Die meisten Gemüse- und Obstsorten reinige ich vor dem Zerteilen, außer den Salat (Salatblätter reinige ich einzeln) und den Lauch (diesen schneide ich vor dem Reinigen der Länge nach auf).	Ich schneide alle Gemüse- und Obstsorten vor dem Reinigen in mundgerechte Stücke.
Reis, Rosinen, Mais, Bohnen etc. muss ich nicht waschen.	Reis, Rosinen, Mais, Bohnen etc. gebe ich in ein Sieb, wasche sie und sortiere schadhafte Exemplare aus. Erst dann kann ich sie verwenden.
Es ist selbstverständlich für mich, dass ich nach jedem Gebrauch das Geschirr und die Küchengeräte sorgfältig reinige.	Geschirr und Küchengeräte kann ich, wenn sie nicht völlig verschmutzt sind, ohne Reinigung öfters hintereinander verwenden.
Verpackungen von Lebensmitteln und Dosendeckel muss ich vor dem Öffnen nicht reinigen, weil nur der Inhalt verwendet wird.	Verpackungen von Lebensmitteln und Dosendeckel muss ich vor dem Öffnen reinigen, da durch das Hantieren Schmutz auf den Inhalt übertragen werden kann.
Sind Lebensmittel von Schimmelpilzen befallen, muss ich die ganze Ware wegwerfen, da sich die Schimmelpilze wie Fäden durch das ganze Lebensmittel ziehen.	Bei Lebensmitteln, die von Schimmelpilzen befallen sind, muss ich nur die betroffenen Stellen entfernen, der Rest ist selbstverständlich verwendbar.
Grüne Stellen von Kartoffeln und Tomaten muss ich entfernen, da diese giftig sind.	Die grünen Stellen von Kartoffeln und Tomaten sind für die Gesundheit unbedenklich.
Das Abwaschbecken muss nicht sauber sein, wenn ich Lebensmittel zum Reinigen hineingebe. Durch das Waschen wird auch das Becken sauber.	Wenn ich Lebensmittel im Abwaschbecken waschen möchte, muss ich dieses vorher reinigen.

2 Maßnahmen zur Unfallvorsorge

Mehr als 400 000 Unfälle passieren laut Statistik jährlich im Haushalt. Ganz schön viel! Stürze sind dabei die häufigste Unfallursache. So steigt so mancher Zeitgenosse lieber auf Stühle und Tische, als eine Leiter zu benutzen.

Viele Menschen sind oft sehr leichtsinnig beim Hantieren mit Arbeitsgeräten des täglichen Gebrauchs. Unzählige Unfälle passieren daher zu Hause, weil auf geeignete Schutzmaßnahmen kein Augenmerk gelegt wird. Damit dir in den eigenen vier Wänden kein „typischer" Haushaltsunfall passiert, merke dir die unten angeführten Anweisungen.

Finde zu jeder Frage die richtige Antwort!

Ordne den Antworten die passende Zahl zu.

- **1** Was machst du, damit die Dose beim Öffnen nicht wegrutscht?
- ○ Etiketten mit der Inhaltsangabe dürfen nicht entfernt werden.
- **4** Was muss sofort erledigt werden, wenn etwas ausgeschüttet wird?
- ○ Der Sauerstoff! Am besten mit einem Deckel, mit einem trockenen Tuch oder einer Decke.
- **15** Wie ist die richtige Vorgehensweise beim Reinigen von elektrischen Geräten?
- ○ Man hebt den Deckel nur einen Spalt breit und weg vom Körper.
- **2** Was verwendest du beim Tragen von heißen Töpfen?
- ○ Mit der Spitze nach unten!
- ○ Aufwischen.
- **10** Was muss brennendem Fett entzogen werden, damit das Feuer gelöscht werden kann?
- ○ Sie dürfen nicht in Lebensmittelkästen, sondern müssen in verschließbaren Kästen aufbewahrt werden, die für Kinder unerreichbar sind.
- **3** Was darf mit nassen Händen nie gemacht werden?
- **8** Wo dürfen Chemikalien (z. B. Reinigungsmittel) nicht aufbewahrt werden bzw. wo müssen sie aufbewahrt werden?
- ○ 1) Gerät ausschalten
  2) Stecker aus der Steckdose ziehen
  3) Gerät vorsichtig reinigen
- ○ Weg vom Körper! Der Deckel ist dein Schutzschild!
- **9** Was muss verwendet werden, wenn man etwas nicht erreichen kann, was sich zu hoch oben befindet?
- ○ Ein feuchtes Tuch unterlegen!
- **14** Wie müssen Messer immer getragen werden?
- **11** Wie gießt du eine heiße Flüssigkeit ab?
- ○ Steckdosen oder Schalter berühren.
- **12** Was muss bei Flaschen oder anderen Gefäßen mit giftigem oder gefährlichem Inhalt beachtet werden?
- ○ Eine Stehleiter!
- **5** Was musst du beachten, wenn du einen Topf von der Herdplatte oder etwas aus dem Backrohr nimmst?
- ○ Platte oder Rohr ausschalten!
- **6** Wie hebst du den Deckel von einem Topf, in dem sich heiße Flüssigkeit befindet?
- ○ Einen Topflappen.

2.1 Weitere wichtige Maßnahmen zur Unfallverhütung im Wohn-, Arbeits- und Freizeitbereich

- Teppiche durch rutschfeste Unterlagen sicher machen.
- Stiele und Griffe von Töpfen und Pfannen dürfen nie über den Herdrand ragen.
- Heißes Fett am Herd immer im Auge behalten!
- Niemals unbekannte Pilze oder Pflanzen essen.
- Flüssigkeiten aus unbeschrifteten Gefäßen nie kosten!
- Elektrische Geräte immer durch Fachleute warten und reparieren lassen.
- Niemals unbeaufsichtigt Kerzen brennen lassen.
- Das Bügeleisen ausstecken, bevor der Bügelplatz verlassen wird.
- Fahrrad oder Ski fahren nur mit einem Helm!
- Beim Skaten unbedingt Knie- und Ellbogenschützer verwenden!
- Sicherheitsgurte immer, auch bei kurzen Strecken, verwenden.
- Kinder gehören im Auto in Kindersitze.
- Kleinkinder dürfen nicht mit Kleinteilen, Plastiksäcken und Schnüren spielen.
- Steckdosen mit Kindersicherungen versehen, wenn ein Kleinkind im Haushalt lebt.

2.2 Notrufnummern

Folgende Informationen solltest du bereithalten, wenn du bei einer Notrufnummer anrufst:

Wo ist der Notfall?	Genaue Adresse bekannt geben!
Was ist geschehen?	Ein Unfall, ein Brand …
Wie viele Verletzte?	Genaue Personenanzahl angeben!
Wer ruft an?	Namen und Telefonnummer für eventuelle Rückfragen angeben!

Diese Informationen sind deswegen wichtig, weil durch deinen Notruf Hilfsmaßnahmen ausgelöst werden. Je detaillierter deine Schilderung der Situation ist, desto gezielter und schneller kann Hilfe zum Unfallort bzw. Notfallort geschickt werden.

Die Notrufnummern auf einen Blick	
Euronotruf	112
Feuerwehr	122
Polizei	133
Rettung	144

Der Euronotruf 112 ist gebührenfrei und funktioniert in jedem Netz. Er hat Vorrang vor anderen Gesprächen. Das bedeutet, dass andere Gespräche beendet werden, damit der Notruf durchkommt.

3 Richtiges Abwaschen

Das letzte Mal, als ich mit Abwaschen dran war, hat sich unglaublich viel Schaum gebildet. Dabei habe ich genau so viel Spülmittel hineingegeben wie immer. Ich weiß wirklich nicht, was hier falsch gelaufen ist.

Die Reihenfolge des Abwaschens

Damit das Wasser nicht so oft gewechselt werden muss, wird zuerst weniger verschmutztes Geschirr in das Becken gegeben. Folgende Reihenfolge ist ideal:
1. Gläser und Glasschüsseln
2. Teller und Besteck
3. Bretter, Töpfe und Pfannen

Rechtes Abwaschbecken

Verwende warmes Wasser mit (wenig) Spülmittel. Das Spülmittel sollte erst beigefügt werden, wenn das Becken gefüllt ist. Der Grund? Gibt man das Spülmittel zum laufenden Wasser, erhält man ein Schaumbad.

Was verwendet man zum Abwaschen?
Schwamm und Spüllappen

Linkes Abwaschbecken

Fülle warmes Wasser ohne Spülmittel in das Becken und tauche das soeben gereinigte Geschirr hinein. Somit werden Spülmittelreste entfernt.

Die Abtropffläche

Ganz links befindet sich die Abtropffläche.
- Zuerst einmal muss die Abtropffläche sauber sein.
- Darauf wird das gewaschene Geschirr gestellt, um es abtropfen zu lassen. Töpfe, Rührschüsseln etc. werden umgedreht, Teller, Bretter etc. schräg aufgestellt.
- Anschließend wird mit einem sauberen Geschirrtuch abgetrocknet.

! Verwende beim Abwaschen wenig Spülmittel und wasche nie unter fließendem Wasser ab. So schonst du die Umwelt!

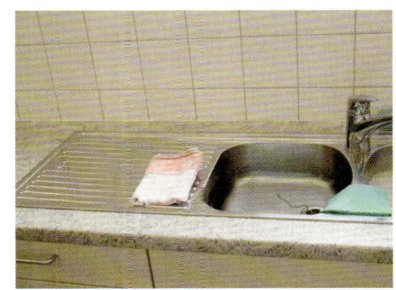

Küchenpraxis

4 Einkaufsliste für den „Keksetag"

Viele Menschen entscheiden spontan, was sie kochen und gehen ohne Plan einkaufen. Dabei vergessen sie oft wichtige Zutaten oder sie kaufen auf Verdacht das Falsche. Fast in allen Haushalten werden aufgrund von Fehleinkäufen regelmäßig Nahrungsmittel weggeworfen!

Erstellung einer Einkaufsliste für den „Keksetag"

Gehe nach folgenden Arbeitsschritten vor. Hake ab bzw. fülle aus!

1. Zuerst entscheide, welche Kekse du an diesem Tag backen möchtest:

   _____

2. Als nächstes suche die Rezepte zusammen.
3. Rezepte sind immer für eine bestimmte Menge vorgegeben. Überlege, wie viel du von einer gewissen Kekssorte herstellen möchtest: weniger oder mehr?
4. Anschließend schreibe die Zutaten in die unten angeführte Tabelle und ermittle auch gleich die benötigten Mengen.
5. Jetzt musst du noch den Vorratsschrank kontrollieren und die bereits vorhandenen Zutaten bzw. die vorhandenen Mengen wegstreichen.

Produkt	Notwendige Menge	Tatsächliche Menge nach Inspektion des Vorratsschrankes

Damit du nicht mit deinem Buch ins Geschäft spazieren musst, übertrage die letzte Spalte auf ein leeres Blatt! Viel Spaß beim gemeinsamen Einkauf! Vergiss die Einkaufsliste nicht!

Versuche im Geschäft die verschiedenen Produkte und ihre Preise zu vergleichen!

! Wer Geld und Zeit sparen will, macht sich vor dem Einkauf eine Liste.

Nach dem Einkauf müssen die Lebensmittel ordnungsgemäß verstaut werden. Überlege dir, wie die verschiedenen Produkte gelagert werden müssen, damit du sie bei der kommenden Lehreinheit auch verwenden kannst und sie nicht verderben.

5 Richtige Lagerung und Haltbarmachung

Warum verderben manche Lebensmittel, wie z. B. Fleisch und Fisch, schon nach wenigen Tagen, während andere, wie z. B. Honig, beinahe ewig halten?

Lebensmittel werden von Mikroorganismen besiedelt, die Licht, Wärme, Sauerstoff, Wasser und Nahrung lieben. Damit Lebensmittel nicht so schnell verderben, ist es notwendig, sie in einer geeigneten Art und Weise haltbar zu machen oder zu lagern.

Bei der Konservierung wird versucht, diese Mikroorganismen abzutöten oder zumindest ihre Tätigkeit zu verlangsamen. Aber nicht nur Mikroorganismen sind die Feinde vieler Lebensmittel. Auch Sauerstoff kann ihnen gehörig zusetzen, indem er z. B. Vitamine und Aromastoffe zerstört oder Fette ranzig werden lässt.

Mikroorganismen = Bakterien, Viren, Schimmel- und Hefepilze.

5.1 Der Kühlschrank

Weißt du eigentlich, wo man die Lebensmittel nach dem Einkauf im Kühlschrank am besten verstaut? Oder stopfst du sie (wie übrigens viele andere auch) einfach da hin, wo noch Platz ist?

Für jedes Lebensmittel gibt es einen geeigneten Platz im Kühlschrank. Manche Lebensmittel mögen es schön kalt, andere wiederum etwas wärmer.

❗ Sind Lebensmittel einmal von Schimmelpilzen befallen, muss das ganze Lebensmittel entsorgt werden. Es genügt nicht, nur den sichtbar befallenen Teil zu entfernen, da das Pilzgewebe das ganze Lebensmittel durchdringt. So kann es z. B. bei Marmelade bis zum Glasboden reichen.

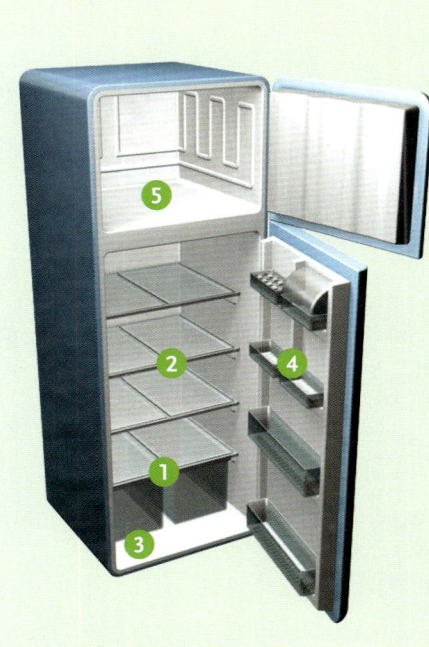

① In der unteren Ablage ist es am kühlsten, weil kalte Luft absinkt. Hier solltest du leicht verderbliche Lebensmittel, wie Fleisch, Wurst und Fisch lagern.

② Etwas wärmer wird es in den Fächern darüber – also ideal für Milchprodukte.

③ Relativ warm ist es in den Obst- und Gemüseladen. Diese befinden sich zwar ganz unten und müssten demnach also am kältesten sein, die darüber liegende Glasplatte hält jedoch die Kälte ab.

④ In den Fächern der Kühlschranktür ist es am wärmsten. Hier sind Eier, Butter, Ketchup, Senf sowie Milch und andere Getränke gut aufgehoben.

⑤ Tiefkühlfach

> ⚠️ Die Kühlkette soll nicht unterbrochen werden (wenn z. B. Tiefgefrorenes vom Einkauf nach Hause gebracht wird). Einmal Aufgetautes darf nicht mehr eingefroren werden.

Nicht pasteurisierte Fruchtsäfte fangen sehr schnell zu gären an.

Dörrzwetschken

Speck entsteht durch Pökeln und Räuchern.

5.2 Methoden der Haltbarmachung

Methode	Beschreibung	Geeignet für
Kühlen	■ Kühlen im Kühlschrank bei 0 °C bis +5 °C	Geöffnete Getränke, Milch und Milchprodukte, Fleisch und Wurstwaren
Tiefkühlen	■ Lagertemperatur mindestens −18 °C ■ Schont die Nährstoffe ■ Die kürzeste Gefrierlagerdauer haben fettreiche Lebensmittel.	Faschiertes, Fleisch, Fisch, Obst, Gemüse, Milchprodukte, Brot und Gebäck
Pasteurisieren	■ Die Lebensmittel werden kurzzeitig auf ca. 62 bis 85 °C erhitzt. ■ Schont die Nährstoffe	Milch und Säfte
Sterilisieren	■ Die Lebensmittel werden über 100 °C erhitzt. ■ Nährstoff- und Aromaverluste ■ Die Haltbarkeit wird jedoch wesentlich verlängert.	Haltbarmilch (H-Milch), Gemüse-, Obst-, Fisch- und Fleischkonserven
Trocknen, Dörren	■ Den Lebensmitteln wird Wasser entzogen. ■ Farb- und Aromaverluste ■ Beim Heißtrocknen kommt es auch zu Vitaminverlusten.	Kräuter, Obst, Gemüse, Tee
Gefriertrocknen	■ Den bereits tiefgefrorenen Nahrungsmitteln wird Wasser entzogen. ■ Das Aroma bleibt besser erhalten, wenn die Lebensmittel luftdicht gelagert werden.	Kräuter, Gewürze, Kaffee, Tee, Obst, Gemüse
Pökeln	■ Dem Fleisch wird mit Kochsalz Wasser entzogen. ■ Mit Pökelsalz wird die rote Farbe des Fleisches intensiver.	Fleisch und Fleischwaren
Räuchern	■ Die Lebensmittel werden im Rauch trocken geräuchert. ■ Wird zu stark geräuchert, entstehen allerdings krebserregende Stoffe.	Käse, Fleisch und Fleischwaren
Zuckern	■ Die Lebensmittel werden mit Zucker eingekocht oder in Zuckerlösungen eingelegt. ■ Nährstoffverluste	Marmelade, Aranzini, Zitronat, Gelee

Säuern	■ Den Lebensmitteln werden Fruchtsäuren oder Essig- bzw. Milchsäurebakterien zugesetzt. ■ Die Lebensmittel werden zwar etwas ausgelaugt, aber milchsaures Gemüse enthält viel Vitamin C, was uns besonders in den Wintermonaten gut tut.	Sauerkraut (milchsaures Gemüse), Pilze, Fische, Essiggemüse
Zusatz von Konservierungsstoffen	■ Zugesetzte Stoffe erkennst du anhand der E-Nummern (siehe auch S. 108).	Bei nahezu allen Lebensmitteln, außer bei den Grundnahrungsmitteln. Bevorzuge deshalb frische Waren!
Vakuumverpacken	■ Lebensmittel werden in Folie luftdicht verpackt. ■ Die Nährstoffe und das Aroma bleiben weitgehend erhalten.	Kaffee, Knabbergebäck, Käse, Fleisch und Wurstwaren

Bei der Herstellung von Sauerkraut werden die Kohlenhydrate durch Milchsäurebakterien in Milchsäure umgewandelt (Milchsäuregärung).

6 Arbeitsabläufe richtig planen und ausführen

Wenn meine große Schwester manchmal kocht, herrscht immer Chaos in der Küche. Manchmal bemerkt sie erst während des Kochens, dass dieses und jenes fehlt. Dann wird sie schwer hektisch und ihre Laune sinkt in den Keller!

Arbeitsabläufe, wie z. B. beim Kochen, sollen so geplant werden, dass alles mit so wenig Zeitaufwand wie möglich erledigt werden kann. So können auch Wartezeiten sinnvoll genutzt werden.

Nach folgender Reihenfolge solltest du vorgehen:

- Überlege, was gekocht wird.
- Welche Zutaten werden benötigt? Falls notwendig, besorge noch Fehlendes im Geschäft.
- Stelle die Zutaten bereit und wiege, wenn notwendig, auch ab.
- Bereite den Arbeitsplatz mit den benötigten Arbeitsgeräten vor (z. B. Schneidebrett, Messer, Töpfe).
- Bereite die Zutaten vor (z. B. Lebensmittel waschen, schälen, schneiden).
- Plane den Arbeitsablauf des Kochens genau und stelle auch Aufgießwasser oder Mehl zum Binden bereit.
- Überlege, was während der Wartezeiten gemacht werden kann (z. B. Beilagen zubereiten, Abwaschen, Arbeitsplatz säubern, Tisch decken, geeignetes Serviergeschirr bereitstellen).

 **Wie konzentriert habe ich gearbeitet?**

Kreuze die richtige Antwort bzw. die richtigen Antworten an!

1. Wie muss die Arbeitskleidung in der Küche sein?

a) Bunt
b) Kurz
c) Auskochbar
d) Sauber

2. Wann müssen die Hände gewaschen werden?

a) Vor dem Arbeitsantritt
b) Nach dem Hantieren mit rohem Geflügel, Fleisch und Eiern
c) Nach dem Putzen von verschmutztem Gemüse
d) Nach jedem Toilettengang

3. Welche Aussagen sind nicht richtig?

a) Gemüse und Obst zerteile ich vor dem Reinigen.
b) Biomüll sammle ich zunächst auf einem Teller.
c) Reis, Rosinen, Mais muss ich nicht waschen.
d) Dosendeckel reinige ich vor dem Öffnen.

4. Wie müssen Messer immer getragen werden?

a) Mit der Spitze nach vorne
b) Mit der Spitze nach unten
c) Mit der Spitze nach oben
d) Auf einem Tablett

5. Was verwendet man beim Tragen von heißen Töpfen?

a) Einen Topflappen
b) Gar nichts
c) Handschuhe
d) Fingerlinge

6. Welche Notrufnummer stimmt nicht?

a) Euronotruf 112
b) Polizei 133
c) Feuerwehr 123
d) Rettung 144

7. Was sollst du beim Abwaschen auf keinen Fall machen?

a) Mit heißem Wasser abwaschen
b) Sehr viel Spülmittel verwenden
c) Unter fließendem Wasser abwaschen
d) Gereinigtes Geschirr in warmes Wasser tauchen

8. Welche Punkte musst du bei der Erstellung einer Einkaufsliste beachten?

a) Ich überlege zuerst, was ich kochen möchte.
b) Ich suche das passende Rezept.
c) Wenn ich mehr oder weniger kochen möchte, als im Rezept angegeben ist (z. B. statt für vier Personen für acht Personen), berechne ich die notwendige Menge.
d) Vor dem Einkauf sehe ich im Vorrats- bzw. Kühlschrank nach, ob manche Lebensmittel bereits vorhanden sind.

9. Was sind Mikroorganismen?

a) Bakterien
b) Viren
c) Schimmelpilze
d) Hefepilze

10. Die Lebensmittel werden nährstoffschonend (nicht über 100 °C) erhitzt. Von welcher Haltbarmachungsmethode ist die Rede?

a) Sterilisieren
b) Räuchern
c) Trocknen
d) Pasteurisieren

Von 22 Punkten _____ Punkte erreicht = _____ %.

7 Gängige Arbeitsgeräte in der Schulküche

Ich habe einmal gehört, dass jeder Koch, der etwas auf sich hält, sein eigenes Küchenwerkzeug hat und es auch selbst reinigt. So kann er sicher sein, dass es immer gut gepflegt ist. Messer und andere Werkzeuge sind schließlich ziemlich teuer.

7.1 Küchengeschirr

Hoher Kochtopf

Palatschinkenpfanne/ Omelettenpfanne

Schneekessel

Halbhoher Kochtopf

Dampfdruckkochtopf

Durchschlagsieb

Kochtopf mit Stiel

Dünsttopf mit Einsatz zum Dämpfen

Spitzsieb

Bratpfanne

Bratpfanne

Rehrückenform

Küchenpraxis

Obsttortenform

Gugelhupfform

Auflaufschüssel, Souffléform

Kastenform

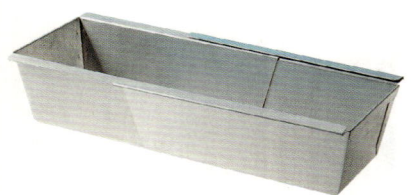

Tortenspringform

Gratinierplatte

7.2 Messer und andere Werkzeuge

Küchenmesser
Allroundmesser zum Schneiden von Gemüse, Kartoffeln, Obst, Fleisch.

Gemüse(putz)messer
Zum Putzen und Vorbereiten von Gemüse, Kartoffeln, Pilzen und Obst.

Palette
Zum Streichen von Füllungen, Cremen und als Hilfe zum Abheben und Anrichten.

Filetiermesser
Zum Filetieren, Hautabziehen und Schneiden von kleinem Kochgut.

Tortenmesser
Zum Schneiden von Torten und Schnitten

Fleischgabel
Zum Fixieren und Wenden gegarter Fleischstücke.

Fleischmesser
Zum Schneiden und Portionieren von rohem Fleisch.

Wiegemesser
Zum Hacken von Kräutern und Gewürzen.

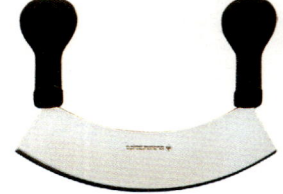

Plattiereisen
Zum Plattieren (Klopfen) von rohem Fleisch.

Tranchiermesser
zum Tranchieren und Hacken von Fleisch.

Sparschäler
Erlaubt dünnes Schälen von Gemüse, Kartoffeln und Obst.

Geflügelschere
Zum Tranchieren und Zerteilen von Geflügel.

Säge- bzw. Brotmesser
Mit Wellenschliff; zum Schneiden von Brot und Tomaten.

7 Gängige Arbeitsgeräte in der Schulküche

Bratwender

Siebschöpfer, Gitterlöffel
Zum Herausheben von Frittiertem.

Schaumlöffel, Lochschöpfer
Zum Herausheben aus Flüssigkeiten (Knödel, Nockerln etc).
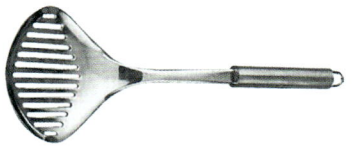

Schöpflöffel

Spätzlesieb

Vierkantreibe

Knoblauchpresse

Dressiersack

Tüllen
Glatt und gezackt zum Dressieren.

Schneebesen
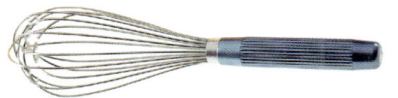

Ausstecher

Teigspachtel

Teigkarte

Teigrad

Handmixer
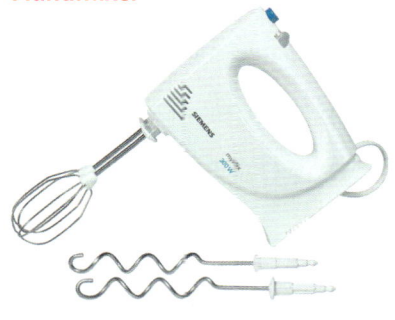

Stabmixer

Küchenuniversalmaschine
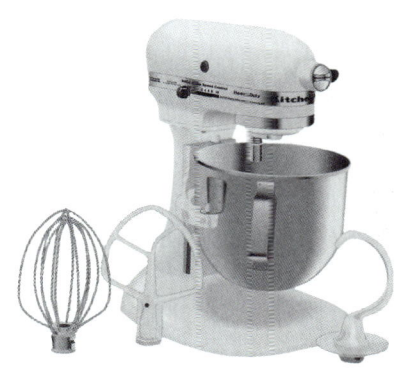

Küchenpraxis

8 Vorbereitung von Obst und Gemüse

„Jedes Ding an seinem Ort, erspart dir Zeit und böses Wort."
Bevor Speisen zubereitet werden können, müssen manche Lebensmittel zuerst einmal gereinigt, geschnitten, kurz gesagt, vorbereitet werden.

Bring Ordnung hinein!

Ordne die folgenden Bezeichnungen in die richtige Zeile ein:
Wässern / Putzen / Einweichen / Waschen / Schälen

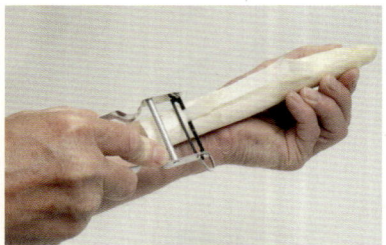

Schälen von Spargel mit dem Sparschäler

Häufig enthalten Schalen viele Vitamine und Mineralstoffe. Darum sollten z. B. Äpfel, Birnen oder Karotten nicht geschält, sondern nur gründlich gewaschen werden.

Schalen können auch mit dem Gemüsemesser entfernt werden.

 Verwende das Einweichwasser zum Garen des Lebensmittels. Somit gehen die entzogenen wasserlöslichen Nährstoffe nicht verloren!

Bezeichnung	Wie mache ich es?	Warum mache ich es?
	Mit dem Gemüsemesser faule Stellen, Kerne und Kerngehäuse, Stängelansätze, Wurzelenden etc. entfernen.	Diese Teile kannst bzw. sollst du nicht essen.
	Mit dem Sparschäler Schalen dünn entfernen. Du kannst auch das Gemüsemesser verwenden.	Schalen sind oft verschmutzt oder ungenießbar.
	Bevor du Obst und Gemüse weiterverarbeitest, musst du es unter fließendem Wasser kurz, aber gründlich waschen.	Damit gesundheitsschädliche Stoffe, wie z. B. Reste von Schädlingsbekämpfungsmitteln, aber auch Krankheitskeime und Ungeziefer entfernt werden.
	Die betroffenen Lebensmittel sollst du in einem Gefäß mit Wasser einige Zeit lang stehen lassen.	▪ Bestimmte Obst- und Gemüsesorten verfärben sich – wenn sie geschält wurden – dadurch nicht braun. ▪ Die Bitterstoffe des Endiviensalates lösen sich heraus. ▪ Das Ungeziefer aus Brokkoli und Karfiol kriecht heraus.
	Manche Lebensmittel musst du für einige Zeit in kaltes Wasser einlegen, wie z. B.: ▪ Getrocknetes Obst und Gemüse ▪ Hülsenfrüchte in die vierfache Wassermenge ▪ Blattgelatine bzw. Trockengelee zum Quellen in wenig Wasser.	Dadurch machst du die Lebensmittel weich, weil das entzogene Wasser wieder aufgenommen wird.

8.1 Schneidetechniken

Schneiden von Zwiebeln

Was?	Wie?	Wofür?
Streifen	- Zwiebel schälen. - Der Länge nach halbieren (Schnitt durch Wurzel). - 2–3 mm dünne Streifen schneiden.	- Für Salate, zu Sulzen, saurem Rindfleisch etc. - Als Suppeneinlage für Zwiebelsuppe. - Zum Ansetzen von Ragouts und Braten, z. B. für Gulasch, Zwiebelrostbraten.
Zwiebelwürfel	- Zwiebel schälen. - Der Länge nach halbieren. - Senkrecht zum Wurzelende sehr fein einschneiden, ohne dieses durchzuschneiden (das Wurzelende hält die Zwiebel zusammen). - Zwei- bis dreimal waagrecht einschneiden. - Anschließend quer zum Wurzelende senkrecht kleine Würfel schneiden.	- Roh zu Salaten, Vorspeisen und Saucen. - Zum Anrösten für diverse Gerichte.
Zwiebelringe	- Zwiebel schälen. - Quer zur Wurzel in dünne Scheiben schneiden. - Aus den Scheiben Ringe herauslösen.	- Zum Garnieren von Salaten, Vorspeisen, kalten Fischgerichten und Speckbroten. - In Bierteig gebacken als Suppeneinlage.

Schneiden von Gemüse

Was?	Wie?	Wofür?
Grobwürfelig	**Wurzelgemüse** (Karotten, Sellerie, Petersilienwurzeln, Gelbe Rüben), **Zwiebeln und Kartoffeln** in 1 cm große Würfel schneiden.	- Gedämpftes oder glaciertes Mischgemüse als Beilage. - Für Ragouts und Eintöpfe. - Als Garnituren.
Feinwürfelig	**Wurzelgemüse und Paprika:** - Der Länge nach in 3–4 mm dünne Scheiben schneiden. - Die Scheiben in feine Stäbchen und diese anschließend in Würfel schneiden.	- Für Suppen und Saucen. - Für Fleisch- und Fischgerichte. - Für Nudel- und Reisgerichte. - Zur Verfeinerung von Ragouts.
Feine Streifen (Julienne)	**Karotten, Sellerie, Lauch, Gelbe Rüben und Petersilienwurzeln:** - Der Länge nach in feine Scheiben schneiden. - Danach in 4–5 cm lange feine Streifen schneiden.	- Für Rohkost und Salate. - Als Suppeneinlage. - Für Saucen. - Zur Garnierung von Fisch- und Fleischgerichten.
Grobblättrig	**Wurzelgemüse, Pilze, Kartoffeln, Kohlgemüse, Kohlrabi:** - In 1 cm dicke Stäbe und anschließend grobblättrig schneiden. **Champignons, Karotten:** - Der Länge nach halbieren und dann grobblättrig schneiden.	- Als Gemüsebeilage. - Zum Ansetzen von Fischfonds und Saucen. - Zu Fischgerichten. - Als Garnierung.

Küchenpraxis

Feinblättrig	**Wurzelgemüse, Kartoffeln und Zwiebeln:** Der Länge nach in ca. 1 cm dicke Stäbe und dann in dünne Blätter schneiden.	■ Für Gemüsesuppen. ■ Für helle und dunkle Fleischsaucen. ■ Zur Verfeinerung von Ragouts und Wildgerichten.
Stäbchen	**Karotten, Rüben, Sellerie, Kohlrabi und Kartoffeln:** Der Länge nach in 5 mm dicke und ca. 5 cm lange Stäbchen schneiden.	■ Blanchiert für Gemüsesalate und Gemüsegerichte. ■ Als Garnitur. ■ Gedünstet als Gemüsebeilage.
Ovale Formen	**Wurzelgemüse und Kartoffeln:** ■ In 5 cm lange Spalten oder Stäbe schneiden. ■ Mit Tourniermesser formen.	■ Als Beilage zu kurz gebratenen oder pochierten Fisch- und Fleischgerichten. ■ Als Garnitur.
Runde Formen	**Karotten, Rüben, Sellerie, Kartoffeln, Kohlrabi, Gurken und Melonen:** Mit Parisienneausstecher ausstechen bzw. formen.	■ Als Beilage und Garnierung für Gerichte aus Meeresfrüchten, Fisch und kurz gebratenes Fleisch vom Lungenbraten. ■ Als Garnitur für kaltes Buffet und Cocktails.

8.2 Weitere Vorbereitungstechniken

Es darf gerätselt werden!

Verbinde die Bezeichnung mit der passenden Erklärung und dem dazugehörigen Bild durch Linien.

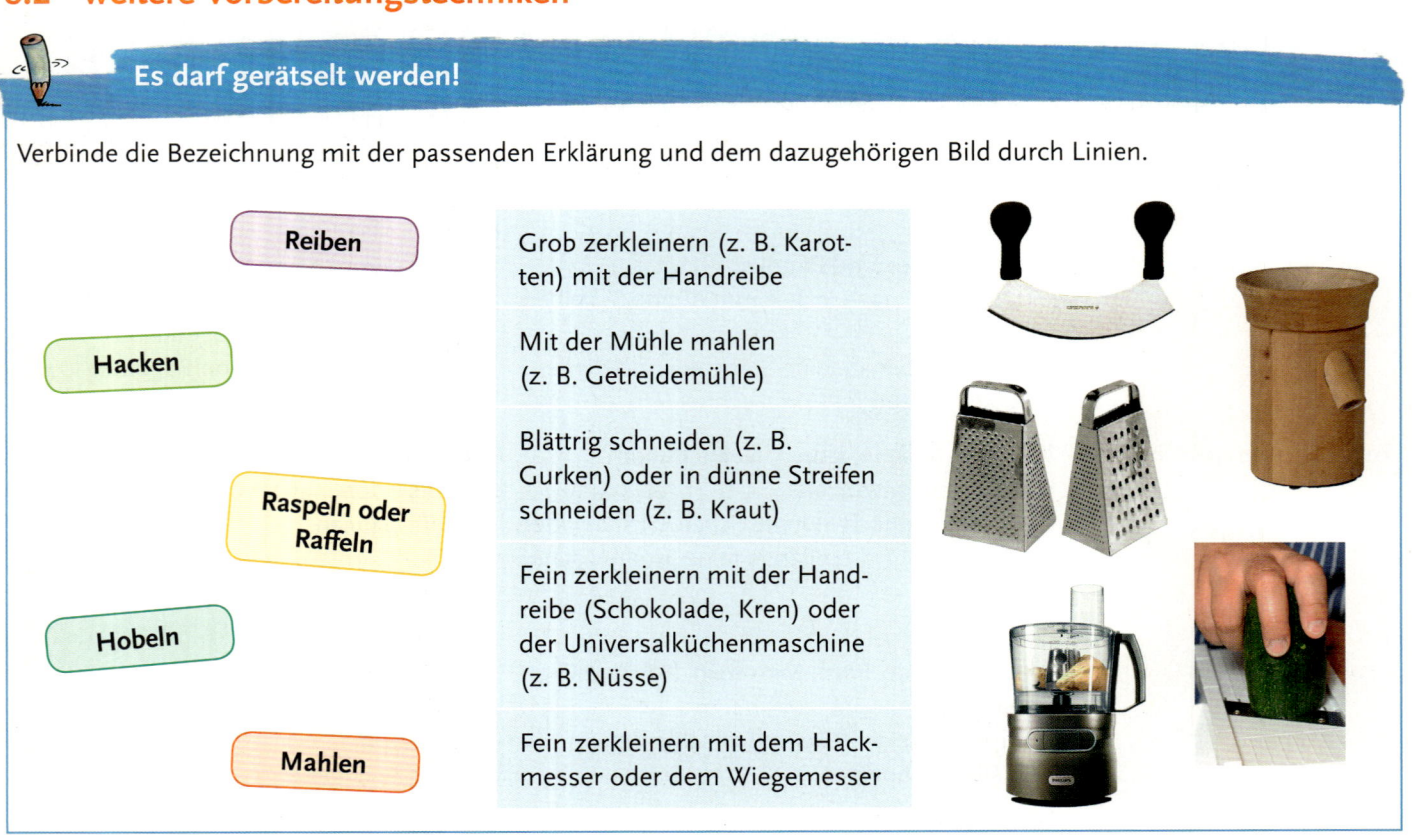

- Reiben — Grob zerkleinern (z. B. Karotten) mit der Handreibe
- Hacken — Mit der Mühle mahlen (z. B. Getreidemühle)
- Raspeln oder Raffeln — Blättrig schneiden (z. B. Gurken) oder in dünne Streifen schneiden (z. B. Kraut)
- Hobeln — Fein zerkleinern mit der Handreibe (Schokolade, Kren) oder der Universalküchenmaschine (z. B. Nüsse)
- Mahlen — Fein zerkleinern mit dem Hackmesser oder dem Wiegemesser

9 Die verschiedenen Garverfahren

Durch die verschiedenen Garverfahren	
☺ werden viele Speisen erst bekömmlich und auch leichter verdaulich. ☺ werden Krankheitskeime und Bakterien zerstört. ☺ bilden sich Duft-, Farb- und Geschmacksstoffe.	☹ gehen hitzeempfindliche Vitamine verloren. ☹ werden die wasserlöslichen Inhaltsstoffe wie Vitamine, Mineralstoffe und Eiweiß ausgelaugt. ☹ kann sich auch der Energiegehalt der Speisen erhöhen, wenn z. B. in Fett gebacken wird.

Garmethoden	Eignet sich für	Wissenswertes
Kochen Garen in viel sprudelnder Flüssigkeit	Teigwaren, Getreide, Hülsenfrüchte, Suppen, Eintöpfe	Wenn die Möglichkeit besteht, sollte die Garflüssigkeit weiterverwendet werden, da sich darin die ausgelaugten Inhaltsstoffe befinden.
Sieden Sanftes Köcheln in leicht wallendem Wasser (es darf nicht sprudeln)	Rindfleisch, Fisch, klare Suppen, Knödel, Nockerln	Diese Methode wird bei Lebensmitteln mit lockerer Struktur verwendet.
Dämpfen Garen im Wasserdampf	zartes Fleisch und Geflügel, Fische, Meeresfrüchte, Gemüse, Kartoffeln, Germknödel	Die Lebensmittel kommen mit dem Wasser nicht in Berührung, da sie auf einem Siebeinsatz liegen. Dadurch bleiben Vitamine, Mineralstoffe usw. besser erhalten.
Dämpfen im Dampfdruckkochtopf Schnellgaren unter Druck	Kartoffeln, Sellerieknollen, Hülsenfrüchte, Eintöpfe, Fleisch	Wird hauptsächlich für Lebensmittel verwendet, die eine lange Garzeit haben. Die Garzeit verkürzt sich im Dampfdruckkochtopf auf ein Drittel.
Dünsten Garen in wenig Wasser, in wenig Fett oder im eigenen Saft	zerkleinertes Tiefkühlgemüse, Gemüse, Pilze, zartes Fleisch, Fisch	Die Garflüssigkeit kann als Sauce verwendet werden.
Schmoren Kombination aus Braten und Dünsten	gefülltes Gemüse, gefüllte Fleischspeisen, größere Fleischstücke	Gargut wird in heißem Fett braun angebraten, mit wenig Flüssigkeit aufgegossen und in diesem Sud langsam zugedeckt im Rohr oder auf dem Herd fertig gegart.
Braten in der Pfanne Kurzes Anbraten in sehr heißem Fett	Fisch, flache Fleischstücke, Gemüse (Zwiebel, Fenchel, Paprika), Gemüselaibchen, Eierspeisen, Käsekrainer	Aufpassen, dass das Gargut nicht anbrennt! Hitzebeständige Fette verwenden (z. B. Rapsöl).

Küchenpraxis

Grillen Garen auf dem Rost durch trockene Strahlungshitze (z. B. Holzkohlenglut, heiße Luft) oder auf einer Grillplatte (elektrisch betrieben)	Gemüse, Fisch, Krustentiere, verschiedene Würste, flache Fleischstücke	Dunkles Fleisch wird schneller braun als helles. Fisch oder helles Fleisch ist an der Oberfläche nur hellbraun und trotzdem schon gar. Im Freien nicht über der offenen Flamme grillen und aufpassen, dass kein Fett auf die Glut tropft.	
Backen in heißem Fett/ Frittieren In viel heißem Fett schwimmend ausbacken	Kartoffeln, paniertes Gemüse, Pilze, kleine Fleisch- und Fischstücke, Obst im Backteig, Krapfen und Brandteiggebäck ...	Hoch erhitzbares Öl verwenden und dieses max. vier- bis fünfmal verwenden. Das Gargut nach dem Frittieren auf Küchenpapier legen, damit das Fett abtropfen kann.	
Backen im Rohr Garen in trockener, heißer Luft	Gemüse, Kartoffeln, Aufläufe, Fleisch-, Wild- und Geflügelbraten, Brot und Gebäck, Kuchen und Torten	Formen oder Bleche müssen befettet oder mit Backpapier ausgekleidet werden, damit das Gargut nicht anklebt. Mit der Druckprobe oder der Nadelprobe wird überprüft, ob das Gargut bereits fertig gebacken ist.	

10 Küchenfachausdrücke

... die Zwiebel kleinwürfelig schneiden und anschließend in heißem Öl anschwitzen. Anschwitzen? Klingt ausgesprochen unappetitlich! Was ist damit gemeint?

Wenn du schon einmal in einem Kochbuch geblättert hast, ist dir sicher schon die eine oder andere Bezeichnung untergekommen, die du nicht verstanden hast. Zum besseren Verständnis findest du hier verschiedene Küchenfachausdrücke und ihre Erklärungen.

10 Küchenfachausdrücke / 11 Zu Tisch

Es darf gerätselt werden!

Verbinde die Fachausdrücke mit den richtigen Erklärungen und schreibe den jeweiligen Buchstaben in die Zeile am Ende der Tabelle.

Fachausdruck		Erklärung
Abbröseln	B	Gekochtes durch Einlegen in kaltes Wasser rasch abkühlen
Abschlagen	N	Kochgut in etwas Öl oder Fett erhitzen, ohne dass es jedoch Farbe annimmt
Abschrecken	M	Kochgut kurzzeitig in kochendes Wasser geben
Abtrieb	U	Butter und Mehl zwischen den Fingern verreiben, bis sich beides zu kleinen Bröseln verbunden hat
Anschwitzen	G	Backwaren mit (vorwiegend) Marillenmarmelade bestreichen
Aprikotieren	E	Teig in einer Schüssel mit dem Kochlöffel intensiv bearbeiten
Blanchieren	U	Butter mit Zucker, Dottern oder ganzen Eiern verrühren
Dressieren	H	Flüssigkeit zum Aufgießen, z. B. Bratensaft oder Gemüsesuppe
Filetieren	A	Cremen oder Massen mithilfe eines Dressiersackes und Spritztülle in bestimmten Formen aufspritzen
Fond	T	Verzieren von Speisen, Gebäck, Torten, belegten Brötchen ...
Garnieren	C	Auslösen von Fischfleisch (Entgräten)
Glasieren	M	Tunkmasse zum Überziehen von Backwerk
Gratinieren	E	Das Kochgut wird durch Zugabe von Eidotter gebunden
Karamellisieren	E	Überbacken (z. B. mit Käse)
Kuvertüre	I	Salate oder Fleisch mit Marinade übergießen und ziehen lassen
Legieren	D	Überziehen von Torten, Gebäck usw. mit einer Glasur
Marinieren	T	Luftige, besonders feine Masse
Melieren	N	Zucker wird geschmolzen, bis er eine hellbraune Farbe erhält
Mousse	!	In Faserrichtung wird das Fleisch mit Speckstreifen durchzogen
Parfait	R	Leichter Auflauf
Soufflé	S	Vorsichtiges Unterziehen (Verrühren), z. B. von Mehl oder Eischnee, unter die Kuchenmasse
Spicken	E	Gefrorene Creme aus Eiern, Zucker, geschlagenem Obers und Geschmackszutaten

Lösungszitat:

11 Zu Tisch

Vor Kurzem war ich mit meiner Familie in einem Restaurant essen. Am Nachbartisch saß ein Mann, der so geschmatzt hat, dass man es im ganzen Lokal hören konnte. Nebenbei hat er lautstark telefoniert und immer mit vollem Mund gesprochen. Ein echt peinlicher Auftritt!

11.1 Der gedeckte Tisch

Einfaches Grundgedeck

Das einfache Grundgedeck besteht aus Fleischmesser und Fleischgabel sowie einer Serviette.

Nur ein sauberer Tisch wirkt einladend!

Küchenpraxis

Mit einem Suppenlöffel erweitertes einfaches Grundgedeck

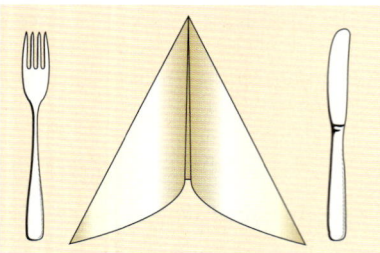
Einfaches Grundgedeck

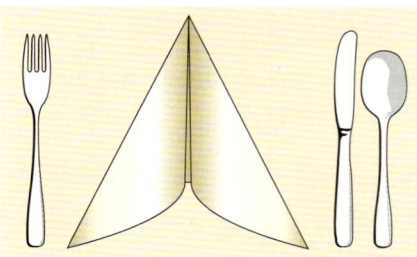
Mit einem Suppenlöffel erweitertes Grundgedeck

> ❗ Das Besteck wird immer von innen nach außen gedeckt.

Menügedeck 1

Suppenlöffel (Bouillonlöffel) für die Suppe in einer Tasse
Fleischmesser und Fleischgabel für die Hauptspeise
Dessertlöffel und Dessertgabel für eine Süßspeise (falls es in deiner Schule kein Dessertbesteck gibt, kannst du auch einen kleinen Löffel und eine Kuchengabel verwenden)
Universalglas

Menügedeck 2

Dessertmesser und Dessertgabel für kalte Vorspeise
Fischmesser und Fischgabel
Dessertlöffel und Dessertgabel für eine Süßspeise
Universalglas

> **Wie verwendet man Besteck?**
> Bei einem mehrgängigen Menü gilt die Faustregel: Die Besteckteile, die außen liegen, werden zuerst benutzt. Ist ein Gang gegessen, wird der Teller mitsamt dem benutzten Besteck abserviert. Was nun außen liegt, wird als Nächstes verwendet. Eigentlich ganz einfach, oder?

11.2 Kleine Servierkunde

Arbeitsregeln beim Servieren

- Grundsätzlich gilt: Die linke Hand trägt, die rechte Hand arbeitet.
- Teller werden immer von rechts eingestellt. Links stehende Teller, wie z. B. Salatteller, werden von links eingestellt.
- Abserviert werden die Teller von rechts, die links stehenden Teller von links.
- Getränke werden grundsätzlich von rechts eingeschenkt.
- Das Aufdecken, Servieren und Abservieren am Tisch der Gäste sollte, wenn möglich, immer im Uhrzeigersinn geschehen.
- Das Vorlegen, Präsentieren und Einreichen von Speisen auf einer Platte geschieht immer von links.

11.3 Benehmen bei Tisch

Ob bei einem Essen im Freundeskreis oder bei einem Restaurantbesuch – gutes Benehmen macht nicht nur Eindruck, sondern zeugt auch von Respekt gegenüber seinen Mitmenschen.

Tipps, wie gutes Benehmen am Tisch zum Kinderspiel wird

Male jene Tipps, die für dich klar und selbstverständlich sind, gelb und jene, auf die du noch verstärkt achten musst, grün an.

- Ich sitze aufrecht bei Tisch und lümmle nicht herum. Meine Ellbogen liegen nicht auf dem Tisch und schon gar nicht stütze ich meinen Kopf darauf ab.
- Die Serviette lege ich auf meinen Schoß. Auf gar keinen Fall stopfe ich sie in den Kragen oder Ausschnitt.
- Wenn ich während des Essens eine Pause mache, lege ich die Besteckteile überkreuzt auf den Teller. Das heißt, dass ich noch weiter essen werde oder gerne einen Nachschlag hätte.
- Von einem Buffet nehme ich mir lieber nach. Mein Teller ist nie überladen, der Rand sollte immer noch zu sehen sein!
- Ich kaue mit geschlossenem Mund.
- Das Messer ist nicht mein sechster Finger und wird somit nicht als Mittel missbraucht, um auf etwas bzw. jemanden zu zeigen.
- Wenn ich etwas trinke, schlürfe ich natürlich nicht.
- Das Essen wird bei mir zum Mund geführt und nicht der Mund zum Essen.
- Ich nehme immer kleine Bissen zu mir.
- Ich erscheine immer pünktlich und gepflegt bei Tisch.
- Ich wünsche meinen Tischnachbarn einen guten Appetit und wir beginnen gemeinsam zu essen.
- Nach dem Essen stehe ich nicht einfach vom Tisch auf, sondern warte, bis alle die Mahlzeit beendet haben.
- Ich nehme mir nie das letzte Stück. Vorher frage ich die anderen, ob sie auch noch etwas möchten.
- Wenn ich mit dem Essen fertig bin, lege ich das Besteck parallel auf den Teller, wobei die Griffe schräg nach rechts unten zeigen.
- Ich spreche nicht mit vollem Mund.
- Bevor ich trinke, benütze ich die Serviette.

Messer und Gabel nebeneinander auf dem Teller legend bedeuten, dass man das Essen beendet hat.

Bevor man trinkt, tupft man sich mit einer Serviette den Mund ab.

Küchenpraxis

12 Das Buffet

Ein Buffet ist eine tolle Sache. Da kann man sich sein Essen so zusammenstellen, wie man es sich wünscht. Oft probiere ich dann Dinge, die ich mir sonst nicht bestellen würde.

Speisenvorschläge für ein kaltes Buffet:
- Belegte Brote, Fleisch-, Wurst- und Käseplatten
- Geräucherter Fisch und Heringssalat
- Gefüllte Eier, gefüllte Champignons
- Diverse Aufstriche und Salate
- Käsegebäck, Vollkorngebäck, frisches Baguette
- Oliven, Perlzwiebeln, Gewürzgurken
- Obst
- Cremespeisen, Kompotte, Tiramisu, Torten

Ein Buffet kann sich aus warmen und kalten Speisen zusammensetzen. Es eignet sich gut für größere Einladungen und Veranstaltungen. Die Gäste bedienen sich bei einem Buffet selbst.

Vorteile eines Buffets	Nachteile eines Buffets
■ Die Vorbereitungen können in Ruhe getroffen werden. ■ Die Gastgeber können sich ihren Gästen besser widmen, da das Servieren wegfällt. ■ Jeder Gast kann sich das nehmen, was ihm schmeckt. ■ Essen die Gäste im Stehen, können mehr Gäste eingeladen werden, da sie nicht so viel Platz benötigen wie an einem Esstisch.	■ Durch die größere Auswahl an Speisen wird die Arbeit bei der Vorbereitung mehr. ■ Es kommt meist auch teurer als eine herkömmliche Speisenfolge.

Buffets können auch unter ein Motto gestellt werden, wie z. B. rustikal, vegetarisch, italienisch, spanisch, österreichisch ...

Aufbau eines Buffets

Ein Buffet soll grundsätzlich gut zugänglich sein. Dafür werden ein großer Tisch oder mehrere kleine Tische an die Wand gerückt und mit weißen Tischtüchern gedeckt. Ist viel Platz vorhanden, können die Tische auch in die Mitte des Raumes gestellt werden, sodass man um das Buffet herumgehen kann.

Besonders wirkungsvoll ist es, wenn man im Hintergrund einige Schachteln aufbaut, die mit Tischtüchern verkleidet werden. So können manche Platten höher platziert werden und sind somit besser sichtbar.

Die süße Seite eines Buffets

Dip = aus dem Englischen, to dip = eintauchen; würzige, kalte Saucen zum Eintunken von kleinen Häppchen.

Gewöhnlich stehen die Teller auf der rechten Seite. Links davon folgen kleine Häppchen, Dips und Salate, anschließend Fisch und Fleisch. Am Schluss werden Desserts, Gebäck, Käse, Brotsorten und Butter platziert. Ganz am Ende liegen Besteck und Servietten. Süße und pikante Speisen sollen, wenn möglich, optisch getrennt werden, z. B. durch ein Blumengesteck. Für die Getränke sollte es einen gesonderten Platz geben.

Wie konzentriert habe ich gearbeitet?

Kreuze die richtige Antwort bzw. die richtigen Antworten an!

1. Was ist bei der Vorbereitung von Obst und Gemüse unter dem Begriff „Wässern" gemeint?

a) Lebensmittel unter fließendem Wasser waschen
b) Mit dem Gemüsemesser faule Stellen entfernen
c) Lebensmittel im Wasser einige Zeit stehen lassen
d) Lebensmittel für einige Zeit in kaltes Wasser einlegen

2. Was ist unter Raspeln (Raffeln) zu verstehen?

a) Fein zerkleinern mit Hack- oder Wiegemesser
b) Fein zerkleinern mit der Handreibe oder der Universalküchenmaschine
c) Grob zerkleinern (z. B. Karotten) mit der Handreibe
d) Blättrig schneiden (z. B. Gurken)

3. Was verstehst du unter Sieden?

a) Garen im Wasserdampf
b) Garen in sprudelndem Wasser
c) Köcheln in leicht wallendem Wasser
d) Garen in wenig Wasser, Fett oder eigenem Saft

4. Was wird unter Frittieren verstanden?

a) Garen in trockener, heißer Luft
b) Garen in heißem Fett und Wasser
c) In viel heißem Fett schwimmend ausbacken
d) Kurzes Anbraten in sehr heißem Fett

5. Was verstehst du unter Dämpfen?

a) Garen im Wasserdampf
b) Garen in viel sprudelnder Flüssigkeit
c) Garen in leicht wallendem Wasser
d) Garen in wenig Wasser, Fett oder eigenem Saft

6. Was gehört nicht zum einfachen Grundgedeck?

a) Universalglas
b) Fleischmesser, Fleischgabel
c) Suppenlöffel
d) Serviette

7. Wie lauten die grundsätzlichen Arbeitsregeln beim Servieren?

a) Die rechte Hand trägt, die linke Hand arbeitet.
b) Getränke werden von rechts eingeschenkt.
c) Die linke Hand trägt, die rechte Hand arbeitet.
d) Abserviert werden die Teller von rechts, links stehende Teller wie Salatteller von links.

8. Welche Benimmregeln gelten bei Tisch?

a) Bevor ich trinke, benütze ich die Serviette.
b) Ich kaue mit geschlossenem Mund.
c) Wenn ich fertig bin, verlasse ich den Tisch.
d) Ich sitze gerade am Tisch.

9. Messer und Gabel – überkreuzt auf dem Teller liegend – bedeuten,

a) dass man das Essen beendet hat.
b) dass man noch weiter essen wird.
c) dass das Essen nicht schmeckt.
d) dass man gerne einen Nachschlag hätte.

10. Nenne die Vorteile eines Buffets!

a) Die Vorbereitungszeit ist länger.
b) Jeder kann sich nehmen, was ihm schmeckt.
c) Es kommt teurer als eine herkömmliche Speisenfolge.
d) Die Gastgeber haben mehr Zeit für ihre Gäste, da das Servieren entfällt.

Von 17 Punkten _____ Punkte erreicht = _____ %.

Rezepte

„Die Übung macht den Meister!" Ein alter Spruch, der auch beim Kochen voll zutrifft.

Wenn man noch keine Übung im Kochen hat, sollte man sich exakt an die Anleitungen halten. Im folgenden Kapitel findest du daher neben der Rezeptur auch genaue Arbeitsschritte und eine Aufstellung aller Küchenwerkzeuge, die du zum Kochen benötigst. Einem Erfolg steht also nichts mehr im Wege. Viel Spaß beim Kochen!

Meine Ziele

In diesem Kapitel finde ich
- Grundrezepte,
- Aufstriche und Vorspeisen,
- Suppen,
- Salate, Beilagen und Saucen,
- Hauptspeisen,
- Desserts und Mehlspeisen.

1 Grundrezepte

Frittatenteig (für 5–6 Personen) — Rezept Nr. 1

Zutaten	Arbeitsschritte	Arbeitsgeräte
120 g Mehl 1 Prise Salz ¼ l Milch 1–2 Eier	■ Mehl in eine Schüssel geben, salzen und mit der Milch und mit dem Ei glatt rühren. ■ Teig ca. 20 Minuten stehen lassen.	Waage Abwiegeteller Messbecher Rührschüssel Biomüll-Teller Kochlöffel

Biskuitteig (einfache Basismenge) — Rezept Nr. 2

Zutaten	Arbeitsschritte	Arbeitsgeräte
1 Ei 1 Prise Salz 40 g Zucker 30 g Mehl	■ Ei in Dotter und Eiklar trennen (je in eine Schüssel geben). ■ Mit dem Mixer das Eiklar mit Salz und evtl. einem Teil des Zuckers in einer Schüssel zu Schnee schlagen. ■ Dotter und (restlichen) Zucker in der zweiten Schüssel mixen. ■ Mehl und Schnee in das Dotter-Zucker-Gemisch vorsichtig mit dem Schneebesen unterheben.	2 Rührschüsseln Waage 2 Abwiegeteller Mixer Schneebesen

Mürbteig — Rezept Nr. 3

Zutaten	Arbeitsschritte	Arbeitsgeräte
300 g Mehl 200 g Butter 100 g Staubzucker 1 Ei 2 EL Milch	■ Mehl auf die saubere Arbeitsfläche oder auf ein Nudelbrett geben, Butter in sehr dünnen Scheiben darauflegen und diese mit dem Messer in das Mehl grob einarbeiten. ■ Anschließend mit den Händen abbröseln. ■ Restliche Zutaten dazugeben und rasch zu einem Teig kneten. ■ Teig ca. 30 Minuten kühl rasten lassen.	Waage 3 Abwiegeteller Esslöffel evtl. Nudelbrett Küchenmesser

Wie wird ein Ei geteilt?
Schlage das Ei vorsichtig am Rand einer Tasse auf und lasse das Eiklar in die Tasse gleiten. Gib den Eidotter in eine Rührschüssel und leere das Eiklar von der Tasse in die zweite Rührschüssel.

Zum Eiklar darf kein Eidotter kommen. Durch das im Eidotter enthaltene Fett lässt sich nämlich kein Schnee schlagen. Deswegen muss jedes Ei separat über der Tasse geteilt werden. Das ist vor allem wichtig, wenn mehrere Eier getrennt werden.

Schlage zuerst den Schnee – so können dieselben Mixerstäbe ohne Zwischenreinigung verwendet werden.

EL = Esslöffel.

Arbeite mit kalten Händen, damit die Butter nicht weich wird – ansonsten wird der Teig brüchig.

Rezepte

Topfenblätterteig — Rezept Nr. 4

Zutaten	Arbeitsschritte	Arbeitsgeräte
250 g Mehl 250 g Butter	■ Mehl auf die saubere Arbeitsfläche oder auf ein Nudelbrett geben. Butter in dünnen Scheiben darauflegen, mit dem Messer in das Mehl grob einarbeiten und anschließend mit den Händen abbröseln.	Waage 2 Abwiegeteller evtl. Nudelbrett Küchenmesser
1 Pkg. Topfen (250 g) 1 Prise Salz Etwas Mehl	■ Topfen und Salz dazugeben und rasch zu einem Teig kneten. Teig ca. 15 Minuten kühl rasten lassen. ■ Anschließend Teig fingerdick auswalken, auf Butterstückgröße zusammenschlagen und wieder kurze Zeit rasten lassen. Den letzten Vorgang 2–3-mal wiederholen.	Nudelwalker

> Beim Germteig muss alles handwarm verarbeitet werden, da die Hefepilze nicht arbeiten, wenn die Temperatur zu niedrig ist, bzw. absterben, wenn die Temperatur zu hoch ist.

! Zum „Gehenlassen" muss die Rührschüssel unbedingt an einen warmen Ort gestellt werden. Wird die Schüssel in warmes Wasser gestellt, darf das Tuch nicht in das Wasser hängen.

Einfacher Germteig (für ca. 10 Personen) — Rezept Nr. 5

Zutaten	Arbeitsschritte	Arbeitsgeräte
500 g Mehl 1 Pkg. Trockengerm ca. 3/8 l lauwarmes Wasser 1 TL Salz	■ Mehl in die Schüssel geben, mit den anderen Zutaten mischen und mit dem Kochlöffel den Teig fest abschlagen oder den Teig mit der Küchenmaschine kneten lassen. ■ Den Teig in der Schüssel mit einem Tuch abdecken und an einem warmen Ort „gehen" lassen. ■ Anschließend den Teig wieder durchkneten und nochmals warm rasten lassen. ■ Diesen Vorgang noch einmal wiederholen.	Waage Abwiegeteller Messbecher Teelöffel Rührschüssel Kochlöffel bzw. Nudelbrett oder Küchenmaschine Tuch zum Abdecken

Die Konsistenz des Strudelteigs ist richtig, wenn man kurz auf den Teig drückt und die Druckstelle sich langsam wieder verflüchtigt. Man nennt diesen Vorgang auch Druckprobe.

Strudelteig — Rezept Nr. 6

Zutaten	Arbeitsschritte	Arbeitsgeräte
250 g Mehl 1/2 TL Salz 3 EL Öl ca. 3/16 l lauwarmes Wasser Öl zum Bestreichen des Teiges	■ Mehl auf die saubere Arbeitsfläche oder ein Nudelbrett geben, salzen und Öl sowie Wasser mit der Teigkarte in das Mehl einarbeiten und zu einem nicht allzu festen, seidig glänzenden Teig kneten. ■ Anschließend den Teig mit Öl bepinseln und zugedeckt 30 Minuten rasten lassen.	Waage Abwiegeteller Teelöffel Esslöffel Messbecher evtl. Nudelbrett Teigkarte Fettpinsel Rührschüssel zum Rasten Tuch zum Abdecken

2 Aufstriche und Vorspeisen

Brandteig — Rezept Nr. 7

Zutaten	Arbeitsschritte	Arbeitsgeräte
1/4 l Wasser 100 g Butter 1 Prise Salz 120 g Mehl	■ Wasser mit Butter und Salz aufkochen. ■ Anschließend das Mehl mit einem Kochlöffel einarbeiten und so lange rühren, bis sich der Teig vom Gefäßrand löst und sich am Gefäßboden ein weißer Belag bildet (Abbrennen).	Messbecher Waage 2 Abwiegeteller kleiner Topf Kochlöffel
4–5 Eier	■ Eier in die Tasse aufschlagen und mit der Gabel versprudeln. ■ Die Eier schrittweise (ca. in vier Schritten) in die überkühlte Masse einarbeiten, wobei der Teig jedes Mal mit dem Mixer glatt gerührt werden muss. ■ Am besten den Teig vor der Weiterverwendung ca. 30 Minuten rasten lassen.	Tasse Gabel Biomüll-Teller Mixer

Feiner im Geschmack wird der Brandteig, wenn man die Hälfte des Wassers durch Milch ersetzt.

❗ Das Arbeiten mit dem Mixer verhindert die Bildung von Klumpen.

2 Aufstriche und Vorspeisen

Pikante Topfen-Dips — Rezept Nr. 8

Zutaten	Arbeitsschritte	Arbeitsgeräte
Topfenbasis: 3 Pkg. (à 250 g) Topfen 3 Becher Crème fraîche (à 125 g) Kräutersalz, Pfeffer, Senf 1/2 Becher (125 g) Joghurt	■ Topfen, Crème fraîche und Gewürze mit dem Mixer verrühren. ■ Mit Joghurt abmischen und die Menge in drei Schüsseln aufteilen.	große Rührschüssel Mixer 3 kleine Schüsseln 3 Esslöffeln
Kräuter-Dip: 1 Bund Dill 1 Bund Petersilie 1 Bund Schnittlauch 1 Knoblauchzehe	■ Dill und Petersilie abzupfen und fein hacken. ■ Schnittlauch fein schneiden. ■ Knoblauch schälen und klein schneiden oder pressen. ■ Die ganzen Zutaten unter eine Topfenbasis mischen.	Schneidebrett Wiegemesser Küchenmesser Gemüsemesser Biomüll-Teller evtl. Knoblauchpresse

Schneide frisches Gemüse (z. B. verschiedene Paprikasorten oder Karotten) in Streifen und reiche sie zu den Dips.

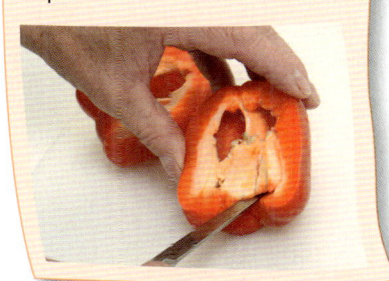

Selbstverständlich schmecken frische Kräuter am besten. Ist jedoch Zeit Mangelware, so kann man auch auf Tiefkühlkräuter oder getrocknete Kräuter zurückgreifen.

Rezepte

Zutaten	Arbeitsschritte	Arbeitsgeräte
Basilikum-Apfel-Dip: 1/2 Bund frisches oder 1 EL getrocknetes Basilikum 1 Apfel 1 Prise Ingwerpulver	■ Falls frisches Basilikum: dieses waschen und fein hacken. ■ Apfel waschen, vierteln, Gehäuse entfernen und fein raspeln. ■ Zutaten mit Ingwerpulver unter eine Topfenbasis mischen.	Schneidebrett evtl. Wiegemesser Gemüsemesser Vierkantreibe
Kapern-Dip: 1 EL Kapern 1 TL gemahlene rote Pfefferkörner 1 EL Kresse	■ Kapern fein hacken. ■ Kresse waschen und fein hacken. ■ Die ganzen Zutaten unter eine Topfenbasis mischen.	Esslöffel Teelöffel Schneidbrett Wiegemesser

Erdäpfelkäse — Rezept Nr. 9

Zutaten	Arbeitsschritte	Arbeitsgeräte
3–4 mittelgroße oder vorwiegend festkochende Kartoffeln	■ Kartoffeln waschen, in den Kochtopf geben, mit Wasser gerade bedecken, Deckel auf den Topf geben und die Kartoffeln kochen, bis sie weich sind. **Stichprobe!** ■ Kartoffeln mit der Gabel aufspießen, mit dem Messer schälen und mit der Gabel in der Schüssel zerdrücken.	Topf Gabel Gemüsemesser Biomüll-Teller Rührschüssel
1 kleine Zwiebel	■ Zwiebel schälen, fein hacken und zu den überkühlten Kartoffeln geben.	Schneidebrett Küchenmesser
1 Becher Sauerrahm (250 g)	■ Sauerraum zu dem Kartoffeln-Zwiebel-Gemisch leeren.	
Salz, Pfeffer 1 Prise Muskatnuss 1 EL grob gehackte Petersilie	■ Die ganze Masse würzen, mischen, **abschmecken**, in die Schüssel füllen und mit Petersilie bestreuen.	2 Esslöffel kleine Porzellanschüssel

Stichprobe = Gar sind die Kartoffeln, wenn man die Gabel leicht herausziehen kann!

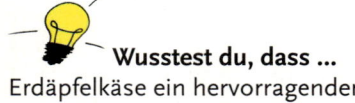 **Wusstest du, dass ...** Erdäpfelkäse ein hervorragender Brotaufstrich ist?

Abschmecken = probieren und falls notwendig nachwürzen.

Sardinenaufstrich — Rezept Nr. 10

Zutaten	Arbeitsschritte	Arbeitsgeräte
1 Ei	■ 10 Minuten kochen, abschrecken, schälen und klein hacken.	kleiner Topf Biomüll-Teller Schneidebrett Küchenmesser
1 Dose Sardinen 60 g Butter	■ Dose vorsichtig öffnen, die Sardinen auf dem Brett fein hacken und in die Schüssel geben. ■ Die Butter zu den Sardinen geben und mit dem Mixer flaumig schlagen.	Dosenöffner Schneidebrett Küchenmesser Rührschüssel Waage Abwiegeteller Mixer

2 Aufstriche und Vorspeisen

Zutaten	Arbeitsschritte	Arbeitsgeräte
1 kleine Zwiebel 1 Essiggurkerl 1 EL Petersilie 250 g Magertopfen Salz, Pfeffer 1/2 TL Senf	■ Geschälte Zwiebel und Essiggurkerl sehr klein schneiden. ■ Petersilie fein hacken. ■ Mit dem Topfen, dem gehackten Ei und den Gewürzen unter das Sardinen-Butter-Gemisch rühren und abschmecken.	2 Schneidebretter Küchenmesser Esslöffel Wiegemesser Teelöffel Kochlöffel

Gefüllte Eier (für 5–10 Personen)   Rezept Nr. 11

Zutaten	Arbeitsschritte	Arbeitsgeräte
5 Eier	■ 10 Minuten kochen, abschrecken, schälen und erkaltet der Länge nach halbieren. ■ Dotter vorsichtig mit einem kleinen Löffel herausheben, in die Schüssel geben und mit der Gabel zerdrücken.	Topf Biomüll-Teller Schneidebrett Küchenmesser Teelöffel kleine Schüssel Gabel
50 g Butter 1/2 Pkg. Topfen (125 g) Senf, Salz, Pfeffer, 1 EL Mayonnaise	■ Butter mit dem Mixer in der Rührschüssel cremig rühren. ■ Dotter, Topfen und Gewürze dazugeben, noch einmal mixen und abschmecken. ■ Dottermasse mit der Teigkarte in einen Dressiersack füllen und in die ausgehöhlten Eihälften spritzen.	Waage Abwiegeteller kleine Rührschüssel Mixer Esslöffel Teigkarte Dressiersack mit Sterntülle
Große gewaschene Salatblätter Petersiliengrün	■ Je ein Salatblatt auf einen Teller legen, je nach gewünschter Portionsgröße ein oder zwei gefüllte Eihälften daraufsetzen und mit Petersilie garnieren. ■ Mit Gebäck servieren!	Dessertteller

Abschrecken = mit kaltem Wasser abspülen.

Wie werden Eier hart gekocht?
Eier werden in das kalte Wasser eingelegt. Wenn das Wasser kocht, lässt man sie weitere 10 Minuten köcheln.

Mozzarella mit Tomaten und Basilikum   Rezept Nr. 12

Zutaten	Arbeitsschritte	Arbeitsgeräte
6 Tomaten	■ Tomaten waschen, halbieren, Stängelansätze mit einem kleinen V-Schnitt entfernen und in 1/2 cm dicke Scheiben schneiden.	Biomüll-Teller Schneidebrett Küchenmesser
3 Packungen Mozzarella	■ Mozzarella-Packung aufschneiden, Flüssigkeit ableeren und Mozzarella in dünne Scheiben schneiden. ■ Jeweils ca. 3 Scheiben Mozzarella und Tomaten auf einen Teller legen.	Schere Arbeitsbrett Küchenmesser Fleisch- oder Dessertteller
Oregano, Salz, Pfeffer, Olivenöl, Balsamicoessig, frische Basilikumblätter	■ Mit Oregano, Salz und Pfeffer würzen, mit Olivenöl und Balsamicoessig beträufeln und mit frischen Basilikumblättern garnieren.	

Rezepte

Schneidebretter sollten aus hygienischen Gründen immer für ähnliche Lebensmittel verwendet werden, wie z. B. ein Schneidbrett für Fleisch, ein Schneidbrett für Gemüse.

! Damit das Kochgut nicht so leicht anbrennt, verwende beschichtete Pfannen. Benutze beim Wenden des Kochguts Bratwender aus Kunststoff, damit die Pfanne nicht zerkratzt wird.

Pilz-Crostini — Rezept Nr. 13

Zutaten	Arbeitsschritte	Arbeitsgeräte
300 g Champignons 1 Bund Petersilie	■ Champignons säubern, Stiele etwas abschneiden und grob hacken. ■ Petersilie waschen, Stängel entfernen und Blätter mit dem Küchenmesser grob hacken. Hebe einen Teelöffel gehackte Petersilie und ein paar Blätter zum Garnieren für später auf.	Waage Abwiegeteller 3 Schneidebretter Gemüsemesser Küchenmesser Teelöffel Knoblauchpresse Biomüll-Teller
1 kleine Zwiebel 1 Knoblauchzehe	■ Zwiebel schälen und fein schneiden. ■ Knoblauch schälen und pressen.	
3 EL Olivenöl 35 g Butter	■ Olivenöl und Butter in der Pfanne heiß werden lassen. Champignons, Petersilie, Zwiebel und Knoblauch so lange darin bei mittlerer Hitze goldbraun anschwitzen lassen, bis die Flüssigkeit der Pilze verdampft ist. Immer wieder umrühren!	Esslöffel Waage Abwiegeteller Pfanne Kochlöffel
Salz, Pfeffer	■ Salzen und pfeffern.	
1/8 l Wasser 1/4 Suppenwürfel	■ Suppenwürfel mit Wasser aufkochen und in die Pilze einrühren. Das Ganze kurz noch einmal erhitzen. ■ Die restliche Petersilie hinzufügen, durchrühren und etwas auskühlen lassen.	Messbecher kleiner Topf
65 g Butter 12 Scheiben Weißbrot mit Kruste	■ Butter in der Pfanne erhitzen und die Brotscheiben beidseitig darin goldbraun rösten. ■ Brotscheiben mit der lauwarmen Pilzmasse bestreichen.	Waage Abwiegeteller Pfanne 2 Bratwender Messer
Petersiliengrün	■ Auf Desserttellern anrichten und mit Petersiliengrün garnieren.	Dessertteller

Putenbruststreifen auf Blattsalat — Rezept Nr. 14

Zutaten	Arbeitsschritte	Arbeitsgeräte
1/2 Eisbergsalat 1/2 Häuptelsalat 1–2 Paprika	■ Salatblätter vom Strunk lösen, waschen, verdorbene Stellen entfernen, in mundgerechte Stücke reißen und in die Schüssel geben. ■ Paprika waschen, halbieren, Gehäuse entfernen, in Streifen schneiden und zum Salat geben.	große Schüssel Schneidebrett Gemüsemesser Biomüll-Teller
8 EL Essig 8 EL Öl 1 TL Zucker 1 TL Salz Kräuter	■ Für die Marinade alle Zutaten gut verrühren, über den Salat gießen und mit dem Salatbesteck vorsichtig durchmischen.	kleine Schüssel Esslöffel Teelöffel Salatbesteck
400 g Putenbrust Salz, Pfeffer	■ Das Fleisch in 1 cm dicke Streifen schneiden, salzen und pfeffern.	Schneidebrett Fleischmesser

💡 Wenn man kein Salatbesteck zur Hand hat, kann man auch zwei Esslöffel verwenden.

2 Aufstriche und Vorspeisen

Zutaten	Arbeitsschritte	Arbeitsgeräte
Öl zum Anbraten	■ In Öl auf beiden Seiten ca. drei Minuten anbraten.	Pfanne 2 Bratwender
	■ Den Salat auf Tellern anrichten und darauf das noch warme Fleisch platzieren.	Salatbesteck Fleischteller Bratwender

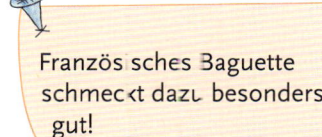

Französisches Baguette schmeckt dazu besonders gut!

Griechischer Salat — Rezept Nr. 15

Zutaten	Arbeitsschritte	Arbeitsgeräte
1 Blattsalat	■ Blätter vom Strunk lösen, waschen, verdorbene Stellen entfernen, in mundgerechte Stücke reißen und in die Schüssel geben.	Schüssel Biomüll-Teller
1 Gurke	■ Heiß waschen, Enden wegschneiden, fein hobeln und zum Salat geben.	Gemüsemesser Gurkenhobel
1 kg Tomaten	■ Waschen, halbieren, grünen Strunk mit kleinem V-Schnitt entfernen, die Hälften in Scheiben schneiden und ebenfalls zum Salat geben.	Waage Schneidebrett Gemüsemesser
1 Pkg. Schafkäse (ca. 200 g)	■ Packung aufschneiden, Flüssigkeit wegleeren und Schafkäse in 1 cm große Würfel schneiden. ■ Ebenfalls in die Schüssel geben.	Schere Schneidebrett Küchenmesser
8 EL Olivenöl 8 EL Essig 1 TL Salz 1 Prise Zucker 2 EL gehacktes Basilikum	■ Zutaten für die Marinade gut verrühren. ■ Über den Salat gießen und vorsichtig mischen, abschmecken und auf Tellern anrichten.	kleine Schüssel Esslöffel Teelöffel Salatbesteck Fleischteller

Statt Basilikum kann man auch Thymian, Rosmarin oder Oregano verwenden.

Dazu passen Germweckerln (siehe S. 166) sehr gut.

Wurstsalat mit Käse — Rezept Nr. 16

Zutaten	Arbeitsschritte	Arbeitsgeräte
1 roter und 1 grüner Paprika 200 g Extrawurst 100 g Emmentaler	■ Paprika waschen, halbieren und Gehäuse entfernen. ■ Wurst, Käse und Paprika in dünne, 2 cm lange Streifen schneiden und in die Schüssel geben.	Waage 2 Abwiegeteller 3 Schneidebretter Küchenmesser Gemüsemesser Biomüll-Teller Schüssel
1 Zwiebel 1 Essiggurkerl	■ Zwiebel schälen, fein hacken. ■ Essiggurkerl ebenfalls fein hacken und beides in die Schüssel geben.	Küchenmesser
je 1 EL gehackte Petersilie und geschnittener Schnittlauch 1 EL Mayonnaise Senf, Essig, Salz, Pfeffer, Paprikapulver	■ Kräuter und Gewürze zu den anderen Zutaten geben, alles gut mischen und abschmecken. ■ Für ein Buffet Wurstsalat in eine Porzellanschüssel geben, ansonsten auf Tellern anrichten.	3 Esslöffel Salatbesteck Porzellanschüssel oder Fleischteller

3 Suppen

Wir unterscheiden zwischen **klaren** und **gebundenen Suppen.** Klare Suppen werden meist mit einer Einlage serviert. Die Einlage soll sich immer von der Suppe abheben. Bei einer dunklen Einlage wird daher eine helle Suppe gewählt, bei der hellen Einlage eine dunkle Suppe.

Gebundene Suppen sind aufgrund ihrer Zutaten energiereicher und ausgiebiger.

Klare, helle Gemüsesuppe

Helle Gemüsesuppe — Rezept Nr. 17

Zutaten	Arbeitsschritte	Arbeitsgeräte
1 Zwiebel 1 Bund Wurzelwerk (1 Karotte, 1 Petersilienwurzel, 1/4 Sellerieknolle)	▪ Gemüse waschen, putzen (schälen) und in grobe Teile schneiden.	Gemüsemesser Küchenmesser Schneidebrett Biomüll-Teller
1 1/2 l Wasser	▪ Topf mit Wasser auf dem Herd zustellen und das Gemüse hineingeben.	Topf Messbecher
Suppengrün (Petersilie, Lauch, Sellerieblätter)	▪ Suppengrün waschen, ebenfalls grob schneiden und zum Gemüse in den Topf geben. ▪ Suppe ca. 30 Minuten köcheln lassen. ▪ Dann in einen anderen Kochtopf abseihen.	Küchenmesser Schneidebrett großes Sieb 2. Kochtopf
Salz, evtl. Suppenwürze	▪ Suppe würzen und abschmecken.	

Dunkle Gemüsesuppe mit Grießnockerl (helle Einlage)

Dunkle Gemüsesuppe — Rezept Nr. 18

Zutaten	Arbeitsschritte	Arbeitsgeräte
1 Zwiebel 1 Bund Wurzelwerk (1 Karotte, 1 Petersilienwurzel, 1/4 Sellerieknolle)	▪ Gemüse waschen, putzen (schälen) und in grobe Teile schneiden.	Gemüsemesser Küchenmesser Schneidebrett Biomüll-Teller
1 EL Öl 1 1/2 l Wasser	▪ Zwiebel und Wurzelwerk im Öl anrösten. ▪ Mit Wasser aufgießen.	Esslöffel Topf, Messbecher Kochlöffel
Suppengrün (Petersilie, Lauch, Sellerieblätter)	▪ Suppengrün waschen, ebenfalls grob schneiden und zum Gemüse in den Topf geben. ▪ Suppe ca. 30 Minuten köcheln lassen. ▪ Dann in einen anderen Kochtopf abseihen.	Küchenmesser Schneidebrett großes Sieb 2. Kochtopf
Salz, evtl. Suppenwürze	▪ Suppe würzen und abschmecken.	

3 Suppen

Eintropfsuppe — Rezept Nr. 19

Zutaten	Arbeitsschritte	Arbeitsgeräte
Tropfteig: 30 g Mehl 1 Prise Salz 1–2 Eier 1 EL Wasser (oder Milch)	■ Mehl in einem Schnabelhäferl mit den anderen Zutaten mit dem Schneebesen rasch zu einem glatten Teig verrühren.	Waage Abwiegeteller Schnabelhäferl Biomüll-Teller Esslöffel Schneebesen
Dunkle Gemüsesuppe (siehe S. 152)		
	■ Tropfteig in die dunkle Gemüsesuppe eintropfen und einmal aufkochen lassen.	
1 Bund Schnittlauch	■ Schnittlauch waschen und fein schneiden. ■ Suppe auf Suppenteller aufteilen und mit dem Schnittlauch bestreut servieren.	Schneidebrett Küchenmesser Schöpflöffel Suppenteller

- Lang rühren bzw. abschlagen macht den Teig zäh.
- Mit Milch wird der Teig feiner.
- Mit dem Schnabelhäferl lässt sich der Teig besser tröpfchenweise in die Suppe gießen.

Grießnockerlsuppe — Rezept Nr. 20

Zutaten	Arbeitsschritte	Arbeitsgeräte
Dunkle Gemüsesuppe (siehe S. 152)		
Grießnockerln: 20 g weiche Butter 1 Ei	■ Die Butter in der Schüssel mit dem Ei verrühren.	Waage Abwiegeteller kleine Rührschüssel Kochlöffel
100 g Nockerlgrieß 1/2 TL Salz 1 Prise Muskatnuss 1 TL gehackte Petersilie	■ Alle Zutaten zum Butter-Ei-Gemisch geben und gut vermengen. ■ Teig ca. 5 Minuten rasten lassen. ■ Mit Teelöffeln kleine Nockerln ausstechen und formen. ■ Nockerln in die kochende Gemüsesuppe einlegen und ca. 10 Minuten köcheln lassen. ■ Suppe vom Herd nehmen und bei geschlossenem Deckel noch 10–15 Minuten ziehen lassen.	Abwiegeteller 2 Teelöffel
1 Bund Schnittlauch	■ Schnittlauch waschen und fein schneiden. ■ Suppe mit Grießnockerln auf Suppenteller aufteilen und mit Schnittlauch bestreut servieren.	Schneidebrett Küchenmesser Schöpflöffel Suppenteller

Stich für die Nockerln den Teig vom Schüsselrand weg und zieh ihn hoch. Dann forme mit den Löffeln die Nockerln.

Durch das Ziehenlassen quellen die Grießnockerln zu Eigröße auf.

Rezepte

> Hat man keine Suppennudeln zur Hand, kann man dünne Spaghetti in Stücke brechen.

GR = Grundrezept.

Nudelsuppe — Rezept Nr. 21

Zutaten	Arbeitsschritte	Arbeitsgeräte
Dunkle Gemüsesuppe (siehe S. 152)		
60 g Suppennudeln 1–1 ½ l Wasser Salz	■ Wasser im Topf zum Kochen bringen, salzen und die Suppennudeln darin 5 Minuten kochen. ■ Anschließend abseihen.	Waage Abwiegeteller Messbecher mittelgroßer Topf feines Sieb
1 Bund Schnittlauch	■ Schnittlauch waschen und fein schneiden. ■ Die Nudeln auf Suppenteller aufteilen, mit der Gemüsesuppe aufgießen und mit Schnittlauch bestreut servieren.	Schneidebrett Küchenmesser Schöpflöffel Suppenteller

Frittatensuppe — Rezept Nr. 22

Zutaten	Arbeitsschritte	Arbeitsgeräte
Dunkle Gemüsesuppe (siehe S. 152)		
GR Frittatenteig (siehe S. 145)		
Etwas Öl	■ Öl in der Pfanne erhitzen, einen Schöpfer Teig eingießen und durch Schwenken der Pfanne dünn verteilen. ■ Teig auf der Unterseite goldgelb backen, mithilfe des Bratwenders umdrehen, zweite Seite goldgelb backen und auf den Teller legen. ■ Für die nächste Palatschinke erneut etwas Öl in die Pfanne geben und den Vorgang wiederholen, bis der Teig aufgebraucht ist.	beschichtete Pfanne Schöpflöffel Bratwender Fleischteller
	■ Gebackene Palatschinken zusammenrollen und nudelig schneiden.	Schneidebrett Küchenmesser
1 Bund Schnittlauch	■ Schnittlauch waschen und fein schneiden. ■ Frittaten auf Suppenteller aufteilen, mit Gemüsesuppe aufgießen und mit Schnittlauch bestreut servieren.	Schneidebrett Küchenmesser Schöpflöffel Suppenteller

3 Suppen

Kaspressknödelsuppe — Rezept Nr. 23

Zutaten	Arbeitsschritte	Arbeitsgeräte
Helle oder dunkle Gemüsesuppe (siehe S. 152)		
200 g Semmelwürfel Salz, Pfeffer 100 g Bergkäse 2 Eier 1 Zwiebel etwas Öl 200 ml Milch	■ Semmelwürfel in eine Schüssel geben, salzen und pfeffern. ■ Käse fein reiben und zur Masse geben. ■ Eier aufschlagen und beimengen. ■ Zwiebel schälen, in kleine Würfel schneiden, in wenig Öl anschwitzen und etwas überkühlt zur Semmelmasse geben. ■ Milch zum Kochen bringen und über die Masse leeren. ■ Alles mit dem Kochlöffel gut mischen und 10–15 Minuten rasten lassen.	Waage 2 Abwiegeteller große Schüssel Vierkantreibe Biomüll-Teller Schneidebrett Küchenmesser kleine Pfanne Kochlöffel Messbecher kleiner Topf
Ca. 60–80 g Mehl Öl zum Herausbacken	■ Mehl unter die Masse rühren und kleine Knödel formen. ■ Diese etwas flach drücken und im heißen Öl herausbacken oder auf ein Blech legen und bei ca. 200 °C ca. 30 Minuten goldgelb backen.	Pfanne Bratwender bzw. ein Backblech mit Backpapier
1 Bund Schnittlauch	■ Schnittlauch waschen und fein schneiden. ■ Knödel in der Gemüsesuppe mit Schnittlauch bestreut servieren.	Schneidbrett Küchenmesser Schöpflöffel Suppenteller

 Damit die Milch nicht anbrennt, gib vorher so viel Wasser in den Topf, dass der Boden damit bedeckt ist, und lasse es aufkochen. Erst dann leere die Milch hinein.

Das Knödelformen ist mit nassen Händen einfacher. Fülle dazu eine kleine Schüssel mit kaltem Wasser, stelle sie auf die Arbeitsfläche und tauche deine Hände vor dem Knödelformen immer wieder in das Wasser.

Klare Suppe mit Schinkenschöberln — Rezept Nr. 24

Zutaten	Arbeitsschritte	Arbeitsgeräte
Dunkle Gemüsesuppe (siehe S. 152)		
	■ Rohr auf 180 °C Heißluft vorheizen.	
Verkehrtes Biskuit: 3 Eier Salz 60 g Mehl	■ Eier trennen. ■ Eiklar mit Salz in der Rührschüssel zu einem festen Schnee schlagen. ■ Dotter mit der Gabel versprudeln, mit dem Schneebesen unter den Schnee heben und das Mehl leicht unterziehen.	Tasse 2 Rührschüsseln Biomüll-Teller Mixer, Gabel Schneebesen Waage Abwiegeteller
100 g Schinken	■ Anschließend Schinken fein hacken und unter die Masse heben. ■ Masse 2 cm dick auf ein Blech streichen. ■ Im Rohr ca. 15 Minuten backen. ■ Wenn sich das Biskuit leicht vom Papier lösen lässt, aus dem Rohr nehmen, stürzen und Papier abziehen. ■ Erkaltet in kleine Rauten schneiden. ■ Rauten auf Suppenteller aufteilen und mit Gemüsesuppe aufgießen.	Abwiegeteller Schneidebrett Küchenmesser Backblech mit Backpapier Teigkarte Bratwender zum Loslösen Küchenmesser Schöpflöffel Suppenteller

Schöberln können auch ohne Schinken, dafür mit geriebenem Käse (Käseschöberln) oder gehackten Kräutern (Kräuterschöberln) zubereitet werden.

 Verwende zum Abtrennen des Bleches eine Blechschiene oder forme mit dem Backtrennpapier oder einer Alufolie eine Sperre.

Raute

Rezepte

Klare Suppe mit Brandteigkrapferln — Rezept Nr. 25

Zutaten	Arbeitsschritte	Arbeitsgeräte
Dunkle Gemüsesuppe (siehe S. 152) **1/2 GR Brandteig** (siehe S. 147)		
	■ Rohr auf 200 °C Ober- und Unterhitze vorheizen.	
	■ Den Teig in einen Dressiersack füllen und auf das Blech kirschgroße Krapferln dressieren.	Teigkarte Dressiersack mit kleiner Lochtülle Backblech mit Backpapier
	■ Krapferln sofort im Rohr backen. Wenn sich bereits eine Kruste gebildet hat (ca. nach 10 Minuten), die Backtemperatur auf 180 °C zurückschalten und fertig backen.	
1 Bund Schnittlauch	■ Schnittlauch waschen und fein schneiden.	Schneidebrett Küchenmesser
	■ Krapferln auf Suppenteller aufteilen, mit Gemüsesuppe aufgießen und mit Schnittlauch bestreut servieren.	Schöpflöffel Suppenteller

! Die ersten 10 Minuten das Rohr nicht öffnen, da sonst das Gebäck in sich zusammenfällt.

💡 Die Brandteigkrapferl sind fertig, wenn sie rundherum goldbraun sind.

Karottencremesuppe — Rezept Nr. 26

Zutaten	Arbeitsschritte	Arbeitsgeräte
1 Zwiebel Etwas Öl	■ Zwiebel schälen, fein hacken. ■ Im erhitzten Öl im Topf glasig anlaufen lassen.	Schneidebrett Küchenmesser Biomüll-Teller mittelgroßer Topf Kochlöffel
300 g Karotten	■ Karotten waschen, Enden wegschneiden, evtl. schälen, der Länge nach halbieren und in dünne Halbkreise schneiden. ■ Mit den Zwiebeln kurz mitschwitzen.	Waage Abwiegeteller evtl. Sparschäler Schneidebrett Küchenmesser
1 l Wasser Suppenwürze 1 Lorbeerblatt	■ Mit Wasser aufgießen, Suppenwürze nach Geschmack und das Lorbeerblatt hinzugeben und Karotten ca. 10 Minuten mit geringer Hitze weich köcheln lassen. ■ Das Lorbeerblatt entfernen und die Suppe pürieren.	Messbecher Esslöffel Stabmixer
Salz, Pfeffer 1/2 Becher Obers (1/8 l)	■ Suppe mit Salz und Pfeffer abschmecken und noch einmal aufkochen lassen. ■ Obers in der Rührschüssel halbsteif schlagen. ■ Suppe von der Herdplatte nehmen und das Obers vorsichtig mit dem Schneebesen unterziehen.	Messbecher kleine Rührschüssel Mixer Schneebesen
	■ Suppe auf Suppenteller aufteilen und sofort servieren.	Schöpflöffel Suppenteller

Glasig anlaufen lassen = die Zwiebel so lange unter Rühren erhitzen, dass sie sich nicht braun verfärbt. Also mit mittlerer Hitze arbeiten!

3 Suppen

Zucchinicremesuppe mit Rucola — Rezept Nr. 27

Zutaten	Arbeitsschritte	Arbeitsgeräte
1 Zwiebel 2 EL Öl	■ Zwiebel schälen, fein schneiden. ■ Im erhitzten Öl im Topf glasig anlaufen lassen.	Schneidebrett Küchenmesser Biomüll-Teller Esslöffel mittelgroßer Topf Kochlöffel
500 g Zucchini	■ Zucchini waschen, Enden abschneiden, ungeschält grob raspeln, zu den Zwiebeln geben und mitschwitzen lassen.	Waage Abwiegeteller Vierkantreibe
1 l Wasser Suppenwürze	■ Mit Wasser aufgießen, umrühren, Suppenwürze nach Geschmack hinzufügen und das Gemüse ca. 10 Minuten bei geringer Hitze weich köcheln lassen.	Messbecher Esslöffel
1/2 Becher Obers (1/8 l)	■ Suppe von der Herdplatte nehmen, Obers hinzufügen und pürieren. Nicht mehr aufkochen lassen!	Stabmixer
80 g Rucola	■ Rucola waschen, fein schneiden und in die Suppe einrühren.	Abwiegeteller Schneidebrett Küchenmesser
Salz, Pfeffer	■ Suppe würzen, abschmecken und auf Suppenteller aufteilen.	Schöpflöffel Suppenteller

Kohlrabisuppe — Rezept Nr. 28

Zutaten	Arbeitsschritte	Arbeitsgeräte
1 Zwiebel 2 EL Öl	■ Zwiebel schälen, fein hacken. ■ Im erhitzten Öl im Topf glasig anlaufen lassen.	Schneidebrett Küchenmesser Biomüll-Teller Esslöffel mittelgroßer Topf Kochlöffel
1 Kohlrabi	■ Kohlrabi waschen, schälen, halbieren, in Scheiben und dann in ca. 2 cm lange feine Streifen schneiden. ■ Kurz mit den Zwiebeln mitschwitzen.	Sparschäler
1 l Wasser Suppenwürze	■ Mit Wasser aufgießen, Suppenwürze nach Geschmack hinzufügen und Kohlrabi ca. 10 Minuten bei geringer Hitze weich köcheln lassen.	Messbecher Esslöffel
20 g Mehl 20 g weiche Butter	■ Mehl und Butter zusammenkneten und in die kochende Suppe einrühren.	Waage Abwiegeteller
Salz, Pfeffer, 1 EL gehackte Petersilie	■ Suppe mit Salz und Pfeffer würzen, abschmecken und mit Petersilie bestreut servieren.	Schöpflöffel Suppenteller

Das schnelle Bindemittel aus gleichen Teilen Butter und Mehl nennt man Beurre manié. Der Vorteil ist, dass sich beim Kochen keine Klümpchen bilden. Es ist rasch gefertigt, kann aber auch tiefgekühlt bevorratet werden.

Rezepte

Mit dem Schneebesen verhindert man Klümpchenbildung.

Käsecremesuppe — Rezept Nr. 29

Zutaten	Arbeitsschritte	Arbeitsgeräte
1 Zwiebel 2 EL Öl	■ Zwiebel schälen, fein hacken. ■ In erhitztem Öl im Topf glasig anlaufen lassen.	Schneidebrett Küchenmesser Biomüll-Teller mittelgroßer Topf Kochlöffel
3 Eckerln Rahmkäse	■ Rahmkäse auf dem Brett zerdrücken und zur Zwiebel geben.	Schneidebrett Gabel
3 EL Mehl	■ Mehl beimengen und umrühren.	Esslöffel
1 l Wasser	■ Mit Wasser (unter ständigem Rühren mit dem Schneebesen) langsam aufgießen.	Messbecher Schneebesen
Suppenwürze, Salz, Pfeffer	■ Die Suppe nach Geschmack würzen und abschmecken.	
1/2 Becher Obers (1/8 l)	■ Obers einrühren.	Messbecher
100 g Semmelwürfel etwas Öl	■ Semmelwürfel in erhitztem Öl goldbraun rösten.	Waage Abwiegeteller beschichtete Pfanne Bratwender
1 Bund Schnittlauch	■ Schnittlauch waschen und fein schneiden.	Schneidebrett Küchenmesser
	■ Semmelwürfel auf Suppenteller aufteilen, Suppe hinzugeben und mit Schnittlauch bestreut servieren.	Esslöffel Schöpflöffel Suppenteller

Knoblauchcremesuppe mit Croûtons — Rezept Nr. 30

Zutaten	Arbeitsschritte	Arbeitsgeräte
1 Zwiebel 50 g Butter	■ Zwiebel schälen und in kleine Würfel schneiden. ■ Im Topf in der geschmolzenen Butter kurz anschwitzen.	Waage Abwiegeteller Schneidebrett Küchenmesser Biomüll-Teller mittelgroßer Topf Kochlöffel
60 g Mehl	■ Mehl einrühren und leicht anbräunen.	Abwiegeteller
60 g Knoblauch	■ Knoblauch schälen und in den Topf pressen.	Abwiegeteller Gemüsemesser Knoblauchpresse Messbecher evtl. Schneebesen
1 l Wasser	■ Umrühren und mit Wasser aufgießen.	
Salz, Pfeffer Suppenwürze	■ Die Suppe nach Geschmack würzen, abschmecken und 10–15 Minuten köcheln lassen.	

Zutaten	Arbeitsschritte	Arbeitsgeräte
1/2 Becher Obers (1/8 l)	■ Zum Schluss mit Obers vollenden.	Messbecher
4 Zehen Knoblauch 40 g Butter 100 g Semmelwürfel	■ Knoblauch schälen, pressen und in der Pfanne in der zerlassenen Butter anschwitzen. ■ Semmelwürfel hinzugeben und unter Rühren etwas bräunen lassen.	2 Abwiegeteller Pfanne Bratwender
1 Bund Petersilie	■ Petersilie waschen und fein hacken.	Schneidebrett Wiegemesser
	■ Die Croûtons auf Suppenteller aufteilen, mit der Suppe aufgießen und mit Petersilie bestreut servieren.	Esslöffel Schöpflöffel Suppenteller

> Croûtons können auch extra auf einem Teller serviert werden, damit sie beim Genuss noch knusprig sind.

Gulaschsuppe — Rezept Nr. 31

Zutaten	Arbeitsschritte	Arbeitsgeräte
180 g Zwiebel 2 EL Öl	■ Zwiebel schälen und in feine Streifen schneiden. ■ Im Topf mit dem erhitzten Öl anrösten.	Waage Abwiegeteller Esslöffel Schneidebrett Küchenmesser Biomüll-Teller mittelgroßer Topf Kochlöffel
200 g Rindfleisch	■ Rindfleisch in ca. 2 cm große Würfel schneiden und mitrösten.	Abwiegeteller Schneidebrett Fleischmesser
1 EL edelsüßes Paprikapulver 1 EL Tomatenmark 1 EL Essig 1 l Wasser Salz, Pfeffer Kümmel Majoran	■ Paprika und Tomatenmark unter ständigem Rühren dazugeben, sofort mit Essig löschen und mit Wasser aufgießen. ■ Nach Geschmack würzen und Suppe 30 Minuten zugedeckt köcheln lassen. Immer wieder umrühren.	2 Esslöffel Messbecher
1–2 Kartoffeln	■ Kartoffeln schälen, in ca. 2 cm große Würfel schneiden und zur Suppe geben. ■ Suppe nochmals ca. 10 Minuten köcheln lassen.	Sparschäler Schneidebrett Küchenmesser
1 EL Mehl kaltes Wasser evtl. Suppenwürze	■ Mehl mit etwas Wasser in der Tasse verrühren und ohne Klumpen in die kochende Suppe einrühren. ■ Abschmecken und servieren.	Esslöffel Tasse Schöpflöffel Suppenteller

Gulaschkanone

Rezepte

Kartoffelsuppe		Rezept Nr. 32
Zutaten	**Arbeitsschritte**	**Arbeitsgeräte**
1 Zwiebel 2 EL Öl	▪ Zwiebel schälen, fein hacken. ▪ Im erhitzten Öl im Topf glasig anlaufen lassen.	Schneidebrett Küchenmesser Biomüll-Teller mittelgroßer Topf Kochlöffel
150 g Karotten	▪ Waschen, evtl. schälen, Enden abschneiden und in dünne Scheiben schneiden. ▪ Zu den Zwiebeln geben und kurz mitschwitzen.	Waage Abwiegeteller evtl. Sparschäler Schneidebrett Küchenmesser
2 EL Mehl 1 l Wasser	▪ Mehl unter Rühren kurz mitschwitzen und mit Wasser langsam aufgießen.	Esslöffel Messbecher
Suppenwürze Salz, Pfeffer Majoran 1 EL Essig	▪ Die Suppe nach Geschmack würzen und abschmecken.	Esslöffel
400 g mehlige Kartoffeln	▪ Kartoffeln schälen, in 1–2 cm große Würfel schneiden und in die Suppe geben. ▪ Suppe nochmals ca. 10 Minuten kochen lassen.	Abwiegeteller Sparschäler Schneidebrett Küchenmesser
1 EL gehackte Petersilie	▪ Suppe mit Petersilie bestreut servieren.	Schöpflöffel Suppenteller

4 Salate, Beilagen, Gebäck und Saucen

4.1 Salate

Salatmarinade		Rezept Nr. 33
Zutaten	**Arbeitsschritte**	**Arbeitsgeräte**
8 EL Essig 8 EL Öl 1 TL Zucker 1 TL Salz (evtl. Kräutersalz) Würzmittel bzw. Kräuter (z. B. Senf, gehackte Zwiebel, Knoblauch, Dill, Petersilie, Kerbel, Kresse, Basilikum, Zitronenmelisse, geschnittener Schnittlauch, geriebener Kren)	▪ Für die Marinade alle Zutaten gut verrühren. ▪ Über den vorbereiteten Salat gießen und mit dem Salatbesteck vorsichtig durchmischen. ▪ Probieren und evtl. nachwürzen.	Esslöffel Teelöffel Messbecher Salatbesteck

Marinieren von Rucola-Salat

4 Salate, Beilagen, Gebäck und Saucen

Joghurtdressing — Rezept Nr. 34

Zutaten	Arbeitsschritte	Arbeitsgeräte
1 Becher Joghurt (250 g) 1 EL Öl 1 EL Essig Salz 1 Prise Zucker	■ Alle Zutaten miteinander im Messbecher verrühren. ■ Über den Salat gießen und mit dem Salatbesteck vorsichtig durchmischen.	Esslöffel Messbecher Salatbesteck

Dressings sind immer etwas dickflüssiger als Marinaden.

Blattsalat — Rezept Nr. 35

Zutaten	Arbeitsschritte	Arbeitsgeräte
Grüner Blattsalat	■ Blätter vom Strunk lösen, waschen, verdorbene Stellen entfernen, Blätter in grobe Stücke reißen und in eine Schüssel geben.	große Schüssel Biomüll-Teller
Salatmarinade (siehe S.160)	■ Marinade zubereiten, über die Salatblätter gießen, mit dem Salatbesteck vorsichtig durchmischen, abschmecken und anrichten.	Salatbesteck Beilagenteller

Die Blätter werden vor dem Waschen vom Strunk gelöst.

! Würze zunächst immer vorsichtig. Zu intensive Würze kann man fast nicht mehr korrigieren (außer evtl. durch Wässern).

Endiviensalat — Rezept Nr. 36

Zutaten	Arbeitsschritte	Arbeitsgeräte
1 Endiviensalat	■ Blätter vom Strunk lösen, waschen, braune Stellen entfernen. ■ Gestapelte Blätter auf dem Brett fein nudelig schneiden und mit Wasser füllen. Einige Minuten stehen lassen, anschließend abseihen und den Salat in die Schüssel zurückgeben.	Biomüll-Teller Schneidebrett Küchenmesser große Schüssel großes Sieb
Salatmarinade (siehe S.160)	■ Marinade zubereiten, über den Salat leeren, mischen, abschmecken und anrichten.	Salatbesteck Beilagenteller

Durch das Wässern verliert der Endiviensalat seine Bitterstoffe.

Salatgurke

Gurkensalat mit Joghurt-Dill-Dressing — Rezept Nr. 37

Zutaten	Arbeitsschritte	Arbeitsgeräte
1 Salatgurke	■ Gurke heiß waschen, Enden abschneiden, evtl. schälen. ■ Dünnblättrig in eine Schüssel hobeln.	Biomüll-Teller evtl. Sparschäler Vierkantreibe bzw. Gurkenhobel Schüssel
Joghurtdressing: 1/2 EL gehackter Dill	■ Dressing mit gehacktem Dill zubereiten. ■ Über die Gurkenscheiben leeren, mischen und auf Tellern anrichten.	3 Esslöffel Messbecher Salatbesteck Beilagenteller

Feldgurken müssen immer geschält werden.

Rezepte

Tomatensalat schmeckt mit Petersilie oder frischem Basilikum besonders lecker.

Tomatensalat mit Zwiebel und Paprika — Rezept Nr. 38

Zutaten	Arbeitsschritte	Arbeitsgeräte
1 kg Tomaten	■ Tomaten waschen, halbieren, Stängelansätze mit kleinem V-Schnitt entfernen, die Hälften in Scheiben schneiden und in die Schüssel geben.	Waage Abwiegeteller Biomüll-Teller Schneidebrett Gemüsemesser Küchenmesser Schüssel
1 Zwiebel	■ Zwiebel schälen, in dünne Streifen schneiden und zu den Tomaten geben.	
1 grüner Paprika	■ Paprika waschen, halbieren, Gehäuse entfernen, in kleine Würfel schneiden und in die Schüssel geben.	
Salatmarinade (siehe S. 160)	■ Marinade zubereiten, über das Gemüse leeren, mischen, abschmecken und anrichten.	Salatbesteck Beilagenteller

Fenchel

Radicchio

Fenchel-Radicchio-Endiviensalat — Rezept Nr. 39

Zutaten	Arbeitsschritte	Arbeitsgeräte
Joghurtdressing (siehe S. 161)		
1–2 Fenchelknollen	■ Fenchel waschen, halbieren, in dünne Scheiben schneiden und in die Schüssel geben. ■ Sofort mit Joghurtdressing mischen, damit der Fenchel nicht braun wird.	Schneidebrett Küchenmesser Biomüll-Teller Schüssel Salatbesteck
1 Radicchio	■ Blätter vom Strunk lösen, waschen, braune Stellen mit einem Messer entfernen. ■ Blätter in mundgerechte Stücke reißen und in eine extra Schüssel geben.	Gemüsemesser Schüssel
1 Endiviensalat	■ Blätter vom Strunk lösen, waschen, braune Stellen entfernen. ■ Die gestapelten Blätter auf dem Brett fein nudelig schneiden und in eine weitere Schüssel geben. Kurz wässern (damit sich die Bitterstoffe lösen) und anschließend abseihen.	Küchenmesser Schüssel großes Sieb
Doppelte Menge der **Salatmarinade** (siehe S. 160)	■ Marinade zubereiten und je eine Hälfte über den Radicchio und Endiviensalat leeren. ■ Mischen und abschmecken.	Salatbesteck
	■ Alle drei Salate nebeneinander auf Tellern anrichten.	Beilagenteller

4 Salate, Beilagen, Gebäck und Saucen

Kartoffelsalat mit Vogerlsalat (Feldsalat) Rezept Nr. 40

Zutaten	Arbeitsschritte	Arbeitsgeräte
1 kg speckige Kartoffeln	Kartoffeln mit der Schale wasserbedeckt weich kochen (oder im Dampfdruckkochtopf).	Waage Abwiegeteller großer Topf mit Deckel
2 Zwiebeln	Zwiebeln schälen, fein hacken und in eine Schüssel geben.	Schneidebrett Küchenmesser Biomüll-Teller große Schüssel
8 EL Öl 8 EL Essig Salz, Pfeffer 1 Prise Zucker 1 EL Senf 1 Prise Muskatnuss	In der Schüssel die Marinade mit den angegebenen Zutaten zubereiten.	Esslöffel
	Gekochte Kartoffeln schälen, blättrig schneiden und zu den Zwiebeln geben.	Gabel Gemüsemesser evtl. Schneidebrett
1/8 l Wasser Suppenwürze	Wasser zum Kochen bringen, Suppenwürze dazugeben, umrühren und anschließend über den Kartoffelsalat leeren. Mischen, abschmecken, eventuell nachwürzen und kalt stellen.	Messbecher kleiner Topf Esslöffel Salatbesteck
150 g Vogerlsalat	Vogerlsalat waschen zum Kartoffelsalat geben, noch einmal vorsichtig durchmischen und anrichten.	Beilagenteller

Gib etwas Öl zu den Kartoffeln in den Topf – so geht das Wasser beim Kochen nicht so leicht über.
Die Kartoffeln sind weich, wenn sich die Gabel leicht herausziehen lässt (Stichprobe).

Kartoffelsalat

💡 Durch die heiße Suppe wird die Marinade cremig.

4.2 Beilagen

Petersilienkartoffeln Rezept Nr. 41

Zutaten	Arbeitsschritte	Arbeitsgeräte
1 kg Kartoffeln (vorwiegend festkochend)	Kartoffeln waschen, mit der Schale in einen Topf geben, mit Wasser bedecken und zugedeckt weich kochen (oder im Dampfdruckkochtopf kochen). Kartoffeln schälen. Große Kartoffeln halbieren bzw. vierteln.	Waage Abwiegeteller großer Topf mit Deckel Biomüll-Teller Gabel Gemüsemesser evtl. Schneidebrett
60 g Butter Salz 1 EL gehackte Petersilie	Kartoffeln in geschmolzener Butter durchschwenken, mit Salz und Petersilie würzen und vorsichtig umrühren.	Abwiegeteller Pfanne mit hohem Rand Esslöffel Kochlöffel

Die Kochzeit richtet sich nach der Größe der Kartoffeln. Es ist mit einer ungefähren Kochzeit von 15 bis 25 Minuten zu rechnen. Stichprobe zur Überprüfung!

Rezepte

Rosmarinkartoffeln

Zu mediterranen Kräutern, wie z. B. Rosmarin oder Basilikum, passt am besten Olivenöl.

Kräuterkartoffeln — Rezept Nr. 42

Zutaten	Arbeitsschritte	Arbeitsgeräte
1 kg Kartoffeln (vorwiegend festkochend)	■ Kartoffeln waschen, mit der Schale in einen Topf geben, mit Wasser bedecken und zugedeckt weich kochen (oder im Dampfdruckkochtopf kochen). ■ Kartoffeln schälen. ■ Große Kartoffeln halbieren bzw. vierteln.	Waage Abwiegeteller großer Topf mit Deckel Biomüll-Teller Gabel Gemüsemesser evtl. Schneidebrett
3 EL Öl Salz 1 EL gehackte Kräuter (z. B. Basilikum, Dill, Majoran)	■ Öl in der Pfanne erhitzen, Kartoffeln darin schwenken, mit Salz und Kräutern würzen und vorsichtig umrühren.	Esslöffel Pfanne mit hohem Rand Kochlöffel

Statt weißem oder braunem Reis kann auch Wildreis bzw. eine Mischung verwendet werden. Die Zubereitung ist die gleiche.

Gemüsereis — Rezept Nr. 43

Zutaten	Arbeitsschritte	Arbeitsgeräte
1 Tasse Langkornreis 1/2 TL Salz ca. 2 Tassen Wasser	■ Reis mit Salz und Wasser zugedeckt zum Kochen bringen. ■ Dann ausschalten, Reis ca. 20 Minuten zugedeckt quellen lassen.	Tasse Teelöffel mittelgroßer Topf
125 g Tiefkühlgemüse etwas Wasser	■ Gemüse im Topf in etwas Wasser bei geringer Hitze ca. 10–15 Minuten weich dünsten.	Waage kleiner Topf Abwiegeteller
40 g Butter evtl. Kräutersalz	■ Butter schmelzen, gedünstetes Gemüse einrühren und mit dem Reis mischen. ■ Evtl. mit Kräutersalz nachwürzen.	Waage Abwiegeteller Pfanne Kochlöffel

! Das Knödelformen ist mit nassen Händen einfacher. Fülle dazu eine kleine Schüssel mit kaltem Wasser, stelle sie auf die Arbeitsfläche und tauche deine Hände vor dem Knödelformen immer wieder in das Wasser.

Semmelknödel (10 Stück) — Rezept Nr. 44

Zutaten	Arbeitsschritte	Arbeitsgeräte
500 g Semmelwürfel 3 Eier 1 TL Salz 1 EL gehackte Petersilie ca. 3/8–1/2 l Milch Salz	■ Semmelwürfel in die Schüssel geben, Eier, Salz und Petersilie hinzufügen. ■ Milch aufkochen und sofort über die Menge leeren. ■ Gut umrühren und die Masse 15–30 Minuten ziehen lassen. ■ Topf zu zwei Dritteln mit warmem Wasser füllen und zugedeckt zum Kochen bringen. Dann salzen.	Waage große Schüssel Biomüll-Teller Teelöffel, Esslöffel Messbecher kleiner Topf Kochlöffel großer Topf
ca. 60 g Mehl	■ Mehl in die Semmelmasse einarbeiten, Knödel formen und diese im kochenden Salzwasser ca. 15 Minuten köcheln lassen. ■ Mit dem Schöpfer die fertigen Knödel aus dem Wasser heben.	Waage Abwiegeteller Lochschöpfer

4 Salate, Beilagen, Gebäck und Saucen

Tsatsiki — Rezept Nr. 45

Zutaten	Arbeitsschritte	Arbeitsgeräte
1 Salatgurke	■ Gurke waschen, schälen und grob raspeln. ■ Etwas salzen und kurz stehen lassen. ■ Dann die Gurken ausdrücken und das Wasser wegleeren.	Sparschäler Biomüll-Teller Reibe Schüssel
1 Becher Sauerrahm (250 g) 1 Becher Joghurt (250 g) 2 EL Olivenöl 3 Knoblauchzehen Salz, Pfeffer	■ Sauerrahm, Joghurt und Olivenöl mischen. ■ Knoblauch schälen, fein hacken und zur Sauerrahmmischung geben. ■ Mit Salz und Pfeffer würzen. ■ Gurke beifügen, abschmecken und evtl. nachwürzen.	Schüssel Esslöffel Kochlöffel Gemüsemesser Schneidebrett Küchenmesser

Ajwar (Paprikapaste) — Rezept Nr. 46

Zutaten	Arbeitsschritte	Arbeitsgeräte
1 roter Paprika 1 kleine Zwiebel 1 Knoblauchzehe evtl. 1 dünne Scheibe Ingwer 1 TL Zitronensaft 1 EL Olivenöl Salz, Pfeffer	■ Paprika waschen, Gehäuse entfernen und in grobe Würfel schneiden. ■ Zwiebel und Knoblauch (evtl. Ingwer) schälen und grob hacken. ■ Alles in die Schüssel geben und pürieren. ■ Mit Zitronensaft, Öl, Salz und Pfeffer würzen und abschmecken.	Schneidebrett Küchenmesser Biomüll-Teller Schüssel Stabmixer Teelöffel Esslöffel

Ein kleines, fein gehacktes Stück Ingwer kann den intensiven Geschmack von Knoblauch abschwächen.

Ajwar passt gut zu gegrilltem Fleisch, man kann es aber auch auf ein (Fladen-)Brot streichen.

Sauerkraut — Rezept Nr. 47

Zutaten	Arbeitsschritte	Arbeitsgeräte
1 kleine Zwiebel 50 g Speck 2–3 EL Öl 1 Pkg. Sauerkraut (500 g) 1 Schuss Essig 1/8 l Wasser 1 Lorbeerblatt 4 Pfefferkörner 4 Wacholderbeeren	■ Zwiebel schälen und fein hacken. ■ Speck in kleine Würfel schneiden. ■ Zusammen im erhitzten Öl anschwitzen. ■ Sauerkraut, Essig, Wasser und Gewürze dazugeben und bei geringer Hitze ca. 30 Minuten weich dünsten. Ab und zu umrühren. ■ Vor dem Anrichten die Gewürze entfernen.	Waage Abwiegeteller Esslöffel Schneidebrett Küchenmesser Biomüll-Teller mittelgroßer Topf Kochlöffel Messbecher

Ist das Kraut zu sauer, kann es vor dem Kochen gewässert werden (dieses Wasser wegleeren!).

Rezepte

Der Teig wird am geschmeidigsten, wenn man ihn mit der Küchenmaschine durchknetet.
Er kann auch mit etwas Mehl bestreut und mit einem sauberen Geschirrtuch zugedeckt an einem warmen Ort gehen.

Wenn du ein flaches Gefäß mit Wasser auf den Boden des Backrohres stellst, gehen die Weckerln noch besser auf und erhalten eine schöne Kruste!

4.3 Gebäck

Germweckerln (10 Stück) — Rezept Nr. 48

Zutaten	Arbeitsschritte	Arbeitsgeräte
GR Germteig (siehe S. 146) mit folgenden Zutaten: 500 g griffiges Mehl, 1 Pkg. Trockengerm, 1 TL Zucker, 1/2 TL Kümmel ganz oder gemahlen, 2 EL Öl, 1/4 l lauwarmes Wasser, 2 TL Salz		
Etwas Mehl für die Arbeitsfläche, warmes Wasser zum Bepinseln	■ Rohr auf 180 °C Heißluft vorheizen. ■ Aus dem aufgegangenen Teig auf der sauberen, bemehlten Arbeitsfläche bzw. dem Brett eine Rolle formen, diese in 10 Stücke schneiden und davon handballengroße Weckerln formen.	evtl. Nudelbrett Küchenmesser
Grobes Salz Mohn oder Sesam	■ Diese auf das Blech legen, mit Wasser bepinseln und mit Salz und Mohn oder Sesam bestreuen. ■ Blech sofort ins Rohr schieben und die Weckerln 25–30 Minuten backen.	Backblech mit Backpapier Tasse Fettpinsel

Leinsamen-Buttermilchweckerln (10 Stück) — Rezept Nr. 49

Zutaten	Arbeitsschritte	Arbeitsgeräte
GR Germteig (siehe S. 146) mit folgenden Zutaten: 250 g Weizenvollmehl, 250 g griffiges Weizenmehl, 3 EL Leinsamen, 1 TL gemahlener Kümmel, 1 Pkg. Trockengerm, 2 EL Öl, 1/8 l lauwarme Milch, 1/4 l zimmerwarme Buttermilch, 2 1/2 TL Salz – nur einmal gehen lassen!		
Etwas Mehl für die Arbeitsfläche	■ Aus dem aufgegangenen Teig auf der sauberen, bemehlten Arbeitsfläche bzw. dem Brett eine Rolle formen und diese in 10 Stücke schneiden. ■ Etwas zugespitzte Weckerln formen und diese auf dem Blech aufgehen lassen. ■ Weckerln in der Mitte mit dem Messerrücken leicht einkerben.	evtl. Nudelbrett Küchenmesser Backblech mit Backpapier
1 Ei zum Bestreichen Leinsamen zum Bestreuen	■ Mit versprudeltem Ei bestreichen. ■ Mit Leinsamen bestreuen und bei 220 °C Ober- und Unterhitze ca. 30 Minuten backen.	Tasse Gabel Fettpinsel

4 Salate, Eeilagen Gebäck und Saucen

Mohnflesserln (10 Stück) — Rezept Nr. 50

Zutaten	Arbeitsschritte	Arbeitsgeräte
500 g Weizenmehl glatt oder universal 1 Pkg. Trockengerm 2 TL Salz 2 TL Brotgewürz	■ Weizenmehl mit den Gewürzen und dem Germ vermengen.	große Rührschüssel Waage Teelöffel
60 g Butter 200 ml Milch 100 ml Wasser	■ Butter zerlassen, mit Milch und Wasser aufgießen und das Ganze in lauwarmem Zustand zum Mehl geben. ■ Den Teig abschlagen, bis er sich vom Rand löst. ■ Nochmals auf der Arbeitsfläche gut durchkneten und 30 Minuten an einem warmen Ort in der Schüssel zugedeckt rasten lassen. ■ Rohr auf 180 °C Heißluft vorheizen. ■ Teig zu einer Rolle formen, in 16 Stücke teilen, nochmals einzeln gut durchkneten und mit jedem Stück eine 30 cm lange Rolle formen.	Waage Abwiegeteller Messbecher kleiner Topf Kochlöffel Küchenmesser Blech mit Backpapier
1 Ei Mohn Evtl. grobes Salz Wasser	■ Mohnflesserln flechten, auf das Blech setzen, kurz gehen lassen. ■ Mit versprudeltem Ei bestreichen, mit Mohn und evtl. Salz bestreuen. ■ Gefäß mit Wasser auf den Rohrboden stellen. ■ Flesserln ca. 20 Minuten im Rohr backen.	Tasse Gabel Fettpinsel hitzebeständiges Gefäß

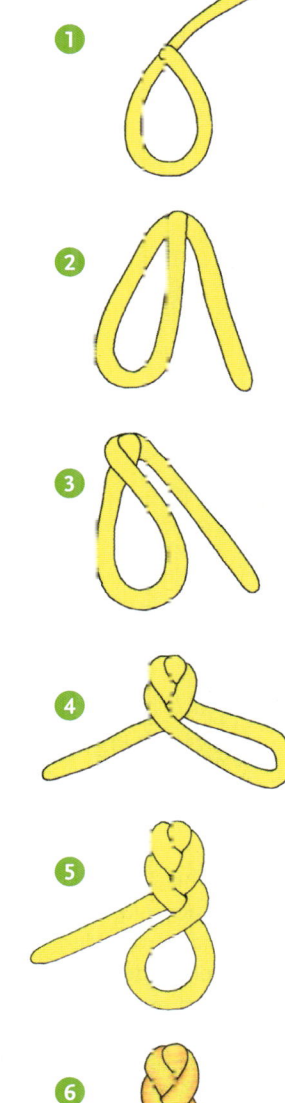

Fladenbrote (4 Brote) — Rezept Nr. 51

Zutaten	Arbeitsschritte	Arbeitsgeräte
2 Würfel Germ 600 ml lauwarmes Wasser 1 kg Mehl 2 TL Salz	■ Germwürfel im Wasser auflösen, zum Mehl in die Schüssel geben und salzen. ■ Das Ganze etwa 5 Minuten mit der Hand oder mit der Küchenmaschine kräftig durchkneten. Der Teig sollte weich sein, aber nicht mehr an der Hand kleben bleiben. ■ Anschließend den Teig zugedeckt an einem warmen Ort ca. 30 Minuten gehen lassen. ■ Rohr auf 250 °C Ober- und Unterhitze vorheizen.	Messbecher große Rührschüssel Teelöffel evtl. Küchenmaschine mit grobem Knethaken

Rezepte

Zutaten	Arbeitsschritte	Arbeitsgeräte
Mehl für die Arbeitsfläche	▪ Teig noch einmal kurz durcharbeiten und in vier gleich große Stücke teilen. ▪ Jedes Stück zuerst zu einer Kugel formen, dann zu einem runden Fladen von etwa 25 cm Durchmesser flachdrücken. ▪ Je 2 Fladen auf ein Blech legen.	Küchenmesser 2 Bleche mit Backpapier
1 Ei 1 TL Zucker 1 EL Olivenöl Sesamkörner oder ganzer Kümmel	▪ Ei mit Zucker und Olivenöl in der Tasse versprudeln und die Fladen damit bepinseln. ▪ Mit Sesam oder Kümmel bestreuen und nacheinander ca. 12 bis 15 Minuten lang goldbraun backen. ▪ Auf den Rohrboden eine Schale mit Wasser stellen.	Tasse Gabel Teelöffel Esslöffel Fettpinsel Schale mit Wasser

4.4 Saucen

Sauerrahmsauce (kalt) — Rezept Nr. 52

> Die Sauce kann auch ohne Knoblauch zubereitet werden. Außerdem kann man den Rahm teilweise oder ganz durch Joghurt ersetzen (Joghurtsauce).

Zutaten	Arbeitsschritte	Arbeitsgeräte
je 1/2 Bund Petersilie und Schnittlauch	▪ Petersilie und Schnittlauch waschen, fein hacken bzw. schneiden und in die Schüssel geben.	Schneidebrett Wiegemesser Küchenmesser kleine Schüssel
1 Knoblauchzehe	▪ Knoblauch schälen und zu den Kräutern pressen.	Gemüsemesser Biomüll-Teller Knoblauchpresse
1 Becher Sauerrahm (250 g) Salz, Pfeffer	▪ Rahm mit den Kräutern mischen und Sauce würzen.	Esslöffel

Tomatensauce — Rezept Nr. 53

> Falls die Sauce zu dünn ist, binde sie mit etwas Mehl.

Zutaten	Arbeitsschritte	Arbeitsgeräte
1/2 Stange Lauch 20 g Butter 1 Pkg. passierte Tomaten (500 g) Salz, Pfeffer 1 EL gehackte Petersilie	▪ Lauch der Länge nach halbieren, waschen und in schmale Streifen schneiden. ▪ Lauch in der erhitzten Butter anschwitzen und mit den Tomaten etwas köcheln lassen. ▪ Würzen und abschmecken.	Waage Abwiegeteller Schneidebrett Küchenmesser kleiner Topf Esslöffel Kochlöffel

5 Hauptspeisen

Überbackene Brötchen — Rezept Nr. 54

Zutaten	Arbeitsschritte	Arbeitsgeräte
	Rohr auf 200 °C Ober- und Unterhitze vorheizen.	
1 Ei	10 Minuten mit Wasser bedeckt kochen, dann herausheben und mit kaltem Wasser abschrecken.	kleiner Topf Esslöffel
4 kleine Baguettebrötchen Etwas Butter	Baguettes aufschneiden und dünn mit Butter bestreichen.	Schneidebrett Sägemesser Buttermesser
100 g Schinken 100 g Käse (Emmentaler oder Gouda)	Schinken und Käse in kleine Würfel schneiden und in die Schüssel geben.	Waage 2 Abwiegeteller Schneidebrett Küchenmesser Schüssel
1 große Zwiebel	Zwiebel schälen, fein hacken und dem Schinken und dem Käse beimengen.	Schneidebrett Küchenmesser Biomüll-Teller
	Gekochtes Ei schälen, klein hacken und zu den anderen Zutaten geben.	Schneidebrett Küchenmesser
2 Knoblauchzehen 1 TL geschnittener Schnittlauch 1 TL gehackte Petersilie 1 EL Sauerrahm Salz, Pfeffer	Knoblauch schälen, in die Schüssel pressen. Die restlichen Kräuter, Gewürze und den Rahm einmengen und abschmecken.	Gemüsemesser Knoblauchpresse Teelöffel Esslöffel
	Die Fülle auf die halbierten Baguettes streichen und diese auf das Blech legen.	Backblech mit Backpapier
	Im Rohr ca. 12–14 Minuten überbacken.	
	Die Brötchen sofort auf Tellern servieren!	Fleischteller

Rezepte

Palatschinken mit Krautfülle — Rezept Nr. 55

Zutaten	Arbeitsschritte	Arbeitsgeräte
GR Frittatenteig (siehe S. 145)		
Etwas Öl	▪ Öl in der Pfanne erhitzen, einen Schöpfer Teig eingießen und durch Schwenken der Pfanne dünn verteilen.	beschichtete Pfanne Schöpflöffel
	▪ Teig auf der Unterseite goldgelb backen, mithilfe des Bratwenders umdrehen, zweite Seite goldgelb backen und auf den Teller legen.	Bratwender Fleischteller
	▪ Für die nächste Palatschinke erneut etwas Öl in die Pfanne geben und den Vorgang wiederholen, bis der Teig aufgebraucht ist.	
	▪ Rohr auf 180 °C Oberhitze vorheizen.	
Krautfülle: 150 g Zwiebel 60 g Speck 2 EL Öl	▪ Zwiebel schälen, in kleine Würfel schneiden und mit dem ebenfalls fein geschnittenen Speck im erhitzten Öl anschwitzen.	Waage Abwiegeteller Schneidebrett Küchenmesser Biomüll-Teller mittelgroßer Topf Esslöffel Kochlöffel
300 g Weißkraut	▪ Weißkraut halbieren, Strunk mit einem V-Schnitt entfernen und dünn schneiden.	Abwiegeteller
1 roter und 1 grüner Paprika	▪ Paprika waschen, halbieren, Gehäuse entfernen und in kleine Würfel schneiden.	
	▪ Weißkraut und Paprika zum Zwiebel-Speck-Gemisch geben und mit Wasser aufgießen.	
ca. 1/8 l Wasser	▪ Umrühren nicht vergessen!	Messbecher
1 EL Suppenwürze, Kümmel Salz, Pfeffer	▪ Gewürze dazugeben und die Fülle ca. 15 Minuten köcheln lassen.	Esslöffel
1 EL geschnittener Schnittlauch 1 EL gehackte Petersilie etwas Öl zum Befetten 100 g Pizzakäse	▪ Die Fülle mit den Kräutern mischen und gleichmäßig auf den Palatschinken verteilen. ▪ Diese zusammenrollen, in einer befetteten Auflaufform nebeneinander legen, mit Pizzakäse bestreuen und im Rohr ca. 10 Minuten überbacken.	Esslöffel Auflaufform Fettpinsel Waage Abwiegeteller
1 EL geschnittener Schnittlauch	▪ Überbackene Palatschinken aus dem Rohr nehmen, auf die Teller aufteilen und mit Schnittlauch bestreut servieren.	2 Bratwender Fleischteller

Weißkraut

5 Hauptspeisen

Kartoffelnudeln — Rezept Nr. 56

Zutaten	Arbeitsschritte	Arbeitsgeräte
Kartoffelteig: 1 kg mehlige Kartoffeln 30 g Butter 1 Ei 250 g griffiges Mehl 1 TL Salz 1 Prise Muskatnuss	▪ Kartoffeln waschen, in den Kochtopf geben, knapp mit Wasser bedecken und zugedeckt weich kochen. ▪ Kartoffeln schälen und mit der Kartoffelpresse auf die saubere Arbeitsfläche oder ein Nudelbrett pressen. ▪ Restliche Zutaten auf die gepressten und noch warmen Kartoffeln geben, mit der Teigkarte alle Zutaten vermengen und mit den Händen rasch zu einem Teig kneten. ▪ Falls die Kartoffelnudeln nicht in der Pfanne herausgebacken werden, Rohr auf 200 °C Ober- und Unterhitze vorheizen.	Waage 3 Abwiegeteller Topf Gabel Gemüsemesser Biomüll-Teller Kartoffelpresse evtl. Nudelbrett Teelöffel Teigkarte
Evtl. etwas Mehl Öl zum Herausbacken oder Bepinseln	▪ Teig auf die saubere, evtl. bemehlte Arbeitsfläche legen, vierteln, aus jedem Viertel eine gleichmäßige Rolle mit einem Durchmesser von ca. 1,5 cm formen und 5 cm lange Stücke abschneiden. ▪ Nudeln einzeln noch einmal nachdrehen und entweder im heißen Öl in der Pfanne herausbacken oder auf ein Blech eng aneinander legen, mit etwas Öl bepinseln und ca. 30–40 Minuten backen.	Küchenmesser Pfanne Bratwender oder Backblech mit Backpapier Fettpinsel

Kartoffeln werden durch die Kartoffelpresse gepresst.

Eine Mulde in den gepressten Kartoffeln verhindert, dass Ei und Butter „die Flucht" ergreifen.

❗ Falls der Teig auf der Arbeitsfläche kleben bleibt, verwende einfach etwas Mehl zum Arbeiten. Knetet man den Kartoffelteig zu lange, wird er zäh.

Haferflocken-Käselaibchen — Rezept Nr. 57

Zutaten	Arbeitsschritte	Arbeitsgeräte
1/4 l Milch 2 Eier 250 g Haferflocken	▪ Milch, Eier und Haferflocken in die Schüssel geben, mischen und etwas ziehen lassen.	Messbecher Biomüll-Teller Waage Abwiegeteller Schüssel Kochlöffel
1 Zwiebel etwas Öl	▪ Zwiebel schälen, in feine Streifen schneiden und im erhitzten Öl goldgelb anschwitzen. Etwas auskühlen lassen.	Schneidbrett Küchenmesser kleine Pfanne Kochlöffel
2 TL Salz, Pfeffer Etwas Majoran Petersilie 200 g Käse Semmelbrösel Öl zum Herausbacken	▪ Milch-Eier-Haferflocken-Gemisch würzen, Zwiebel und fein geriebenen Käse dazugeben und alles gut mischen. ▪ Aus der Mischung Laibchen formen und in Semmelbröseln wenden. ▪ Laibchen in der Pfanne bei mittlerer Hitze beiderseits goldbraun backen.	Teelöffel Waage Abwiegeteller Vierkantreibe Teller für Semmelbrösel große Pfanne Bratwender

❗ Falls die Masse zu weich ist, füge einfach vor dem Laibchenformen ein wenig Semmelbrösel hinzu.

Rezepte

Kartoffel-Gemüse-Laibchen — Rezept Nr. 58

Zutaten	Arbeitsschritte	Arbeitsgeräte
	Falls die Laibchen im Rohr überbacken werden: Rohr auf 200 °C Ober- und Unterhitze vorheizen.	
500 g mehlige Kartoffeln	Kartoffeln waschen, knapp mit Wasser bedecken und zugedeckt kochen.	Waage, Abwiegeteller, mittlerer Topf
300 g Tiefkühlgemüse, Suppenwürze, etwas Wasser	Gemüse in etwas Wasser und Suppenwürze unter Rühren weich dünsten lassen.	Abwiegeteller, Esslöffel, Topf, Kochlöffel
1 Zwiebel, 50 g Butter	Zwiebel schälen, in kleine Würfel schneiden und in der zerlassenen Butter anschwitzen.	Schneidebrett, Küchenmesser, Biomüll-Teller, Abwiegeteller, kleine Pfanne, Kochlöffel
	Kartoffeln schälen und in eine Schüssel pressen.	Gabel, Gemüsemesser, Kartoffelpresse, Schüssel
1 Ei, 150 g Käse, 1 EL Grieß, Salz, Pfeffer, 1 EL gehackte Petersilie	Das Gemüse, die Zwiebel, das Ei, fein geriebenen Käse, Grieß und Gewürze zu den Kartoffeln geben und gut mischen.	Waage, Abwiegeteller, Vierkantreibe, Esslöffel
Semmelbrösel	Aus der Masse Laibchen formen und in Semmelbröseln wenden.	Teller für Semmelbrösel, große Pfanne, 2 Bratwender oder Backblech mit Backpapier, Fettpinsel
Öl zum Herausbacken oder Bepinseln	Anschließend entweder in der Pfanne bei mittlerer Hitze beidseitig goldbraun backen oder auf ein Blech legen, mit etwas Öl bepinseln und ca. 40 Minuten backen.	

Kartoffelauflauf — Rezept Nr. 59

Zutaten	Arbeitsschritte	Arbeitsgeräte
	Rohr auf 220 °C Ober- und Unterhitze vorheizen.	
800 g Kartoffeln	Kartoffeln waschen, knapp mit Wasser bedecken und zugedeckt kochen.	Waage, Abwiegeteller, großer Topf
200 g Schinken	Schinken in kleine Würfel schneiden.	2 Abwiegeteller, Schneidebrett, Küchenmesser, Vierkantreibe
100 g Käse (z. B. Parmesan), 1/8 l Milch, 1 TL Salz	Käse reiben und beides mit Milch, Salz, Pfeffer und Muskatnuss in der Schüssel mischen.	

5 Hauptspeisen

Zutaten	Arbeitsschritte	Arbeitsgeräte
Pfeffer 1 Prise Muskatnuss		Messbecher Teelöffel große Schüssel Kochlöffel
Etwas Öl	■ Auflaufform mit Öl bepinseln.	Auflaufform Fettpinsel
	■ Gekochte Kartoffeln schälen, in Scheiben schneiden, zu den anderen Zutaten in die Schüssel geben und alles gut durchmischen. ■ Die Masse in die Auflaufform füllen.	Gabel Gemüsemesser Biomüll-Teller Schneidebrett Küchenmesser
1/2 Becher Sauerrahm (125 g) 2 Eier 4 EL gehackte Kräuter	■ Rahm mit Eiern und Kräutern verquirlen und über die Kartoffelmasse leeren.	kleine Schüssel Esslöffel Schneebesen
1 EL Semmelbrösel Butterflocken	■ Semmelbröseln dünn über den Auflauf streuen und Butterflocken daraufsetzen. ■ Den Auflauf ca. 20 Minuten backen.	Esslöffel Buttermesser

Geschnetzeltes — Rezept Nr. 60

Zutaten	Arbeitsschritte	Arbeitsgeräte
4 EL Öl 1 Zwiebel 500 g Fleisch (Kalb, Schwein oder Pute) Salz, Pfeffer etwas Mehl	■ Zwiebel schälen, kleinwürfelig schneiden und im heißen Öl glasig anlaufen lassen. ■ Das Fleisch in ca. 1 cm große Würfel schneiden, etwas salzen, pfeffern und mit etwas Mehl einreiben. ■ Fleisch zur Zwiebel geben und rasch durchrösten.	Esslöffel 2 Schneidebretter Küchenmesser Biomüll-Teller Waage Abwiegeteller Fleischmesser große Pfanne Kochlöffel
20 g Mehl 1/4 l–1/2 l Wasser Salz, Pfeffer	■ Mit Mehl stauben und mit Wasser unter ständigem Rühren langsam aufgießen, würzen und das Ganze etwas köcheln lassen.	Abwiegeteller Messbecher
20 g Butter	■ Die Sauce mit der Butter nochmals kurz aufkochen und abschmecken.	Abwiegeteller

💡 Die Menge der Flüssigkeit richtet sich nach der gewünschten Konsistenz.

Rezepte

Käsespätzle mit Röstzwiebeln

💡 Falls notwendig, können die Käsespätzle zugedeckt im Rohr bei 180 °C in einer Auflaufform warm gestellt werden.

Käsespätzle — Rezept Nr. 61

Zutaten	Arbeitsschritte	Arbeitsgeräte
Spätzleteig: 300 g Mehl 1 Prise Salz 1 Ei 1/4 l Wasser (oder Milch)	■ Mehl mit den anderen Zutaten in einer Schüssel rasch zu einem glatten Teig vermengen. ■ Kurz quellen lassen.	Waage Abwiegeteller Messbecher Rührschüssel Biomüll-Teller Kochlöffel
Salz	■ Topf zu zwei Drittel mit Wasser füllen und dieses zum Kochen bringen, dann salzen. ■ Spätzlehobel auf den Topf geben und den Teig partienweise in das Wasser hobeln. ■ Umrühren, damit die Spätzle nicht am Topfboden kleben bleiben. ■ Wenn die Spätzle an der Wasseroberfläche schwimmen, sind sie fertig gekocht. ■ Spätzle durch das Sieb abseihen und leicht schwenken.	großer Topf Spätzlehobel Teigkarte Kochlöffel großes Sieb
1 große Zwiebel 4 EL Öl	■ Zwiebel schälen, kleinwürfelig schneiden und in dem erhitzten Öl in der Pfanne goldgelb anrösten.	Schneidebrett Küchenmesser Esslöffel große Pfanne Kochlöffel
120 g Käse (z. B. Emmentaler, Bergkäse oder Tilsiter) 2 Knoblauchzehen Salz, Pfeffer	■ Käse in die Schüssel reiben. ■ Knoblauch schälen und dazupressen. ■ Die Spätzle mit Käse, Knoblauch, Salz und Pfeffer zur Zwiebel geben und gut durchmischen. ■ Bei mittlerer Hitze unter Rühren etwas anrösten, sodass der Käse schmilzt. Aufpassen, dass die Spätzle nicht anbrennen!	Abwiegeteller Vierkantreibe Schüssel Gemüsemesser Knoblauchpresse Kochlöffel
1 EL gehackte Petersilie oder geschnittener Schnittlauch	■ Abschmecken und mit Petersilie bestreut auf Tellern anrichten.	Fleischteller

5 Hauptspeisen

Wiener Schnitzel — Rezept Nr. 62

Zutaten	Arbeitsschritte	Arbeitsgeräte
4 Kalbsschnitzel Salz, Pfeffer	■ Die Schnitzel klopfen, beidseitig würzen und die Ränder auf jeder Seite 1 cm tief einschneiden.	Schneidebrett Schnitzelklopfer Fleischmesser
100 g Mehl 2 Eier 100 g Semmelbrösel	■ Schnitzel nach folgender Reihenfolge panieren: 1. Teller: Mehl 2. Teller: versprudelte Eier 3. Teller: Brösel	Waage 2 Abwiegeteller Suppenteller für Eier Biomüll-Teller Gabel
Ausreichend Öl	■ Fingerdick Öl in der Pfanne erhitzen, Hitzeprobe machen. ■ Wenn das Öl heiß genug ist, Schnitzel einlegen und Pfanne vorsichtig hin und her bewegen, damit die Panier wellenartig aufgeht. ■ Beidseitig goldbraun backen.	große Pfanne 2 Bratwender
1 Zitrone 1 Zweig Petersilie 1 TL Preiselbeermarmelade	■ Fertige Schnitzel herausheben und auf Küchenkrepp abtropfen lassen. ■ Mit einer Zitronenscheibe, Petersilie und Preiselbeermarmelade auf Tellern anrichten.	Küchenkrepp Schneidebrett Küchenmesser Teelöffel Fleischteller

Die Schnitzel werden deswegen eingeschnitten, damit sich das Fleisch beim Backen nicht aufwölbt.

Hitzeprobe = ein paar Brösel in das Öl streuen. Wenn das Öl schäumt, hat es die richtige Temperatur zum Herausbacken.

Wiener Schnitzel

Puten-Cordon-bleu — Rezept Nr. 63

Zutaten	Arbeitsschritte	Arbeitsgeräte
4 große Putenschnitzel Salz, Pfeffer	■ Schnitzel dünn klopfen und beidseitig würzen.	Schneidebrett Schnitzelklopfer
4 Blatt Schinken 4 Blatt Käse	■ Jedes Schnitzel mit Schinken und Käse belegen, zusammenklappen und den Rand mit Spießen oder Zahnstochern feststecken.	4 kleine Spieße oder Zahnstocher
100 g Mehl 2 Eier 100 g Semmelbrösel	■ Cordon bleu nach folgender Reihenfolge panieren: 1. Teller: Mehl 2. Teller: versprudelte Eier 3. Teller: Brösel	Waage 2 Abwiegeteller Biomüll-Teller Suppenteller für Eier Gabel
Ausreichend Öl	■ Fingerdick Öl in der Pfanne erhitzen, Hitzeprobe machen. ■ Cordons bleus einlegen und Pfanne vorsichtig hin und her bewegen, damit die Panier wellenartig aufgeht. ■ Beidseitig goldbraun backen.	große Pfanne 2 Bratwender
1 Zitrone 1 Zweig Petersilie 1 TL Preiselbeermarmelade	■ Fertige Cordons bleus herausheben und auf Küchenkrepp abtropfen lassen. ■ Mit einer Zitronenscheibe, Petersilie und Preiselbeermarmelade auf Tellern anrichten.	Küchenkrepp Schneidebrett Küchenmesser Teelöffel Fleischteller

❗ Der Käse darf beim zusammengeklappten Schnitzel nicht herausschauen, da er sonst beim Backen schmelzen und anbrennen würde.

Rezepte

> ⚠️ Löse das Netz unbedingt vor dem Kochen (jedoch nicht entfernen). So verhinderst du, dass sich das Fleisch daran „festbeißt" und nur unter großem Aufwand zu entfernen ist.
>
> Der Dampfdruckkochtopf darf erst geöffnet werden, wenn die Anzeigeringe nicht mehr zu sehen sind. Also Kochtopf von der Platte nehmen und abwarten, bis die Ringe ganz verschwunden sind!

Selchroller — Rezept Nr. 64

Zutaten	Arbeitsschritte	Arbeitsgeräte
1 Stück Selchroller (ca. 1 kg) 1/2 l Wasser	■ Den Selchroller mit dem Wasser in den Dampfdruckkochtopf geben, den Deckel fachgerecht verschließen und das Fleisch ca. 25 Minuten unter Druck garen. ■ Den Selchroller mit der Fleischgabel auf das Brett heben, das Netz entfernen und das Fleisch mit dem Elektromesser oder Fleischmesser in 1 cm dicke Scheiben schneiden.	Dampfdruckkochtopf Messbecher Fleischgabel Schneidebrett Elektromesser oder Fleischmesser

Marinierte Hähnchen-Gemüse-Spieße — Rezept Nr. 65

Zutaten	Arbeitsschritte	Arbeitsgeräte
Ca. 700 g Hühner- oder Putenfleisch	■ Das Fleisch in mundgerechte Stücke schneiden.	Schneidebrett Fleischmesser
10 EL Sojasauce 4 EL Essig 4 EL Öl	■ Sojasauce mit Essig und Öl verrühren und Fleisch darin einlegen.	Schüssel mit flachem Boden Esslöffel
2 Zucchini 1 grüner oder gelber Paprika 2 Zwiebeln 1 Putenfrankfurter 250 g Champignons Cocktailtomaten	■ Zucchini und Paprika waschen. ■ Zwiebel schälen. ■ Champignons putzen. ■ Alles in mundgerechte Stücke schneiden, ebenso die Putenfrankfurter. ■ Cocktailtomaten waschen und halbieren.	2 Schneidebretter Küchenmesser Fleischmesser Biomüll-Teller 6 kleine Schüsserln
5 EL Öl	■ Gemüse und mariniertes Fleisch hintereinander auf Spieße stecken und in der Pfanne in etwas Öl auf allen Seiten anbraten. Backrohr auf Grill einstellen und dort fertiggrillen.	Spieße große Pfanne Esslöffel Blech mit Backpapier

> 📌 Anstatt Putenfleisch kann natürlich auch Schweine-, Kalb- oder Rindfleisch verwendet werden. Die Garzeiten erhöhen sich dann aber!

Reisfleisch — Rezept Nr. 66

Zutaten	Arbeitsschritte	Arbeitsgeräte
500 g Putenfleisch	■ Fleisch in kleine Würfel schneiden.	Schneidebrett Fleischmesser
1 große Zwiebel 3 EL Öl 2 EL Paprikapulver 1 EL Essig	■ Zwiebel schälen, fein hacken und im heißen Öl goldgelb anrösten. ■ Mit Paprika stauben und mit Essig löschen. ■ Das Fleisch zugeben und mitrösten.	Teller für Biomüll Schneidebrett Küchenmesser mittlerer Topf Kochlöffel Esslöffel

5 Hauptspeisen

Zutaten	Arbeitsschritte	Arbeitsgeräte
3 Knoblauchzehen Salz 300 g Rundkornreis ca. 3/4 l Wasser	■ Knoblauch schälen, ganz klein schneiden und zum Fleisch geben. ■ Salzen und gut umrühren. ■ Reis zugeben, umrühren, mit Wasser aufgießen und aufkochen lassen. ■ Zugedeckt fertig dürsten, bis der Reis weich ist. Abschmecken.	Gemüsemesser Schneidebrett Waage Abwiegeteller Messbecher

Hamburger (faschierte Laibchen) — Rezept Nr. 67

Zutaten	Arbeitsschritte	Arbeitsgeräte
2 Semmeln 1 Zwiebel 500 g Faschiertes Salz, Pfeffer, Majoran, Petersilie 1 Ei	■ Semmeln in kleine Würfel schneiden, Zwiebel schälen und in kleine Würfel schneiden und beides mit dem Faschierten in der Schüssel mischen. ■ Masse gut würzen, Ei dazugeben und wieder vermengen.	Schneidebrett Küchenmesser Biomüll-Teller Schüssel Kochlöffel
Semmelbrösel Öl	■ Laibchen formen, in Bröseln wenden und im heißen Fett beidseitig knusprig herausbacken. Hitzeprobe!	Teller große Pfanne Bratwender

Verfeinerungsmöglichkeit für den Hamburger:

Zutaten	Arbeitsschritte	Arbeitsgeräte
1 Zwiebel 1 Tomate 2 EL Öl	■ Zwiebel schälen und in Ringe schneiden. ■ Tomaten in Scheiben schneiden. ■ Beides kurz in Öl anrösten und auf die Laibchen geben.	Schneidebrett Küchenmesser Esslöffel kleine Pfanne 2 Bratwender
Germweckerln (siehe S. 166)	■ Belegte faschierte Laibchen in einem Germweckerl servieren.	

Aus der Masse werden Laibchen geformt.

❗ Falls die Masse zu weich ist, arbeite ca. 30 g Semmelbrösel ein.

Cevapcici — Rezept Nr. 68

Zutaten	Arbeitsschritte	Arbeitsgeräte
1 Knoblauchzehe 1/2 Bund Petersilie 500 g Faschiertes etwas Chilipulver edelsüßes Paprikapulver Salz, Pfeffer 1 Ei evtl. 30 g Brösel	■ Knoblauch schälen, fein hacken. ■ Petersilie waschen, trocken tupfen und ebenfalls fein hacken. ■ Knoblauch, Petersilie und Faschiertes in einer Schüssel gut durchmischen und würzen. ■ Zur besseren Festigkeit das Ei und die Brösel hinzugeben.	Waage Abwiegeteller Schüssel Gemüsemesser Schneidebrett Küchenmesser Kochlöffel
5 EL Öl	■ Die Masse in zehn Portionen teilen und daraus Röllchen formen. ■ In der Pfanne bei mittlerer Hitze rundherum anbraten.	große Pfanne 2 Bratwender

Rezepte

Etwas Öl im Wasser verhindert das Zusammenkleben der Nudeln!
Außerdem ist es wichtig, in ausreichend Wasser zu kochen – als Faustregel gilt die 4–5-fache Nudelmenge.

Überbackene Schinkenfleckerln — Rezept Nr. 69

Zutaten	Arbeitsschritte	Arbeitsgeräte
Etwas Öl	■ Auflaufform mit Öl bestreichen.	Auflaufform Fettpinsel
	■ Rohr auf 200 °C Ober- und Unterhitze vorheizen.	
400 g Fleckerln	■ Fleckerln in kochendem Salzwasser ca. 5 Minuten garen. Zu Beginn das Umrühren nicht vergessen! ■ Anschließend abseihen, Nudeln gut abtropfen lassen.	Waage Abwiegeteller großer Topf Kochlöffel großes Sieb
2 Eier 1 Prise Salz	■ Eier trennen. ■ Aus dem Eiklar mit dem Salz Schnee schlagen.	Tasse 2 Rührschüsseln Biomüll-Teller Mixer
1/2 Becher Sauerrahm (125 g) 1 TL Salz 1/2 TL Pfeffer 250 g Schinken	■ Zum Eigelb Rahm, Salz und Pfeffer hinzugeben und verquirlen. ■ Schinken in kleine Würfel schneiden und zu dem Rahmgemisch geben. ■ Schnee und Nudeln vorsichtig unterheben und das Ganze in die Auflaufform füllen.	2 Teelöffel Schneebesen Abwiegeteller Schneidebrett Küchenmesser 2 Esslöffel
150 g Käse 1 EL Semmelbrösel Butterflocken	■ Käse reiben und über die Masse streuen. ■ Dann dünn mit Bröseln bestreuen und ein paar Butterflocken daraufsetzen. ■ Im Rohr ca. 20–30 Minuten backen, bis der Käse zerronnen und verkrustet ist.	Abwiegeteller Vierkantreibe Esslöffel Buttermesser

Topfenblätterteigkipferln mit pikanter Fülle — Rezept Nr. 70

Zutaten	Arbeitsschritte	Arbeitsgeräte
GR Topfenblätterteig (siehe S. 146)		
	■ Rohr auf 220 °C Ober- und Unterhitze vorheizen.	
Fülle: 150 g Schinken 150 g Käse (z. B. Gouda) 2 EL Sauerrahm 1 EL gehackte Petersilie 1 EL Oregano Salz, Pfeffer	■ Schinken und Gouda in kleine Würfel schneiden. ■ Mit Rahm, Kräutern und Gewürzen in der Schüssel mischen.	Waage 2 Abwiegeteller Schneidebrett Küchenmesser Schüssel 3 Esslöffel Kochlöffel
Etwas Mehl	■ Topfenblätterteig vierteln und je ein Viertel messerrückendick auf der bemehlten Arbeitsfläche oder dem Nudelbrett auswalken und in gleichschenkelige Dreiecke schneiden.	evtl. Nudelbrett Nudelwalker Küchenmesser

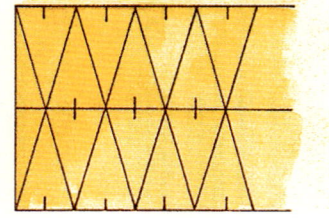

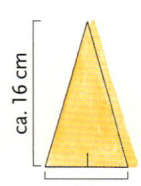
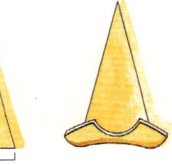

ca. 16 cm / ca. 14 cm

5 Hauptspeisen

	▪ Mit dem Löffel die Fülle in die Nähe der Längsseite setzen. ▪ Den Teig zur Spitze hin einrollen. Die Enden abwinkeln, zu Kipferln formen und auf das Blech legen.	Ess öffel Backblech mit Backpapier
1 Ei	▪ Kipferln auf das Blech legen. ▪ Ei in der Tasse versprudeln und die Kipferln damit bepinseln. ▪ Im Rohr ca. 10 Minuten goldbraun backen. ▪ Anschließend sofort servieren.	Biomüll-Teller Tasse Gabel Fettpinsel

! Am besten kann man schöne Dreiecke schneiden, wenn der ausgewalkte Teig eine quadratische oder rechteckige Form hat.

Spaghetti bolognese — Rezept Nr. 71

Zutaten	Arbeitsschritte	Arbeitsgeräte
2 EL Öl 1 Zwiebel	▪ Zwiebel schälen, in kleine Würfel schneiden und in erhitztem Öl anschwitzen.	Esslöffel Waage Abwiegeteller
2 Karotten	▪ Karotten evtl. schälen und in kleine Würfel schneiden.	Schneidebrett Küchenmesser
300 g Faschiertes	▪ Gemeinsam mit dem Faschierten zu den Zwiebeln geben und mitrösten.	evtl. Sparschäler Biomüll-Teller große Pfanne Kochlöffel
1 Knoblauchzehe	▪ Knoblauch schälen und in die Pfanne pressen.	Gemüsemesser Knoblauchpresse
Salz, Pfeffer, Salbei, Rosmarin, Basilikum, Thymian, Oregano 3 EL Tomatenmark 3/8 l Wasser	▪ Gewürze nach Geschmack samt Tomatenmark hinzugeben, mit Wasser aufgießen und das Sugo mindestens 20 Minuten dünsten lassen. ▪ Zuletzt abschmecken.	Esslöffel Messbecher
500 g Spaghetti 2 l Salzwasser 1 EL Öl	▪ Wasser zugedeckt zum Kochen bringen, Salz und Öl dazugeben, Spaghetti einlegen, umrühren und al dente kochen (ca. 5 Minuten). ▪ Nudeln anschließend abseihen, auf Tellern anrichten und mit Sugo übergießen.	großer Topf Messbecher 2 Esslöffel Kochlöffel großes Sieb evtl. Spaghettizange
1 EL geriebener Parmesan	▪ Mit Parmesan bestreut servieren.	Fleischteller Schöpflöffel

Al dente = bissfest.

Rezepte

Spaghetti mit Tomatensugo — Rezept Nr. 72

Zutaten	Arbeitsschritte	Arbeitsgeräte
1 Zwiebel 2 EL Öl	■ Zwiebel schälen, in kleine Würfel schneiden und in erhitztem Öl anschwitzen.	Schneidebrett Küchenmesser Biomüll-Teller
2 Karotten 1/8 l Wasser 1 Pkg. passierte Tomaten (500 g) 1 grüner Paprika	■ Karotten evtl. schälen, in kleine Würfel schneiden und hinzufügen. ■ Mit Wasser aufgießen und passierte Tomaten zugeben. ■ Paprika waschen, halbieren, Gehäuse entfernen, in kleine Würfel schneiden und mitdünsten.	evtl. Sparschäler Messbecher große Pfanne Kochlöffel Gemüsemesser
1 Knoblauchzehe Salz, Pfeffer Salbei, Rosmarin, Basilikum, Thymian, Oregano 3 EL Tomatenmark	■ Knoblauch schälen und in die Pfanne pressen. ■ Gewürze nach Geschmack samt Tomatenmark beifügen und dieses Sugo etwa 20 Minuten dünsten lassen. ■ Zuletzt abschmecken.	Knoblauchpresse Esslöffel
500 g Spaghetti 2 l Salzwasser 1 EL Öl 1 EL gehackte Petersilie 1 EL geriebener Parmesan	■ Wasser zugedeckt zum Kochen bringen, Salz und Öl dazugeben, Spaghetti einlegen, umrühren und al dente kochen (ca. 8 Minuten). ■ Nudeln anschließend abseihen, auf Tellern anrichten und mit Sugo übergießen. ■ Mit Petersilie und Parmesan bestreut servieren.	großer Topf Messbecher 3 Esslöffel Kochlöffel großes Sieb evtl. Spaghettizange Fleischteller Schöpflöffel

Lasagne mit Faschiertem — Rezept Nr. 73

Zutaten	Arbeitsschritte	Arbeitsgeräte
	■ Rohr auf 200 °C Ober- und Unterhitze vorheizen.	
Fleischfüllung: 1 Zwiebel 1 Karotte 2 EL Öl	■ Zwiebel schälen, in kleine Würfel schneiden und in erhitztem Öl anschwitzen. ■ Karotten evtl. schälen, in kleine Würfel schneiden und hinzufügen.	2 Esslöffel Waage Abwiegeteller Messbecher Schneidebrett
300 g Faschiertes	■ Das Faschierte hinzugeben und so lange anbraten, bis es grau geworden ist.	Küchenmesser Biomüll-Teller evtl. Sparschäler
3 EL Tomatenmark 1/4 l Wasser 1 Knoblauchzehe 1 TL Oregano 1 TL edelsüßes Paprikapulver 1 TL Salz	■ Tomatenmark beigeben, mit Wasser aufgießen. ■ Knoblauch schälen und in die Pfanne pressen. ■ Gewürze einrühren und Fleischfülle abschmecken.	große Pfanne Kochlöffel Gemüsemesser Knoblauchpresse Teelöffel

5 Hauptspeisen

Zutaten	Arbeitsschritte	Arbeitsgeräte
Béchamelsauce: 40 g Butter 2 EL Mehl 600 ml Milch 1 TL Salz 1/4 TL Pfeffer 1 Prise Muskatnuss	■ Die Butter im Topf schmelzen, mit Mehl stauben und unter ständigem Rühren mit dem Schneebesen hellgelb anschwitzen. ■ Nach und nach mit Milch aufgießen und unter Rühren 5 Minuten köcheln lassen, dann würzen.	Waage Abwiegeteller Ess öffel Teelöffel Messbecher mittelgroßer Topf Schneebesen
Etwas Öl 300 g ungekochte Lasagneblätter 70 g Parmesan 4 EL Obers	■ Auflaufform befetten, mit wenig Béchamelsauce ausgießen. ■ Abwechselnd Lasagneblätter, Fleischfüllung und Béchamelsauce in die Form schichten. ■ Zum Abschluss die restliche Sauce über die Lasagne gießen, mit geriebenem Parmesan bestreuen und mit Obers beträufeln. ■ Im Rohr ca. 30 Minuten backen.	Auflaufform Fettpinsel 2 kleine Schöpflöffel Waage Abwiegeteller Vierkantreibe Esslöffel

Lasagne vegetarisch   Rezept Nr. 74

Zutaten	Arbeitsschritte	Arbeitsgeräte
	■ Rohr auf 200 °C Ober- und Unterhitze vorheizen.	
Gemüsefüllung: 1 Zwiebel 1 Karotte 2 EL Öl 1 Paprika 2 Tomaten 1 Zucchini 1 Aubergine 3 EL Tomatenmark 1/8 l Wasser 2 Knoblauchzehen 2 TL Oregano 2 TL edelsüßes Paprikapulver 1 TL Salz	■ Zwiebel schälen, in kleine Würfel schneiden und in erhitztem Öl anschwitzen. ■ Karotten evtl. schälen, in kleine Würfel schneiden und hinzufügen. ■ Gemüse waschen, Paprika halbieren, Gehäuse entfernen und in kleine Würfel schneiden. ■ Tomaten halbieren, Strunk mit einem V-Schnitt entfernen und Tomaten in kleine Würfel schneiden. ■ Zucchini und Aubergine ebenfalls in kleine Würfel schneiden. ■ Das restliche Gemüse in die Pfanne geben und kurz anrösten lassen. ■ Knoblauch schälen und in die Pfanne pressen. ■ Tomatenmark beigeben, mit Wasser aufgießen, würzen und 10–15 Minuten köcheln lassen.	2 Esslöffel Schneidebrett Küchenmesser Biomüll-Teller evtl. Sparschäler große Pfanne Kochlöffel Messbecher Gemüsemesser Knoblauchpresse Teelöffel
Béchamelsauce: 40 g Butter 2 EL Mehl 600 ml Milch 1 TL Salz 1/4 TL Pfeffer 1 Prise Muskatnuss	■ Die Butter im Topf schmelzen, mit Mehl stauben und unter ständigem Rühren mit dem Schneebesen hellgelb anschwitzen. ■ Nach und nach mit Milch aufgießen und unter Rühren 5 Minuten köcheln lassen, dann würzen.	Waage Abwiegeteller Esslöffel Teelöffel Messbecher mittelgroßer Topf Schneebesen

Rezepte

Zutaten	Arbeitsschritte	Arbeitsgeräte
Etwas Öl 300 g ungekochte Lasagneblätter 70 g Parmesan 4 EL Obers	■ Eine Auflaufform befetten, mit wenig Béchamelsauce ausgießen. ■ Abwechselnd Lasagneblätter, Gemüsefüllung und Béchamelsauce in die Form schichten. ■ Zum Abschluss die restliche Sauce über die Lasagne gießen, mit geriebenem Parmesan bestreuen und mit Obers beträufeln. ■ Im Rohr ca. 30 Minuten backen	Auflaufform Fettpinsel 2 kleine Schöpflöffel Waage Abwiegeteller Vierkantreibe Esslöffel

Pizza (für 2 Backbleche) — Rezept Nr. 75

Zutaten	Arbeitsschritte	Arbeitsgeräte
GR Germteig (siehe S. 146) mit folgenden Zutaten: 900 g Mehl, 600 ml lauwarmes Wasser, 2 Pkg. Trockengerm, 1 Prise Zucker, 2 TL Salz, 5 EL Olivenöl		
	■ Rohr auf 220 °C Ober- und Unterhitze vorheizen.	
Tomatensugo: 250 g passierte Tomaten 2 Knoblauchzehen 1 EL Olivenöl 1/2 EL Pizzagewürz 1/2 EL Oregano 1/2 EL Basilikum 1 TL Salz	■ Knoblauch schälen und in die Schüssel pressen. ■ Alle Zutaten in der Schüssel mischen.	Waage kleine Schüssel Gemüsemesser Biomüll-Teller Knoblauchpresse 2 Esslöffel Teelöffel
Pizzabelag: 1 Zwiebel 1 kleine Dose Mais 1 grüner Paprika 150 g Schinken 1 Dose Thunfisch natur (150 g, abgetropft) 4 Pkg. Mozzarella (600 g) Etwas Öl und Mehl	■ Zwiebel schälen, halbieren und in dünne Scheiben schneiden. ■ Mais abseihen und mit kaltem Wasser spülen. ■ Paprika waschen, halbieren, Gehäuse entfernen und in dünne Streifen schneiden. ■ Schinken in grobe Würfel schneiden. ■ Thunfisch abseihen und grob schneiden. ■ Beim Mozzarella die Flüssigkeit ableeren und ebenfalls in dünne Scheiben schneiden. ■ Beide Bleche befetten und bemehlen. ■ Germteig nach dem Rasten halbieren, die Teile auf einer sauberen Arbeitsfläche bzw. einem Nudelbrett in Blechgröße auswalken und auf die Bleche legen.	Waage Abwiegeteller 3 Schneidebretter Küchenmesser Biomüll-Teller Dosenöffner 2 kleine Siebe Schere 2 Backbleche Fettpinsel Küchenmesser Nudelwalker evtl. Nudelbrett

❗ Die Qualität des Pizzateiges hängt entscheidend von der Intensität der Bearbeitung ab – also knete und schlage den Teig kräftig.

💡 Pizzen können auf unzählige Arten belegt werden. Dies sind nur zwei Vorschläge!

📌 Der saftigste Käse für Pizzen ist Mozzarella. Er darf aber auf keinen Fall verbrennen, da er sonst bitter schmeckt.

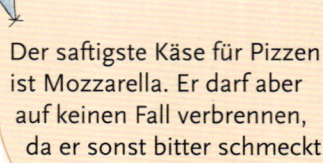 Berechne die Mengenangaben des Germteiges für ein Backblech.

5 Hauptspeisen

Pizzagewürz	■ Teige mit Sugo bestreichen und nach folgender Reihenfolge belegen: Zwiebel, Paprika, Mais, Pizzagewürz, Schinken (1. Blech), Thunfisch (2. Blech) und zum Abschluss Mozzarella. ■ Blech (einzeln) ins Rohr schieben und ca. 20 Minuten backen.	Esslöffel

Quiche Lorraine (französischer Zwiebelkuchen)   Rezept Nr. 76

Zutaten	Arbeitsschritte	Arbeitsgeräte
(für 10–12 Personen) **Zwiebelfüllung:** 500 g Zwiebeln 6 EL Öl 200 g Schinken	■ Rohr auf 180 °C Ober- und Unterhitze vorheizen. ■ Zwiebeln schälen, halbieren, in feine Scheiben schneiden und im erhitzten Öl anschwitzen. ■ Schinken in Würfeln schneiden, zu den Zwiebeln geben kurz mitschwitzen. ■ Pfanne vom Herd nehmen und überkühlen lassen.	Waage 2 Abwiegeteller Esslöffel 2 Schneidebretter Küchenmesser Biomüll-Teller mittelgroße Pfanne Kochlöffel
4 Eier 400 g Käse Salz, Pfeffer 1 Becher Obers (250 ml)	■ Eier trennen. ■ Käse reiben, mit dem Eigelb vermengen und unter die überkühlte Zwiebelmasse mischen. ■ Zwiebelmasse würzen. ■ Aus dem E klar Schnee schlagen, dann Obers schlagen, beides vorsichtig mit dem Schneebesen unter die Zwiebelmasse heben.	Tasse 3 Rührschüsseln Biomüll-Teller Waage Abwiegeteller Kochlöffel Vierkantreibe Mixer Schneebesen

GR Mürbteig (siehe S. 145) mit folgenden Zutaten: 400 g Mehl, 200 g Butter, 1 Prise Salz, 1 Prise Zucker, 2 Eier

Etwas Öl und Mehl	■ Springform befetten und bemehlen.	große Tortenspringform Fettpinsel
	■ Mürbteig in die Springform drücken und einen kleinen Rand formen. Mit der Gabel ein paar Löcher stechen. ■ Teig „blind backen", das heißt ohne Belag ca. 10 Minuten hell backen.	Gabel
	■ Füllung auf den vorgebackenen Boden streichen und bei 200 °C Ober- und Unterhitze ca. 30 Minuten backen.	Teigkarte

Quiche Lorraine

 Die Löcher im Mürbteig verhindern, dass er sich beim Backen zu sehr aufwölbt!

Rezepte

Auswalken des Teiges

Oberfläche mit Öl bestreichen – das macht den Teig elastischer!

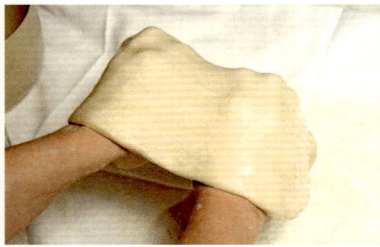

Mit den Handrücken unter den Teig greifen und von der Mitte aus dünnziehen.

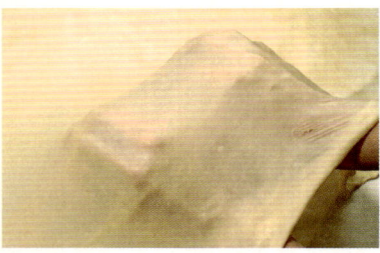

Dann den Teig auf das Strudeltuch legen und weiter ausziehen.

💡 **Wusstest du, dass ...**
ein perfekt ausgezogener Strudel so durchscheinend ist, dass du eine unter ihm liegende Zeitung ohne Probleme lesen könntest?

Schinken-Käse-Strudel — Rezept Nr. 77

Zutaten	Arbeitsschritte	Arbeitsgeräte
GR Strudelteig (siehe S. 146)		
Füllung: 1 Zwiebel 20 g Butter 400 g Schinken 4 EL Obers 1 Ei 50 g Käse 1 Tomate Salz, Pfeffer 1 EL geschnittener Schnittlauch	■ Rohr auf 180 °C Ober- und Unterhitze vorheizen. ■ Zwiebel schälen, fein hacken und in der zerlassenen Butter in der Pfanne anschwitzen lassen. ■ Schinken in kleine Würfel schneiden, zur Zwiebel geben und kurz mitschwitzen lassen. ■ Obers hineinleeren und das Ganze ca. 5 Minuten köcheln lassen. ■ Käse reiben und mit dem Ei mischen. ■ Tomate waschen, halbieren, Strunk mit einem V-Schnitt entfernen, in kleine Würfel schneiden und zusammen mit der Käse-Ei-Mischung in die Pfanne geben. ■ Die Masse würzen und auskühlen lassen.	Waage 3 Abwiegeteller 2 Schneidebretter Küchenmesser Biomüll-Teller mittlere Pfanne Kochlöffel Vierkantreibe Schüssel
Etwas Mehl Etwas Öl	■ Strudeltuch ausbreiten und bemehlen. ■ Den Teig ebenfalls bemehlen, auf der sauberen Arbeitsfläche bzw. dem Nudelbrett etwas auswalken. ■ Die Oberfläche des Teiges mit Öl bestreichen. ■ Diesen dann mit den Handrücken aufheben und den Teig auf diesen rundum bewegen. So zieht sich der Teig auseinander. ■ Mit Schwung auf das Strudeltuch legen und weiter vorsichtig ausziehen. Aufpassen, dass keine Löcher entstehen. ■ Die ausgekühlte Füllung auf dem ausgezogenen Strudel verteilen. ■ Die Seiten einschlagen, am oberen Ende das Tuch anheben und so den Teig zusammenrollen.	Strudeltuch evtl. Nudelbrett Nudelwalker Esslöffel zum Verteilen Fettpinsel
Etwas Butter	■ Butter im Topf schmelzen. ■ Fertigen Strudel auf das Blech legen, mit der zerlassenen Butter bestreichen und im Rohr ca. 20 Minuten backen.	kleiner Topf Backblech mit Backpapier Buttermesser Fettpinsel
Tomatensauce (siehe S. 168)	■ Tomatensauce zum Strudel servieren.	

Scholle, gratiniert — Rezept Nr. 78

Zutaten	Arbeitsschritte	Arbeitsgeräte
	■ Rohr auf 220 °C Oberhitze vorheizen.	
4 Stück Schollenfilets Saft von einer Zitrone	■ Fischfilets beidseitig mit Zitronensaft beträufeln, kurz einwirken lassen.	Schneidebrett Küchenmesser Zitronenpresse Waage Abwiegeteller
Salz 50 g Mehl Öl zum Anbraten	■ Salzen, eine Seite in Mehl drücken und in erhitztem Öl rasch beidseitig anbraten.	große Pfanne 2 Bratwender
Etwas Öl	■ Die angebratenen Fischfilets in die befettete Auflaufform einlegen.	Auflaufform Fettpinsel
Gratiniersauce: 25 g Butter 50 g Mehl 1/4 l Milch	■ Butter im Topf schmelzen lassen, Mehl darin hell anschwitzen, mit Milch aufgießen, dicklich einkochen und dabei mit dem Schneebesen ständig umrühren.	2 Abwiegeteller Messbecher kleiner Topf Biomüll-Teller Schneebesen
Salz Muskatnuss, Kümmel (gemahlen), Zitronensaft 1 Ei	■ Die überkühlte Masse würzen und mit Ei legieren. ■ Fisch mit Gratiniersauce übergießen.	Tasse Gabel
100 g Käse Semmelbrösel Butterflocken	■ Käse reiben und über die Gratiniersauce streuen, darauf dünn Brösel verteilen und auf diese ein paar Butterflocken setzen. ■ Im Rohr 10–15 Minuten gratinieren, bis eine goldbraune Kruste entsteht.	Abwiegeteller Vierkantreibe Buttermesser

Durch den Zitronensaft gerinnt das Eiweiß und das Fleisch bleibt fest.

Legieren = für eine cremige Bindung Dotter oder Ei versprudeln und in die fertige Suppe oder Sauce einrühren, nicht mehr aufkochen lassen.

6 Desserts und Mehlspeisen

Apfelmus — Rezept Nr. 79

Zutaten	Arbeitsschritte	Arbeitsgeräte
1 kg Äpfel 1/4 l Wasser 100 g Zucker Etwas Zitronensaft und Zimt	■ Äpfel schälen, vierteln, Gehäuse entfernen. ■ Mit etwas Zitronensaft, Wasser und Zucker im Topf weich kochen. ■ Pürieren und mit Zimt nach Geschmack würzen.	Waage 2 Abwiegeteller Messbecher Sparschäler Biomüll-Teller Schneidebrett Zitronenpresse Gemüsemesser mittelgroßer Topf Stabmixer

Rezepte

Der Salat kann mit frischer Zitronenmelisse oder einem Tupf geschlagenem Obers garniert werden.

Wusstest du, dass ... sich eine Zitrone leichter und ergiebiger auspressen lässt, wenn man sie vor dem Aufschneiden auf einem Schneidbrett unter dem Druck der Handfläche kurz hin und her rollt?

! Damit die Milch nicht anbrennt, gib vorher so viel Wasser in den Topf, dass der Boden damit bedeckt ist und lasse es aufkochen. Erst dann solltest du die Milch dazugeben.

Vorsicht beim Knödelformen! An der Verschlussstelle darf kein Mehl haften, da sonst der Teig nicht gut zusammenklebt und die Knödel sich beim Kochen öffnen.

Obstsalat — Rezept Nr. 80

Zutaten	Arbeitsschritte	Arbeitsgeräte
2 Äpfel 2 Birnen 1 Zitrone 2 Bananen 2 Kiwis 2 Pfirsiche 200 g Weintrauben 2 EL Honig	▪ Äpfel und Birnen waschen, vierteln, Gehäuse entfernen, blättrig schneiden und in die Schüssel geben. ▪ Zitrone halbieren, auspressen und den Saft über die Äpfel und Birnen leeren, damit sie sich nicht braun verfärben. ▪ Bananen schälen, auch blättrig schneiden und rasch einmengen. ▪ Kiwis und Pfirsiche schälen, vierteln, Pfirsichkern entfernen und die Früchte blättrig schneiden. ▪ Weintrauben waschen, halbieren und bei Bedarf entkernen. ▪ Alle Zutaten in die Schüssel geben, Honig beifügen, alles gut mischen und gekühlt in Glasschalen füllen.	Waage Abwiegeteller große Schüssel Schneidebrett Küchenmesser Biomüll-Teller Zitronenpresse Gemüsemesser Esslöffel Glasschalen

Vanillesauce — Rezept Nr. 81

Zutaten	Arbeitsschritte	Arbeitsgeräte
1/2 l Milch 1/2 Pkg. Vanillepuddingpulver 100 g Zucker	▪ Puddingpulver und drei Esslöffel von der bereitgestellten Milch in einer Tasse glatt rühren. ▪ Milch mit Zucker zum Kochen bringen, das verrührte Puddingpulver in die Milch einmengen und unter ständigem Rühren etwa eine Minute kochen lassen. Anschließend in eine Schüssel leeren und auskühlen lassen. ▪ Beim Abkühlen ebenfalls immer wieder umrühren, damit sich an der Oberfläche keine Haut bildet.	Messbecher Tasse Waage Abwiegeteller Esslöffel Topf Schneebesen Schüssel

Früchteknödel aus Topfenteig — Rezept Nr. 82

Zutaten	Arbeitsschritte	Arbeitsgeräte
Topfenteig: 100 g Butter 1 Ei 100 g Grieß 100 g Mehl 1 Pkg. Topfen (250 g) Etwas Mehl	▪ Butter im Topf schmelzen und überkühlt mit dem Ei in einer Schüssel verrühren. ▪ Anschließend mit Grieß, Mehl und Topfen gut mischen. ▪ Teig ca. 15 Minuten rasten lassen. ▪ Saubere Arbeitsfläche bzw. Nudelbrett bemehlen, Teig darauf zu einer Rolle formen und in zehn gleich große Teile schneiden.	Waage 3 Abwiegeteller Rührschüssel Biomüll-Teller kleiner Topf Kochlöffel evtl. Nudelbrett Küchenmesser

6 Desserts und Mehlspeisen

Zutaten	Arbeitsschritte	Arbeitsgeräte
10 gewaschene Zwetschken, Marillen oder Erdbeeren	■ Handfläche bemehlen, Teig in die Handfläche legen, etwas auseinander drücken, mit einer trockenen Frucht belegen und einen Knödel formen.	
Salz	■ Topf zu zwei Drittel mit Wasser füllen, zum Kochen bringen, salzen und die Knödel darin ca. 10–15 Minuten nur ziehen lassen. Die Knödel sind fertig, wenn sie an der Oberfläche schwimmen.	großer Topf Kochlöffel
50 g Butter 50 g Semmelbrösel 50 g Zucker Zimt	■ Brösel und Zucker in der zerlassenen Butter hellbraun rösten und mit etwas Zimt würzen. ■ Die fertigen Knödel vorsichtig mit dem Siebschöpfer aus dem Wasser heben, abtropfen lassen und in den Bröseln wälzen.	Waage 2 Abwiegeteller große Pfanne Kochlöffel Siebschöpfer 2 Bratwender

Erdbeerknöde

Ziehen lassen = das Wasser bewegt sich beim Kochen nur schwach. Bewegt es sich zu stark, kann das Gargut zerfallen.

Topfenpalatschinken — Rezept Nr. 83

Zutaten	Arbeitsschritte	Arbeitsgeräte
GR Frittatenteig (siehe S. 145)		
Etwas Öl	■ Öl in der Pfanne erhitzen, einen Schöpfer Teig eingießen und durch Schwenken der Pfanne dünn verteilen. ■ Teig auf der Unterseite goldgelb backen, mithilfe des Bratwenders umdrehen, zweite Seite goldgelb backen und auf den Teller legen. ■ Für die nächste Palatschinke erneut etwas Öl in die Pfanne geben und den Vorgang wiederholen, bis der Teig aufgebraucht ist. ■ Rohr auf 180 °C Oberhitze vorheizen.	beschichtete Pfanne Schöpflöffel Bratwender Hauptspeiseteller
Topfenfülle: 20 g Butter 40 g Staubzucker 1 Pkg. Vanillezucker 1 Ei	■ Butter, Zucker, Vanillezucker und Ei mit dem Mixer sehr gut flaumig rühren.	Waage 2 Abwiegeteller Rührschüssel Biomüll-Teller Mixer
25 g Rosinen 1/2 Pkg. Topfen (125 g)	■ Rosinen und Topfen mit dem Mixer (Stufe 1) vorsichtig einmengen.	Abwiegeteller
Etwas Öl	■ Auflaufform befetten.	Auflaufform Fettpinsel
100 ml Milch	■ Die Fülle auf den Palatschinken verteilen, diese zusammenrollen, in der Auflaufform nebeneinanderlegen, mit Milch übergießen und im Rohr ca. 15 Minuten backen.	Esslöffel zum Bestreichen Messbecher

Rezepte

Apfel-Reis-Auflauf — Rezept Nr. 84

Zutaten	Arbeitsschritte	Arbeitsgeräte
	■ Rohr auf 200 °C Ober- und Unterhitze vorheizen.	
3/4 l Milch (750 ml) 1 Prise Salz 150 g Rundkornreis	■ Die Milch mit Salz zum Kochen bringen. ■ Den Reis einstreuen und bei schwacher Hitze ca. 30 Minuten quellen lassen. Den Milchreis anschließend abkühlen lassen.	Messbecher mittelgroßer Topf Waage Abwiegeteller
500 g Äpfel 1 Zitrone	■ Die Äpfel dünn schälen, das Kerngehäuse ausstechen und in ca. 1 cm dicke Scheiben schneiden. ■ Lege die geschälten und entkernten Äpfel ausnahmsweise in eine Schüssel mit Zitronenwasser, damit sie nicht braun werden.	Abwiegeteller Sparschäler Apfelausstecher Schneidebrett Küchenmesser Schüssel Zitronenpresse
2 Eier 1 Prise Salz	■ Eier in die Schüsseln trennen. ■ Aus dem Eiklar mit dem Salz Schnee schlagen.	2 kleine Rührschüsseln Tasse
2 EL Zucker 1 Pkg. Vanillezucker	■ Die Dotter mit dem Zucker und dem Vanillezucker mixen und unter den ausgekühlten Milchreis mischen. ■ Anschließend den Schnee vorsichtig mit dem Schneebesen unterheben.	Biomüll-Teller Esslöffel Mixer Schneebesen
Etwas Öl	■ Auflaufform befetten. ■ Abwechselnd eine Schicht Reis und eine Schicht Apfelscheiben in die Form füllen – mit Reis beginnen und mit Apfelscheiben abschließen.	Auflaufform Fettpinsel 2 Esslöffel
1 EL Zitronensaft 2 EL Staubzucker	■ Die letzte Schicht Apfelscheiben mit Zitronensaft beträufeln und mit Staubzucker besieben. ■ Auf der mittleren Schiene etwa 20 Minuten goldgelb überbacken.	Zuckerstreuer

Gebackene Mäuse — Rezept Nr. 85

Zutaten	Arbeitsschritte	Arbeitsgeräte
GR Germteig (siehe S. 146) mit folgenden Zutaten: 600 g Mehl, 3 Eier, 60 g Zucker, 1 Pkg. Vanillezucker, 50 g zerlassene Butter, 1/4 l lauwarme Milch, 1 Würfel Germ (zerbröseln) oder 1 Pkg. Trockengerm, evtl. Rosinen, 1/2 TL Salz		
500 g Kokosfett	■ Kokosfett in der Pfanne schmelzen. ■ Aus dem Teig mit einem Esslöffel vom Rand weg Nockerln ausstechen. ■ Ins heiße Fettbad setzen und beidseitig langsam goldgelb backen.	große Pfanne Esslöffel 2 Bratwender
Etwas Staubzucker	■ Fertige Mäuse aus der Pfanne heben, auf Küchenkrepp abtropfen und auskühlen lassen. ■ Mit Staubzucker bezuckert servieren.	Siebschöpfer Teller mit Küchenkrepp Zuckerstreuer

> Die Milch kann in der zerlassenen Butter kurz erwärmt werden.

> ! Wenn du den Esslöffel vorher in das heiße Fett tauchst, bleibt der Teig nicht kleben.

6 Desserts und Mehlspeisen

Scheiterhaufen — Rezept Nr. 86

Zutaten	Arbeitsschritte	Arbeitsgeräte
	Rohr auf 170 °C Heißluft vorheizen.	
3/8 l Milch 2 Eier 50 g Zucker	Milch, Eier und Zucker versprudeln.	Messbecher Waage Abwiegeteller Schüssel Schneebesen
1 Pkg Milchbrot Etwas Öl zum Befetten	Die Auflaufform befetten und den Boden mit Milchbrot auslegen. Ungefähr die Hälfte des Milch-Ei-Zucker-Gemisches darüberleeren.	Auflaufform Fettpinsel
1/2 kg Äpfel Zitronenschale von 1/2 unbehandelten Zitrone 50 g Zucker Zimt Rosinen	Äpfel waschen, schälen und blättrig schneiden. Zitrone waschen und reiben. Äpfel, Zitronenschale, Zucker, Zimt und Rosinen vermischen und über das Milchbrot verteilen. Auf die Äpfel wieder eine Schicht Milchbrot legen.	Sparschäler Arbeitsmesser Schüssel Universalreibe Abwiegeteller Brotmesser
Ca. 60 g Butter	Das restliche Milch-Ei-Zucker-Gemisch über das Brot leeren, Butterflocken verteilt daraufsetzen und im Rohr etwa 30 Minuten goldgelb backen.	Abwiegeteller

Tiramisu ohne Eier — Rezept Nr. 87

Zutaten	Arbeitsschritte	Arbeitsgeräte
1/2 l Milch 1 Pkg. Vanillepuddingpulver 2 EL Zucker	Pudding laut Packungsanleitung zubereiten und unter wiederholtem Rühren auskühlen lassen.	Messbecher Tasse kleiner Topf Esslöffel Kochlöffel
1 Becher Mascarpone (500 g) 2 Pkg. QimiQ (500 g) 50 g Staubzucker	Ausgekühlten Pudding, Mascarpone, QimiQ und Staubzucker mit dem Mixer gut verrühren.	Waage Abwiegeteller Rührschüssel Mixer
3 Pkg. Biskotten (600 g) Orangensaft oder Kaffee	Die Biskotten im Teller in Saft oder Kaffee tunken, dann in der Auflaufform schichtweise mit Creme einfüllen. Mit Biskotten beginnen und mit der Creme abschließen.	große Auflaufform Suppenteller Teigkarte
Kakaopulver	Zum Schluss ausreichend mit Kakao bestäuben und kaltstellen.	Sieb Teelöffel

> Wenn man das Tiramisu gleich in Dessertschalen anrichtet, wird die Masse schneller fest.

Rezepte

 Die Verschlussstelle selbst darf nicht fettig sein, da sie sich sonst wieder öffnet und die Marmelade ausrinnt.

Die Buchteln müssen auch seitlich mit der zerlassenen Butter eingepinselt werden, da sie sonst zusammenkleben und sich nicht voneinander lösen.

Buchteln — Rezept Nr. 88

Zutaten	Arbeitsschritte	Arbeitsgeräte
	▪ Rohr auf 100 °C Heißluft vorheizen.	
GR Germteig (siehe S. 146) mit folgenden Zutaten: 500 g Mehl, 1/2 TL Salz, 1 Würfel Germ (zerbröseln) oder 1 Pkg. Trockengerm, 1 Ei, 3 Eidotter, 100 g Zucker, 1 Pkg. Vanillezucker, 1 Rumaroma, 100 g zerlassene Butter, ca. 1/8 l lauwarme Milch; Teig an einem warmen Ort 30 Minuten zugedeckt gehen lassen.		
Etwas Mehl	▪ Mit einem Esslöffel vom Rand weg Stückchen aus dem fertigen Teig stechen und diese auf die saubere, bemehlte Arbeitsfläche bzw. das bemehlte Brett legen. Teigstücke mit der Hand etwas flach drücken.	Esslöffel evtl. Nudelbrett
Ca. 300 g Powidlmarmelade	▪ Mit einem Teelöffel Marmelade in die Mitte der Teigstücke setzen und die Ränder über der Marmelade festdrücken.	Teelöffel
Etwas Butter und etwas Öl	▪ Gefüllte Buchteln mit zerlassener Butter rundherum bepinseln und mit dem Verschluss nach unten in einer befetteten Auflaufform eng aneinandersetzen.	kleiner Topf Auflaufform Fettpinsel
	▪ Buchteln bei aufsteigender Hitze (100 °C – 150 °C – 180 °C) ca. 35–40 Minuten goldgelb backen.	
Staubzucker	▪ Die fertigen Buchteln kurz überkühlen lassen, vom Rand lösen und auf ein Gitter geben. Vorsichtig die einzelnen Buchteln voneinander lösen und ausgekühlt bezuckern.	Tortengitter Bratwender Zuckerstreuer

Götterspeise — Rezept Nr. 89

Zutaten	Arbeitsschritte	Arbeitsgeräte
150 g Biskotten Kompottsaft zum Beträufeln (falls Obstkonserven verwendet werden)	▪ Biskotten zweimal durchbrechen, auf ein Brett legen und mit Kompottsaft beträufeln. ▪ Die Hälfte der Biskotten in Glasschalen aufteilen.	Waage Abwiegeteller Schneidebrett Esslöffel Glasschalen
250 g Obst (je nach Saison oder aus der Dose)	▪ Die Hälfte des Obstes (falls Marillen, Pfirsiche, Äpfel oder Birnen verwendet werden, müssen diese vorher entkernt und in kleine Stücke geschnitten werden) teilt man auf die Glasschalen auf. ▪ Darauf kommt die zweite Hälfte der Biskotten und anschließend der Rest des Obstes (einige Stücke zum Garnieren zur Seite geben).	evtl. Gemüsemesser

5 Desserts und Mehlspeisen

Zutaten	Arbeitsschritte	Arbeitsgeräte
1/2 l Milch 1 Pkg. Vanille-puddingpulver 2 EL Zucker	■ Pudding laut Packungsanleitung zubereiten und unter wiederholtem Rühren auskühlen lassen.	Messbecher Tasse kleiner Topf Esslöffel Kochlöffel
1/2 Becher Obers (1/8 l) 1 EL Staubzucker	■ Obers mit dem Mixer schlagen, bis es etwas eindickt, Staubzucker dazugeben und fertig mixen. ■ Kalten Pudding und geschlagenes Obers vorsichtig mischen und in die Glasschalen füllen.	Messbecher Rührschüssel Mixer Esslöffel Teigkarte
Einige Früchte zum Garnieren	■ Die fertige Götterspeise mit Früchtestücken garnieren.	

> ❗ Damit die Milch nicht anbrennt, gib vorher so viel Wasser in den Topf, dass der Boden damit bedeckt ist, und lasse es aufkochen. Erst dann solltest du die Milch hineinleeren.
>
> Schlag das Obers nicht zu lang, da sonst Butter entsteht.

Falsche Spiegeleier   Rezept Nr. 90

Zutaten	Arbeitsschritte	Arbeitsgeräte
	■ Rohr auf 200 °C Ober- und Unterhitze vorheizen.	
GR Biskuitteig (siehe S. 145) mit folgenden Zutaten: 4 Eier, 160 g Staubzucker, 2 EL Wasser, 160 g Weizenvollmehl		
	■ Die zubereitete Biskuitmasse auf das Backpapier im Blech streichen und im Rohr ca. 10 Minuten backen.	Backblech mit Backpapier Teigkarte
Etwas Zucker	■ Fertig gebackenes Biskuit auf ein bezuckertes Backpapier stürzen. ■ Backpapier sofort abziehen und Biskuit auskühlen lassen.	Backpapier Zuckerstreuer
	■ Aus dem Biskuit mit dem Keksausstecher Formen ausstechen.	großer runder Keksausstecher
100 g Marillenmarmelade	■ Ausgestochene Teile mit erwärmter, glatt gerührter Marmelade bestreichen.	Waage Esslöffel kleiner Topf
2 Dosen Marillenhälften (ca. 800 g abgetropft)	■ Darauf je eine abgetropfte Marillenhälfte setzen.	Dosenöffner Sieb
1 Becher Obers (1/4 l)	■ Obers schlagen, in den Dressiersack füllen und außen, um die Marillenhälften herum, einen Obersring spritzen.	Rührschüssel Mixer Dressiersack mit Lochtülle

> 📌 Wenn man keinen Keksausstecher hat, der größer ist als die Marillenhälften, kann man sich mit einem entsprechenden Glas oder einer Schüssel behelfen.

Rezepte

! Falls der Teig kleben bleibt, streiche mit einem nassen Tuch über das Papier.

Biskuitroulade — Rezept Nr. 91

Zutaten	Arbeitsschritte	Arbeitsgeräte
	■ Rohr auf 200 °C Ober- und Unterhitze vorheizen.	
GR Biskuitteig (siehe S. 145) 6-fache Menge, also mit 6 Eiern		
	■ Die zubereitete Biskuitmasse auf das Backpapier im Blech streichen und im Rohr ca. 10 Minuten backen.	Backblech mit Backpapier Teigkarte
Etwas Zucker	■ In der Zwischenzeit ein sauberes Geschirrtuch auf die Arbeitsfläche legen und bezuckern.	Geschirrtuch
	■ Das fertig gebackene Biskuit auf das bezuckerte Geschirrtuch stürzen. ■ Backpapier sofort abziehen. ■ Das Biskuit langsam mit dem Geschirrtuch einrollen und so auskühlen lassen.	evtl. nasses Tuch
1 Glas Marillenmarmelade (ca. 250 g) Staubzucker	■ Das Biskuit wieder ausrollen. ■ Mit erwärmter, glatt gerührter Marmelade bestreichen. ■ Ohne Tuch zu einer Rolle formen, bezuckern und in ca. 1,5 cm breite Stücke schneiden.	Esslöffel kleiner Topf Zuckerstreuer Küchenmesser

Topfenblätterteigspitzen mit Nussfülle — Rezept Nr. 92

Zutaten	Arbeitsschritte	Arbeitsgeräte
GR Topfenblätterteig (siehe S. 146)		
	■ Rohr auf 220 °C Ober- und Unterhitze vorheizen.	
Nussfülle: 7 EL Milch 150 g geriebene Nüsse 70 g Staubzucker 1 Messerspitze Zimt	■ Milch im Topf zum Kochen bringen und die übrigen Zutaten einrühren. ■ Fülle auskühlen lassen und erst dann verwenden.	Esslöffel Waage 2 Abwiegeteller Messer kleiner Topf Kochlöffel
Etwas Mehl	■ Topfenblätterteig auf der sauberen, bemehlten Arbeitsfläche oder dem bemehlten Nudelbrett vierteln, ■ messerrückendick auswalken ■ und in ca. 10 cm große Quadrate schneiden. ■ Mit dem Löffel die Fülle in einer Wurst von links oben nach rechts unten geben. ■ Die Ecke rechts oben und die Ecke links unten in die Mitte schlagen und diese Enden mit Daumen und Zeigefinger zusammendrücken.	evtl. Nudelbrett Küchenmesser Nudelwalker Teelöffel

Drücke die Enden fest zusammen.

6 Desserts und Mehlspeisen

Zutaten	Arbeitsschritte	Arbeitsgeräte
1 Ei	■ Das Ei in der Tasse versprudeln und die Spitzen damit bepinseln.	Tasse Biomüll-Teller Gabel Fettpinsel
	■ Mit dem Bratwender auf das Blech legen und im Rohr ca. 10 Minuten goldbraun backen. ■ Fertige Spitzen mit dem Bratwender vom Blech heben.	Backblech mit Backpapier Bratwender

Topfenblätterteigkronen mit Mohnfülle — Rezept Nr. 93

Zutaten	Arbeitsschritte	Arbeitsgeräte
GR Topfenblätterteig (siehe S. 146)		
	■ Rohr auf 220 °C Ober- und Unterhitze vorheizen.	
Mohnfülle: 1/8 l Milch 70 g Staubzucker 120 g gemahlener Mohn 20 g Butter etwas Zimt und Zitronensaft	■ Zucker und Mohn zur erwärmten Milch in den Topf geben und das Ganze unter Rühren zum Kochen bringen. Anschließend die anderen Zutaten hinzufügen, verrühren und auskühlen lassen.	Messbecher Waage 3 Abwiegeteller kleiner Topf Kochlöffel
Etwas Mehl	■ Topfenblätterteig auf der sauberen, bemehlten Arbeitsfläche oder dem bemehlten Nudelbrett vierteln, ■ messerrückendick auswalken ■ und in ca. 10 x 12 cm große Rechtecke schneiden.	evtl. Nudelbrett Küchenmesser Nudelwalker
	■ Auf die untere Hälfte mit dem Löffel Fülle geben, die obere Hälfte nach unten klappen, festdrücken und die untere (offene) Längsseite ca. 5-mal 2 cm tief einschneiden.	Teelöffel
1 Ei	■ Das Ei in der Tasse versprudeln und die Kronen damit bepinseln.	Tasse Biomüll-Teller Gabel Fettpinsel
	■ Mit dem Bratwender auf das Blech legen und im Rohr ca. 10 Minuten goldbraun backen. ■ Fertige Kronen mit dem Bratwender vom Blech heben.	Backblech mit Backpapier Bratwender

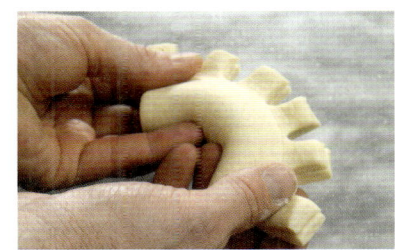

Rezepte

Stichprobe = mit einem Holzstäbchen in die Torte stechen und wieder herausziehen. Kleben noch Teilchen daran, ist die Torte noch nicht fertig gebacken.

Böhmische Apfeltorte — Rezept Nr. 94

Zutaten	Arbeitsschritte	Arbeitsgeräte
	Rohr auf 180 °C Heißluft vorheizen.	
Etwas Öl und Mehl	Springformboden befetten und bemehlen.	Springform Fettpinsel
6 Eier 1 Prise Salz 1 EL Zucker	Eier in zwei Schüsseln trennen. Aus dem Eiklar mit Salz Schnee schlagen, mit Zucker ausschlagen und in den Kühlschrank stellen.	2 Rührschüsseln Tasse Biomüll-Teller Mixer Esslöffel
200 g Staubzucker	Dotter und Zucker schaumig rühren.	
400 g Äpfel 120 g geriebene Nüsse 3 EL Semmelbrösel 1 1/2 EL Kakao 80 g Grieß 1/2 Pkg. Backpulver	Äpfel schälen, Gehäuse entfernen und reiben. Geriebene Äpfel, Nüsse, Brösel, Kakao, Grieß und Backpulver rasch vermengen und in das Dotter-Zucker-Gemisch rühren.	3 Abwiegeteller Esslöffel Sparschäler Apfelausstecher Vierkantreibe Schüssel Kochlöffel
	Schnee vorsichtig mit dem Schneebesen unter die Masse heben.	Schneebesen
	Teig in die vorbereitete Springform füllen und ca. 45 Minuten backen. Stichprobe!	Teigkarte
Etwas Staubzucker	Fertige Torte vorsichtig mit dem Messer vom Rand lösen, auf ein Tortengitter umheben, überkühlen lassen und mit Staubzucker bestreuen.	Messer Palette Tortengitter Zuckerstreuer

Karottentorte — Rezept Nr. 95

Zutaten	Arbeitsschritte	Arbeitsgeräte
	Rohr auf 180 °C Heißluft vorheizen.	
Etwas Öl und Mehl	Springformboden befetten und bemehlen.	Springform Fettpinsel
6 Eier 1 Prise Salz 1 EL Zucker	Eier in zwei Schüsseln trennen. Aus dem Eiklar mit Salz Schnee schlagen, mit Zucker ausschlagen und in den Kühlschrank stellen.	2 Rührschüsseln Tasse Biomüll-Teller Mixer Esslöffel
200 g Staubzucker	Dotter und Zucker schaumig rühren.	Waage Abwiegeteller Mixer

5 Desserts und Mehlspeisen

Zutaten	Arbeitsschritte	Arbeitsgeräte
250 g Karotten 250 g geriebene Nüsse 100 g Mehl 1 Pkg. Backpulver	■ Karotten waschen, evtl. schälen, Enden wegschneiden und reiben. ■ Karotten, Nüsse, Mehl und Backpulver rasch vermengen und in das Dotter-Zucker-Gemisch rühren.	Waage 3 Abwiegeteller evtl. Sparschäler Schneidebrett Küchenmesser Vierkantreibe Schüssel Kochlöffel
	■ Schnee vorsichtig mit dem Schneebesen unterheben. ■ Teig in die vorbereitete Springform füllen und ca. 45 Minuten backen. Stichprobe!	Schneebesen Teigkarte
Etwas Staubzucker	■ Fertige Torte vorsichtig mit dem Messer vom Rand lösen, auf ein Tortengitter umheben, überkühlen lassen und mit Staubzucker bestreuen.	Messer Palette Tortengitter Zuckerstreuer

⚠️ Schlage beim Unterheben mit dem Kochlöffel oder mit dem Schneebesen nie mit dem Arbeitsgerät an den Topfrand, da du sonst die eingearbeitete Luft wieder herausklopfst.

Schokolade-Obst-Kuchen — Rezept Nr. 96

Zutaten	Arbeitsschritte	Arbeitsgeräte
	■ Rohr auf 180 °C Heißluft vorheizen.	
Etwas Öl und Mehl	■ Blech befetten und bemehlen.	Backblech Fettpinsel
4 Eier 1 Prise Salz	■ Eier in die Schüsseln trennen. ■ Aus dem Eiklar mit Salz Schnee schlagen und diesen in den Kühlschrank stellen.	2 Rührschüsseln Biomüll-Teller Mixer
150 g Schokolade	■ Schokolade in Stücken in eine Schüssel geben und über einem heißen Wasserbad erweichen.	Waage Abwiegeteller hitzefeste Schüssel kleiner Topf mit Wasser
150 g Butter 150 g Zucker 1 Pkg. Vanillezucker	■ Butter mit dem Mixer cremig rühren und nach und nach Zucker, Vanillezucker, Dotter und erweichte Schokolade hinzugeben und alles gut verrühren.	2 Abwiegeteller Rührschüssel
150 g Mehl 1/2 Pkg. Backpulver	■ Mehl mit Backpulver mischen und gemeinsam mit dem Schnee mithilfe des Schneebesens vorsichtig unter die Masse heben.	Abwiegeteller Esslöffel Schneebesen
1 kg Obst der Saison	■ Die Masse auf das vorbereitete Blech streichen und mit Obst (halbierten Marillen oder Zwetschken ohne Kerne, Apfelspalten oder Kirschen) belegen. ■ Kuchen ca. 30 Minuten auf der mittleren Schiene backen.	evtl. Schneidebrett evtl. Küchenmesser Teigkarte
Staubzucker	■ Den ausgekühlten Kuchen leicht mit Staubzucker bestreuen.	Zuckerstreuer

⚠️ Lege halbiertes Obst immer mit der Schnittfläche nach oben auf den Teig, da ansonsten der ganze Obstsaft in den Teig hineinsickert und der Kuchen dadurch aufgeweicht wird.

Rezepte

Negerschnitten — Rezept Nr. 97

Zutaten	Arbeitsschritte	Arbeitsgeräte
	■ Rohr auf 220 °C Ober- und Unterhitze vorheizen.	
5 Eier	■ Eier in die Schüsseln trennen.	2 Rührschüsseln
1 Prise Salz	■ Eiklar mit Salz zu Schnee schlagen, 50 g vom Zucker einschlagen.	Tasse
250 g Zucker		Biomüll-Teller
1/8 l Öl	■ Dotter, restlichen Zucker, Öl und Wasser in der zweiten Schüssel schaumig rühren.	Mixer
1/8 l Wasser		Waage
		2 Abwiegeteller
200 g Mehl	■ Mehl mit Kakao und Backpulver in der kleinen Schüssel mischen.	Messbecher
1 Pkg. Backpulver		Esslöffel
2 EL Kakao	■ Mehl und Schnee vorsichtig mit dem Schneebesen in die Dottermischung unterziehen.	kleine Schüssel
		Schneebesen
Etwas Öl und Mehl	■ Teig auf ein befettetes und bemehltes Blech streichen und im Rohr ca. 10 Minuten backen, dann kaltstellen.	Backblech
		Fettpinsel
Puddingcreme:		
1/2 l Milch	■ Pudding laut Packungsanleitung mit zwei Esslöffeln vom Zucker zubereiten und unter wiederholtem Rühren auskühlen lassen.	Messbecher
1 Pkg. Vanillepuddingpulver		Tasse
120 g Staubzucker		Esslöffel
		kleiner Topf
250 g Butter	■ Butter und restlichen Zucker cremig rühren.	2 Abwiegeteller
		Rührschüssel
	■ Den kalten Pudding löffelweise unter den Butter-Zucker-Abtrieb mischen und glatt rühren.	Mixer
	■ Die Creme auf den ausgekühlten Teigboden streichen.	Teigkarte oder Palette
Schokoladeglasur:		
80 g Kochschokolade	■ Schokolade in Stücken in eine Schüssel geben, Butter hinzufügen, über einem heißen Wasserbad schmelzen lassen und dabei glatt rühren.	Waage
60 g Butter		2 Abwiegeteller
		hitzefeste Schüssel
		kleiner Topf mit Wasser
	■ Mit dem Löffel Streifen über die Creme träufeln.	Esslöffel

Marmorgugelhupf — Rezept Nr. 98

Zutaten	Arbeitsschritte	Arbeitsgeräte
	■ Rohr auf 180 °C Ober- und Unterhitze vorheizen.	
Etwas Öl und Mehl	■ Gugelhupfform befetten und bemehlen.	Gugelhupfform
		Fettpinsel
6 Eier	■ Eier in die Schüsseln trennen.	2 Rührschüsseln
1 Prise Salz	■ Aus dem Eiklar mit Salz Schnee schlagen und diesen in den Kühlschrank stellen.	Tasse
		Biomüll-Teller
		Mixer

❗ Vergiss beim Befetten und Bemehlen der Gugelhupfform das Rohr in der Mitte nicht.

6 Desserts und Mehlspeisen

Zutaten	Arbeitsschritte	Arbeitsgeräte
250 g Butter 400 g Zucker	■ Butter in der Schüssel cremig mixen, Zucker und Dotter dazugeben und flaumig rühren (= Abtrieb).	Waage 2 Abwiegeteller Rührschüssel
Ca. 3 EL Milch	■ Zum Abtrieb geben und einrühren.	Esslöffel
400 g Mehl 1 Pkg. Backpulver	■ Mehl und Backpulver mischen, mit dem Schnee vorsichtig mit dem Schneebesen unter die Masse ziehen.	Abwiegeteller Schneebesen
	■ Die halbe Masse in die vorbereitete Gugelhupfform füllen.	Teigkarte
3 EL Kakaopulver 3 EL Wasser	■ Kakao und Wasser mischen, in den Rest der Masse vorsichtig unterrühren und in die Gugelhupfform füllen.	Tasse Esslöffel
	■ 1–1 1/2 Stunden im Rohr backen. Stichprobe machen!	

Brandteigkrapferln mit Obers oder Pariser Creme   Rezept Nr. 99

Zutaten	Arbeitsschritte	Arbeitsgeräte
	■ Rohr auf 200 °C Ober- und Unterhitze vorheizen.	
GR Brandteig (siehe S. 147)		
	■ Den Teig in einen Dressiersack füllen und Krapferln oder Ringe auf das Blech dressieren.	Teigkarte Dressiersack mit großer Tülle Backblech mit Backpapier
	■ Dressiertes Gebäck sofort ca. 20 Minuten backen. ■ Anfangs (ca. 10 Minuten) Rohr nicht öffnen, da sonst das Gebäck in sich zusammenfällt!	
1 Becher Obers (1/4 l) 1–2 EL Staubzucker	■ Obers aufschlagen, bis es etwas eingedickt ist, zuckern und fertig schlagen.	Rührschüssel Mixer Esslöffel
Pariser Creme: 250 g Schokolade 1 Becher Obers (1/4 l)	■ Schokolade zerkleinern und mit dem Obers in einem Topf unter Rühren aufkochen lassen. ■ Heißen Topf mit der geschmolzenen Schokolade im kalten Wasserbad unter mehrmaligem Rühren abkühlen lassen.	Waage Abwiegeteller kleiner Topf Kochlöffel 2. Topf mit kaltem Wasser Rührschüssel
1 TL Staubzucker	■ Erkaltet in die Schüssel leeren, zuckern und fest aufschlagen, bis die Creme hell wird.	Teelöffel Mixer
	■ Fertiges Brandteiggebäck aus dem Rohr nehmen und auskühlen lassen.	
	■ Waagrecht durchschneiden und mit Obers oder Pariser Creme füllen.	Sägemesser Esslöffel

❗ Bespritze das Backblech mit Wasser! Der Teig wird dadurch lockerer.

Rezepte

Osterkranzerln (16 Stück) — Rezept Nr. 100

Zutaten	Arbeitsschritte	Arbeitsgeräte
50 ml Milch 1 Würfel Germ 10 g Zucker	■ Dampfl herstellen: die Milch erwärmen, Germ hineinbröseln und mit dem Zucker verrühren. ■ 10 Minuten ziehen lassen.	Messbecher Waage Abwiegeteller kleiner Topf Esslöffel
250 g Butter 200 ml Milch	■ Die Butter zergehen lassen, restliche Milch hineinleeren.	kleiner Topf
1 kg Mehl 2 Eier 2 Dotter 90 g Zucker evtl. Rosinen	■ Alle Zutaten in die Schüssel geben. ■ Dampfl und die Butter-Milch-Mischung beimengen und alles zu einem glatten Teig verrühren. ■ Den Teig zugedeckt an einem warmen Ort ca. 30 Minuten gehen lassen. ■ Rohr auf 170 °C Heißluft vorheizen.	1 Abwiegeteller 1 Tasse große Schüssel Kochlöffel oder Küchenmaschine mit Knethaken
Etwas Mehl	■ Den Teig auf der sauberen, bemehlten Arbeitsfläche bzw. auf dem Nudelbrett in 16 Stücke teilen und jedes Stück wiederum in 3 Teile teilen. ■ Jeden Teil in eine 30 cm lange Rolle formen, daraus einen Zopf flechten und zu einem Kranz formen.	Evtl. Nudelbrett Küchenmesser
1 Ei	■ Auf das Blech legen und mit versprudeltem Ei bestreichen. ■ Ca. 15–20 Minuten backen. ■ Kann mit einem gefärbten Ei in der Mitte serviert werden.	Tasse Gabel Fettpinsel Blech mit Backpapier

> Die Milch kann in der zerlassenen Butter kurz erwärmt werden.

Topfenkuchen vom Blech — Rezept Nr. 101

Zutaten	Arbeitsschritte	Arbeitsgeräte
GR Germteig (siehe S. 146) mit folgenden Zutaten: 280 g Mehl, 1 Prise Salz, 40 g Zucker, 1 Pkg. Vanillezucker, 1 Pkg. Trockengerm, 4 Eidotter, 50 g zerlassene Butter, 1/8 l lauwarme Milch		
Etwas Öl und Mehl	■ Blech befetten und bemehlen. ■ Rohr auf 190 °C Ober- und Unterhitze vorheizen.	Backblech Fettpinsel
Topfenbelag: 4 Eier 100 g Zucker 4 Pkg. Topfen (1 kg)	■ Die Eier mit dem Zucker schaumig mixen, Topfen und Obers unterrühren. ■ Mehl mit Rosinen mischen und auf kleiner Stufe ebenfalls unterrühren.	Biomüll-Teller Waage 3 Abwiegeteller Rührschüssel Mixer
1 Becher Obers (1/4 l) 100 g Mehl 100 g Rosinen Etwas Mehl	■ Den Germteig auf der sauberen Arbeitsfläche oder dem Nudelbrett auf Blechgröße auswalken. ■ Auf das vorbereitete Blech legen. ■ Den Topfenbelag daraufstreichen. ■ Im Rohr ca. 30 Minuten backen.	evtl. Nudelbrett Nudelwalker Teigkarte

Südseezauber — Rezept Nr. 102

Zutaten	Arbeitsschritte	Arbeitsgeräte
	■ Rohr auf 170 °C Heißluft vorheizen.	
Teig: 5 Eier 300 g Zucker 1 Pkg. Vanillezucker 125 ml Fruchtsaft 125 ml Öl	■ Eier teilen und aus dem Eiklar Schnee schlagen. ■ Dotter, Zucker, Vanillezucker, Fruchtsaft und Öl schaumig rühren.	Waage Abwiegeteller 2 Rührschüsseln Tasse Messbecher Mixer
180 g Mehl 1 Pkg. Backpulver	■ Mehl mit Backpulver vermischen und mit dem Schneebesen vorsichtig unter den Teig heben.	2 Abwiegeteller Schneebesen
200 g Früchtecocktail	■ Schnee und Früchte ebenfalls vorsichtig unterheben. ■ Teig auf das Blech streichen und ca. 25 Minuten backen.	Blech mit Backpapier Teigkarte
Belag: 2 Becher Schlagobers (à 200 g) 2 EL Staubzucker 1 Becher Sauerrahm (250 g) Zimt	■ Schlagobers steif schlagen. ■ Zucker und Sauerrahm einrühren. ■ Den Belag auf die erkalteten Schnitten streichen und mit Zimt bestreuen.	Rührschüssel Mixer Esslöffel Teigkarte

Schneebälle — Rezept Nr. 103

Zutaten	Arbeitsschritte	Arbeitsgeräte
	■ Rohr auf 130 °C Heißluft vorheizen.	
GR Biskuitteig (siehe S. 145), 6-fache Menge, also mit 6 Eiern		
Etwas Öl und Mehl	■ Biskuitteig zubereiten und auf das befettete und bemehlte Blech streichen. ■ Ca. 10 Minuten backen und auf dem Blech auskühlen lassen.	Backblech Fettpinsel Teigkarte
1 Cremefine zum Schlagen (250 ml) 1 EL Staubzucker 1 kleine Dose Mandarinen (abgetropft)	■ Cremefine mixen, Staubzucker hinzugeben und fertig schlagen. ■ Die abgetropften Mandarinenspalten in kleine Stücke schneiden. ■ Das Biskuit auf dem Blech mit den Händen zerbröseln und die Brösel in die Schüssel geben. ■ Geschlagene Cremefine und Mandarinenstücke hinzufügen und die Masse mischen.	1 Rührschüssel Mixer, Esslöffel Dosenöffner Sieb, Schüssel Schneidebrett Küchenmesser große Schüssel Teigkarte
Kokosflocken zum Wälzen	■ Aus dem Gemisch kleine Kugeln formen, in Kokosflocken wälzen und jede Kugel in eine Pralinenform setzen.	Teller zum Wälzen Pralinenformen

Schneebälle sollen kühl gelagert und spätestens nach 4 bis 5 Tagen aufgebraucht werden.

Nasse Hände helfen beim Formen.

Rezepte

Die dicken Teigränder werden abgeschnitten.

Der Teig wird mithilfe des Tuches zum Strudel eingerollt.

Apfelstrudel — Rezept Nr. 104

Zutaten	Arbeitsschritte	Arbeitsgeräte
GR Strudelteig (siehe S. 146)		
	■ Rohr auf 160 °C Heißluft vorheizen.	
Fülle: 800 g Äpfel Etwas Zitronensaft	■ Äpfel schälen, vierteln, entkernen, feinblättrig schneiden und in die Schüssel geben und mit Zitronensaft vermischen.	Waage 4 Abwiegeteller Sparschäler Küchenmesser Schneidebrett Schüssel Zitronenpresse kleiner Topf Kochlöffel Esslöffel
50 g Butter 50 g Semmelbrösel 2–3 EL Zucker 100 g Rosinen Etwas Zimt	■ Butter im Topf schmelzen und darin die Brösel anrösten. ■ Äpfel, Brösel, Zucker, Zimt und Rosinen vermischen und kurz stehen lassen.	
Etwas Mehl	■ Strudeltuch ausbreiten, bemehlen. ■ Den Teig ebenfalls bemehlen, auf der sauberen Arbeitsfläche oder dem Nudelbrett etwas auswalken, mit den Handrücken aufheben und den Teig auf diesen rundum bewegen. So zieht sich der Teig auseinander. Diesen dann mit Schwung auf das Strudeltuch legen und weiter vorsichtig ausziehen. Aufpassen, dass keine Löcher entstehen. ■ Anschließend die Apfelfülle auf dem Strudelteig verteilen. ■ Die Seiten einschlagen, am oberen Ende das Tuch anheben und so den Teig zusammenrollen.	Strudeltuch Nudelwalker evtl. Nudelbrett Esslöffel
Variante 1: Etwas Obers	■ Den fertigen Strudel auf ein Blech legen, mit Obers bestreichen. ■ Ca. 45 Minuten im Rohr backen.	Backblech mit Backpapier Tasse Fettpinsel
Variante 2: 1/4 l Milch 30 g Butter 1 Prise Salz 2 EL Zucker Etwas Obers	■ Milch, Butter, Salz, Zucker in eine Auflaufform geben, auf den Herd stellen und erwärmen, bis die Butter zergangen ist. ■ Den fertigen Strudel in die Form setzen, mit Obers bestreichen und ca. 45 Minuten im Rohr backen.	Messbecher Waage Abwiegeteller Auflaufform Esslöffel Tasse Fettpinsel

6 Desserts und Mehlspeisen

Linzer Augen — Rezept Nr. 105

Zutaten	Arbeitsschritte	Arbeitsgeräte
GR Mürbteig (siehe S. 145) mit folgenden Zutaten: 250 g Mehl, 1/2 Pkg. Backpulver, 120 g Butter, 100 g Staubzucker, 1 Pkg. Vanillezucker, 1 Ei, 3 EL Milch		
	■ Teig ca. 15 Minuten im Kühlschrank rasten lassen. ■ Rohr auf 200 °C Ober- und Unterhitze vorheizen.	
Etwas Mehl	■ Teig vierteln, einen Teil auf der sauberen, bemehlten Arbeitsfläche bzw. dem bemehlten Nudelbrett dünn auswalken, mit einem runden Keksausstecher Kekse ausstechen. Bei der Hälfte der Kekse zusätzlich drei kleine Augen ausstechen. ■ Die Kekse mit der Palette auf das Blech legen, übrige Teigteile vom Mehl befreien und mit dem zweiten Teigteil wie beschrieben verarbeiten. So alle Teigteile aufbrauchen. ■ Kekse ca. 5–10 Minuten backen, bis sie leicht bräunlich sind. ■ Kekse auskühlen lassen.	Küchenmesser Nudelwalker evtl. Nudelbrett 2 runde Keksausstecher (ein großer mit ca. 4 cm Durchmesser und ein sehr kleiner für die Augen) Backblech mit Backpapier Palette
Marillenmarmelade	■ Auf die ungelochten Kekse erwärmte, glatt gerührte Marmelade streichen und gelochte Kekse daraufsetzen.	Esslöffel kleiner Topf Buttermesser
Staubzucker	■ Mit Staubzucker bestreuen.	Zuckerstreuer

Kokosbusserln — Rezept Nr. 106

Zutaten	Arbeitsschritte	Arbeitsgeräte
	■ Rohr auf 170 °C Ober- und Unterhitze vorheizen.	
3 Eiklar 1 Prise Salz 210 g Zucker 210 g Kokosflocken 1 EL Essig 1 Pkg. Backoblaten	■ Eier trennen. ■ Aus dem Eiklar mit Salz Schnee schlagen, diesen mit Zucker fertig schlagen. ■ Die Kokosflocken mit dem Kochlöffel einmengen. ■ Essig einrühren. ■ Mit dem Löffel kleine Häufchen auf die Backoblaten setzen, die Busserln auf ein Blech legen und goldgelb backen.	Rührschüssel Tasse Biomüll-Teller Waage 2 Abwiegeteller Mixer Kochlöffel Esslöffel Teelöffel Backblech mit Backpapier

Rezepte

⚠ Zu langes Kneten macht den Teig brüchig.

💡 Beim Wenden ist Fingerspitzengefühl gefragt, da die Kipferln leicht abbrechen.

Es können auch 500 g Gelierzucker im Verhältnis 3 : 1 verwendet werden. Dazu benötigt man 1,5 kg Obst.

Vanillekipferln — Rezept Nr. 107

Zutaten	Arbeitsschritte	Arbeitsgeräte
GR Mürbteig (siehe S. 145) mit folgenden Zutaten: 150 g Butter, 50 g Staubzucker, 210 g Mehl, 75 g geriebene Nüsse, 1 Pkg. Vanillezucker		
Etwas Mehl	▪ Rohr auf 160 °C Heißluft vorheizen. ▪ Teig vierteln und aus je einem Viertel auf der sauberen, bemehlten Arbeitsfläche bzw. dem bemehlten Nudelbrett eine daumendicke Rolle formen. ▪ Ca. 8 cm lange Stücke abschneiden und aus den Stücken Kipferln formen.	Küchenmesser evtl. Nudelbrett
	▪ Kipferln auf das Blech legen und ca. 10–15 Minuten backen. Die Kipferln sollen an der Unterseite leicht bräunlich sein.	Backblech mit Backpapier
Etwas Staubzucker, mit Vanillezucker gemischt	▪ Nach dem Backen die Kipferln sofort im Zuckergemisch wenden oder darin schütteln.	Suppenteller

Marmelade — Rezept Nr. 108

Zutaten	Arbeitsschritte	Arbeitsgeräte
1 kg Obst (z. B. Erdbeeren, Himbeeren, Brombeeren, Heidelbeeren, Marillen) 500 g Gelierzucker 2 : 1	▪ Obst nur wenn nötig waschen, entkernt und evtl. zerkleinert in einen Topf geben und pürieren. ▪ Gelierzucker hinzufügen. ▪ Alles unter Rühren zum Kochen bringen und unter ständigem Rühren ca. 6–9 Minuten weiterkochen lassen.	evtl. Gemüsemesser evtl. Schneidebrett mittelgroßer Topf Kochlöffel Stabmixer
Ca. 1 TL Rum pro Marmeladeglas	▪ Je einen Teelöffel Rum ins Marmeladeglas geben, Deckel daraufschrauben und durchschütteln. ▪ Glas wieder öffnen, mithilfe von Trichter und Schöpflöffel bis oben mit Marmelade füllen und gut verschließen.	Marmeladegläser Teelöffel Schöpflöffel Trichter

Platz für Notizen

Notizen

Notizen

Notizen

Notizen

Notizen

Notizen

Notizen

Notizen

Rezeptverzeichnis

A

Ajwar (Paprikapaste)	165
Apfelmus	185
Apfel-Reisauflauf	188
Apfelstrudel	200

B

Biskuitroulade	192
Biskuitteig (einfache Basismenge)	145
Blattsalat	161
Böhmische Apfeltorte	194
Brandteig	147
Brandteigkrapferln mit Obers oder Pariser Creme	197
Buchteln	190

C

Cevapcici	177

E

Eintropfsuppe	153
Endiviensalat	161
Erdäpfelkäse	148

F

Falsche Spiegeleier	191
Fenchel-Radicchio-Endiviensalat	162
Fladenbrote	167
Frittatensuppe	154
Frittatenteig	145
Früchteknödel aus Topfenteig	186

G

Gebackene Mäuse	188
Gefüllte Eier	149
Gemüsereis	164
Gemüsesuppe, dunkle	152
Gemüsesuppe, helle	152
Germteig, einfacher	146
Germweckerln	166
Geschnetzeltes	173
Götterspeise	190
Griechischer Salat	151
Grießnockerlsuppe	153
Gulaschsuppe	159
Gurkensalat mit Joghurt-Dill-Dressing	161

H

Haferflocken-Käselaibchen	171
Hamburger (faschierte Laibchen)	177

J

Joghurtdressing	161

K

Karottencremesuppe	156
Karottentorte	194
Kartoffelauflauf	172
Kartoffel-Gemüse-Laibchen	172
Kartoffelnudeln	171
Kartoffelsalat mit Vogerlsalat (Feldsalat)	163
Kartoffelsuppe	160
Käsecremesuppe	158
Käsespätzle	174
Kaspressknödelsuppe	155
Klare Suppe mit Brandteigkrapferln	156
Klare Suppe mit Schinkenschöberln	155
Knoblauchcremesuppe mit Croûtons	158
Kohlrabisuppe	157
Kokosbusserln	201
Kräuterkartoffeln	164

L

Lasagne mit Faschiertem	180
Lasagne vegetarisch	181
Leinsamen-Buttermilchweckerln	166
Linzer Augen	201

M

Marinierte Hühner-Gemüse-Spieße	176
Marmelade	202
Marmorgugelhupf	196
Mohnflesserln	167
Mozzarella mit Tomaten und Basilikum	149
Mürbteig	145

N

Negerschnitten	196
Nudelsuppe	154

O

Obstsalat	186
Osterkranzerln	198

P

Palatschinken mit Krautfülle	170
Petersilienkartoffeln	163
Pikante Topfen-Dips	147
Pilz-Crostini	150
Pizza	182
Putenbruststreifen auf Blattsalat	150
Puten-Cordon-bleu	175

Q

Quiche Lorraine (französischer Zwiebelkuchen)	183

R

Reisfleisch	176

S

Salatmarinade	160
Sardinenaufstrich	148
Sauerkraut	165
Sauerrahmsauce (kalt)	168
Scheiterhaufen	189
Schinken-Käse-Strudel	184
Schneebälle	199
Schokolade-Obst-Kuchen	195
Scholle, gratiniert	185
Selchroller	176
Semmelknödeln	164
Spaghetti bolognese	179
Spaghetti mit Tomatensugo	179
Strudelteig	146
Südseezauber	199

T

Tiramisu ohne Eier	189
Tomatensalat mit Zwiebel und Paprika	162
Tomatensauce	168
Topfenblätterteig	146
Topfenblätterteigkipferln mit pikanter Fülle	178
Topfenblätterteigkronen mit Mohnfülle	193
Topfenblätterteigspitzen mit Nussfülle	192
Topfenkuchen vom Blech	198
Topfenpalatschinken	187
Tsatsiki	165

U

Überbackene Brötchen	169
Überbackene Schinkenfleckerln	178

V

Vanillekipferln	202
Vanillesauce	186

W

Wiener Schnitzel	175
Wurstsalat mit Käse	151

Z

Zucchinicremesuppe mit Rucola	157

Rezepte nach Speisegruppen

Grundrezepte

Frittatenteig	145
Biskuitteig (einfache Basismenge)	145
Mürbteig	145
Topfenblätterteig	146
Einfacher Germteig	146
Strudelteig	146
Brandteig	147

Aufstriche und Vorspeisen

Pikante Topfen-Dips	147
Erdäpfelkäse	148
Sardinenaufstrich	148
Gefüllte Eier	149
Mozzarella mit Tomaten und Basilikum	149
Pilz-Crostini	150
Putenbruststreifen auf Blattsalat	150
Griechischer Salat	151
Wurstsalat mit Käse	151

Suppen

Helle Gemüsesuppe	152
Dunkle Gemüsesuppe	152
Eintropfsuppe	153
Grießnockerlsuppe	153
Nudelsuppe	154
Frittatensuppe	154
Kaspressknödelsuppe	155
Klare Suppe mit Schinkenschöberln	155
Klare Suppe mit Brandteigkrapferln	156
Karottencremesuppe	156
Zucchinicremesuppe mit Rucola	157
Kohlrabisuppe	157
Käsecremesuppe	158
Knoblauchcremesuppe mit Croûtons	158
Gulaschsuppe	159
Kartoffelsuppe	160

Salate, Beilagen, Gebäck, Saucen

Salate

Salate	160
Salatmarinade	160
Joghurtdressing	161
Blattsalat	161
Endiviensalat	161
Gurkensalat mit Joghurt-Dill-Dressing	161
Tomatensalat mit Zwiebel und Paprika	162
Fenchel-Radicchio-Endiviensalat	162
Kartoffelsalat mit Vogerlsalat (Feldsalat)	163

Beilagen

Beilagen	163
Petersilienkartoffeln	163
Kräuterkartoffeln	164
Gemüsereis	164
Semmelknödel	164
Tsatsiki	165
Ajwar (Paprikapaste)	165
Sauerkraut	165

Gebäck

Gebäck	166
Germweckerln	166
Leinsamen-Buttermilchweckerln	166
Mohnflesserln	167
Fadenbrote	167

Saucen

Saucen	168
Sauerrahmsauce (kalt)	168
Tomatensauce	168

Hauptspeisen

Überbackene Brötchen	169
Palatschinken mit Krautfülle	170
Kartoffelnudeln	171
Haferflocken-Käselaibchen	171
Kartoffel-Gemüse-Laibchen	172
Kartoffelauflauf	172
Geschnetzeltes	173
Käsespätzle	174
Wiener Schnitzel	175
Puten-Cordon-bleu	175
Selchroller	176
Marinierte Hühner-Gemüse-Spieße	176
Reisfleisch	176
Hamburger (faschierte Laibchen)	177
Cevapcici	177
Überbackene Schinkenfleckerln	178
Topfenblätterteigkipferln mit pikanter Fülle	178
Spaghetti bolognese	179
Spaghetti mit Tomatensugo	179
Lasagne mit Faschiertem	180
Lasagne vegetarisch	181
Pizza	182
Quiche Lorraine (französischer Zwiebelkuchen)	183
Schinken-Käse-Strudel	184
Scholle, gratiniert	185

Desserts und Mehlspeisen

Apfelmus	185
Obstsalat	186
Vanillesauce	186
Früchteknödel aus Topfenteig	186
Topfenpalatschinken	187
Apfel-Reisauflauf	188
Gebackene Mäuse	188
Scheiterhaufen	189
Tiramisu ohne Eier	189
Buchteln	190
Götterspeise	190
Falsche Spiegeleier	191
Biskuitroulade	192
Topfenblätterteigspitzen mit Nussfülle	192
Topfenblätterteigkronen mit Mohnfülle	193
Böhmische Apfeltorte	194
Karottentorte	194
Schokolade-Obst-Kuchen	195
Negerschnitten	196
Marmorgugelhupf	196
Brandteigkrapferln mit Obers oder Pariser Creme	197
Osterkranzerln	198
Topfenkuchen vom Blech	198
Südseezauber	199
Schneebälle	199
Linzer Augen	201
Apfelstrudel	200
Kokosbusserln	201
Vanillekipferln	202
Marmelade	202

Stichwortverzeichnis

A

Abnehmen	83
Abwaschen	125
Acidophilusmilch	53
Adipositas	85
Aleuronschicht	46
Alkaloide	78
AMA-Biozeichen	105
AMA-Gütesiegel	104
Aminosäuren	49
Anämie	71
Anorexia nervosa	86
Antioxidantien	108
Arbeitsabläufe	129
Arbeitsgeräte in der Schulküche	131
Auflaufschüssel	132
Ausmahlungsgrad	47
Ausstecher	133
Austria-Gütezeichen	104

B

Backen im heißen Fett	138
Ballaststoffe	33, 41, 42
Basilikum	80
Baustoffe	33
Bedürfnispyramide, maslow'sche	97
Beerenobst	67
Benehmen bei Tisch	141
Berufstätigkeit von Müttern	93, 94
Beta-Carotin	67
Biolebensmittel	104
biologische Wertigkeit	49
Bio-Logos	105
Blattgemüse	72
Bluthochdruck	87
Blutfettwerte, erhöhte	86
Blutzuckerwerte, erhöhte	86
Bodenhaltung	57
Body-Mass-Index	85
Braten in der Pfanne	137
Bratpfanne	131
Bratwender	133
Brennstoffe	33
Buchweizen	44, 46
Buffet	142
Bulimia nervosa	87
Butter	53, 63
Buttermilch	53
Buttermischungen	63
Butterschmalz	63

C

Chlor	70
Cholesterinspiegel	41
Crash-Diäten	83

D

Dampfdruckkochtopf	131
Dämpfen	137
Depotfett	61
Deutsche Gesellschaft für Ernährung, Regeln	37
Diabetes mellitus	86
Diabetiker	41
Dinkel	44, 45
Dips	142
Disaccharide	40
Dörren	128
Dressiersack	133
Duftstoffe	33
Dünsten	137
Durchschlagsieb	131

E

EAN-Code	106
Eier	57
Eier, Aufbewahrung	58
Eier, Inhaltsstoffe, Verdaulichkeit und Verzehrsempfehlung	58
Eier, Kennzeichnung	58
Eierpackung	58
Einfachzucker	40
Einkauf	110, 111
Einkaufsliste	126
Einkaufsquellen	112
Einkaufszentrum	112
Eiweiß	49
Emulgatoren	108
Energiebedarf	34
Energiesparmaßnahmen	115
E-Nummern	108
Enzyme	70
Erdapfel	42
Ergänzungswert	50
Ernährung	32
ernährungsabhängige Krankheiten	85
Ernährungsformen	83
Ernährungskreis	32
Ess-Brech-Sucht	87
Essgewohnheiten	88
Essstörungen	85
EU-Bio-Zeichen	105
Exotikfrüchte	67

F

Fachgeschäft	112
faire Aufgabenteilung im Haushalt	94
Fairtrade-Produkte	106
Farbstoffe	33, 108
Fertigprodukt	113
festkochende Kartoffeln	42
Fette	61
Fette, Bedarf	62
Fette, Bedeutung	61
Fettfische	56
Fettleibigkeit	85
fettlösliche Vitamine	65
Fettsäuren, optimale Zufuhr	61
Fische	56
Fische, richtige Vorbereitung	57
Fischeinkauf	57
Fleisch	54
Fotosynthese	40
Freilandhaltung	57
Frittieren	138
Frucht- und Gemüsesäfte	78
Fruchtgemüse	72
Fruchtnektar	78
Fruchtsaftgetränke	78
Fruchtsäuren	68
Fruchtsirupe	78
Fruchtzucker	40
Fruktose	40

G

Galaktose	40
Garverfahren	137
gedeckter Tisch	139
Gefahrensymbole	116
Geflügelschere	132
Gefrierbrand	55
Gefriertrocknen	128
Geliermittel	108
Gemüse	71
Gemüse im Handel	72
Gemüse, Bedeutung	73
Gemüse, Schneiden	135
Gerste	43, 44
Geschmacksstoffe	33
Getränke	77
Getreide	43
Getreide, Verarbeitung in der Mühle zu Mehl	46
Getreideprodukte	47
Gewürze	80
glattes Mehl	47
Glukose	40
Gluten	45
Glutenunverträglichkeit	45
Glykogen	40
Gratinierpfanne	132
Greißler	112
griffiges Mehl	47
Grillen	138
Großhaushalte	91
Grundgedeck, einfaches	139
Grundgedeck, erweitertes	140
Grundumsatz	34

Gugelhupfform		132
Gütesiegel		104

H

Hacken		136
Hafer		44, 45
Halbfettmilch		53
Haltbarmachung		127, 128
Haltbarmilch		53
Handmixer		133
Haushalt		91
Haushalt und Berufstätigkeit		93
Haushalt, faire Aufgabenteilung		94
Haushaltsausgaben		102
Haushaltsbuch		102
Haushaltschemikalien, Entsorgung		116
Haushaltseinkommen		102
Haushaltstypen		91
Hebamme		95
Hirse		44, 46
Hobeln		136
Hygiene in der Küche		122
Hygiene, persönliche		121
Hygienevorschriften in der Schulküche		121
Hypervitaminose		66
Hypovitaminose		66

I

Integration, soziale		98
Internet		113

J

Joghurt		53
Jo-Jo-Effekt		83

K

Kaffee		78
Kakao		78
Kalium		70
kalt gepresstes Öl		62
Kalzium		70
Karies		85
Kartoffel		42
Kartoffelaugen		42
Käse		53
Kasein		51
Kastenform		132
Kaufentscheidung		110
Keimling		46
Kernobst		67
Kilojoule		34
Kilokalorien		34
Kleber		45
Knoblauchpresse		133
Kochen		137
Kochtopf		131
Kohlenhydrate		40, 42
Kohlenhydrate, Bedarf		42
Kohlenhydrate, Bedeutung		40
Kohlgemüse		72
Konservierungsmittel		108
Konservierungsstoffe		129
Krankheiten, ernährungsabhängige		85
Kräuter		80
Krebs		87
Küchenfachausdrücke		138, 139
Küchengeschirr		131
Küchenkräuter		80
Küchenuniversalmaschine		133
Kühlen		128
Kühlschrank		127
Kukuruz		44, 45

L

Lagerung, richtige		127
Laktose		40
Lebensgestaltung		97
Lebensmittelgruppen		32
Lebensstile, nachhaltige		114
Leistungsumsatz		34
Liebstöckel		80
Limonaden		78
Linolensäure		61
Linolsäure		61
Lochschöpfer		133

M

Magerfische		56
Magermilch		53
Magersucht		86
Maggikraut		80
Magnesium		70
Mahlen		46, 136
Mahlzeiten des Tages		36, 37
Mais		44, 45
Majoran		81
Maltose		40
Malzzucker		40
Markt		112
maslow'sche Bedürfnispyramide		97
Mehl, glattes, griffiges		47
mehlige Kartoffeln		42
Mehlkörper		46
mehrfach ungesättigte Fettsäuren		61
Mehrfachzucker		40
Mengenelemente		70
Menügedeck		140
Messer		132
Mikroorganismen		127
Milch		51
Milchprodukte		53
Milchsorten		53
Milchzucker		40
mild gesäuerte Butter		63
Mineralstoffe		70
Mineralwasser		78
Mischkost		83
Molke		53
Monosaccharide		40
Müll trennen		116

N

Nachhaltigkeit		114
Nahrung, Aufgaben		33
Nahrungszufuhr, tägliche		33
Natrium		70
Notrufnummern		124

O

Obst im Handel		66
Obst und Gemüse, Bedarf		68
Obst und Gemüse, Vorbereitung		134
Obst		66
Obsttortenform		132
Ökotipps		115
Öl, kalt gepresstes		62
Omega-3-Fettsäure		61
Omega-6-Fettsäure		61
Oregano		81
österreichisches Umweltzeichen		104

P

Palatschinkenpfanne		131
Palette		132
PAL-Faktoren		34, 35
Pasteurisieren		52, 128
Pektine		40, 41, 67
Pestizide		68
Petersilie		81
Pflanzenstoffe sekundäre		68
Phosphor		70
Plattiereisen		132
Pökeln		87, 128
Polysaccharide		40
private Haushalte		91, 93
Prüfstellennummer		105
Purine		55

R

Raffeln		136
Rahm		53
Raspeln		136
Räuchern		128
Reglerstoffe		33
Rehrückenform		131
Reiben		136
Reis		44, 45
resistent		45
Roggen		43, 44
Rohrzucker		40
Rosmarin		81
Rübenzucker		40

Stichwortverzeichnis / Bildnachweis

S

Saccharose	40
Saisonkalender Gemüse	73
Saisonkalender Obst	68
Salmonellen	55, 58
Sauermilch	53
Säuern	129
Sauerrahmbutter	63
Säuerungsmittel	108
Säureregulatoren	108
Schalenobst	67
Schaumlöffel	133
Schimmelpilze	127
Schleimzucker	40
Schmoren	137
Schneebesen	133
Schneekessel	131
Schneiden von Gemüse	135
Schneiden von Zwiebeln	135
Schneidetechniken	135
Schnittlauch	81
Schöpflöffel	133
Schuldenfalle	102
Schutzstoffe	33
Schwefel	70
sekundäre Pflanzenstoffe	68, 73
Servierkunde	140
Siebschöpfer	133
Sieden	137
Sodawasser	78
soziale Integration	98
Sparschäler	132
Spätzlesieb	133
speckige Kartoffeln	42
Spitzsieb	131
Spurenelemente	71
Stabilisatoren	108
Stabmixer	133
Stängelgemüse	72
Stärke	40, 41
Steinobst	67
Sterilisieren	128
Stoffwechsel	46
Strichcode	106
Südfrüchte	67
Supermarkt	112
Süßrahmbutter	63
Süßstoffe	108
Süßungsmittel	108

T

Tafelwasser	78
Tee	78
Teebutter	63
Teigkarte	133
Teigrad	133
Teigspachtel	133
Thymian	81
Tiefkühlen	128
Tisch, gedeckter	139
Tomaten, Lagerung	73
Topfen	53
Tortenspringform	132
Transfettsäuren	62
Traubenzucker	40
Trockenmasse	53
Trocknen	128
Tüllen	133

U

Ultrahocherhitzen	52
Umweltzeichen, österreichisches	104
Unfallverhütung im Wohn-, Arbeits- und Freizeitbereich	124
Unfallvorsorge	123

V

Vakuumverpacken	129
Vegetarismus	83
Verbraucherbildung	101
Verdickungsmittel	108
Verpackung, Angaben	107
Vierkantreibe	133
Vitaminbedarf	66
Vitamine	65
Vitaminverluste	66
Vollkornprodukte	47
Vollmilch	53
Vollwerternährung	83, 84

W

Wasser	75
Wasser, Sparen ist angesagt	76
Wasserausscheidung	75
Wasserbedarf	75
wasserlösliche Vitamine	65
Wasserverbrauch	75
Weizen	43, 44
Weizenkorn, Aufbau	46
Wiegemesser	132
Wirkstoffe	33
Wurstwaren	54
Wurzelgemüse	72

Z

zehn Regeln der Deutschen Gesellschaft für Ernährung	37
Zellulose	40, 41, 67, 73
Zentrifuge	52
Zivilschutz	117
Zöliakie	45
Zuckeraustauschstoffe	108
Zuckerkrankheit	86
Zuckern	128
Zusatzstoffe	108
Zweifachzucker	40
Zwiebelgemüse	72
Zwiebeln, Schneiden	135

Bildnachweis

S. 71, Kropf, Urheber unbekannt
S. 95, Altenfachbetreuerin, Evangelisches Johanneswerk Bielefeld, BRD
S. 98, Kindergarten, Christliches Jugenddorfwerk Deutschlands e. V.
S. 106, Frau mit Fairtrade-Bananen, Fairtrade-Austria, Fotograf: Arnd Ötting
S. 110, Mädchen mit Handy, Urheber unbekannt
S. 116, Fotografin: Astrid Haidinger
S. 125, Fotografin: Astrid Haidinger

Alle weiteren Fotos und Grafiken sind Eigentum des Trauner Verlages bzw. wurden von den Agenturen FOTOLIA bzw. Getty Images gekauft. Die Cartoons stammen aus der Feder von Arnulf Kossak.